TEMPO COMPRADO

WOLFGANG STREECK

TEMPO COMPRADO
A CRISE ADIADA DO CAPITALISMO DEMOCRÁTICO

LIÇÕES ADORNO EM FRANKFURT, 2012

TRADUÇÃO
MARIAN TOLDY E TERESA TOLDY

TRADUÇÃO DO PREFÁCIO À SEGUNDA EDIÇÃO
LUIZ FELIPE OSÓRIO

© desta edição, Boitempo, 2018
© Suhrkamp Verlag Berlin, 2013
Todos os direitos reservados e controlados por Suhrkamp Verlag Berlin.
Título original: *Gekaufte Zeit. Die vertagte Krise des demokratischen Kapitalismus*

Direção geral	Ivana Jinkings
Edição	Isabella Marcatti
Assistência editorial	Thaisa Burani
Tradução portuguesa	Marian Toldy e Teresa Toldy
Tradução do Prefácio à segunda edição	Luiz Felipe Osório
Preparação e adaptação para o português brasileiro	Thais Rimkus
Consultoria	Pedro Paulo Zahluth Bastos (economia) e Nélio Schneider (alemão)
Revisão	Marcelino Amaral e Clara Altenfelder
Coordenação de produção	Livia Campos
Capa	Maikon Nery
Diagramação	Antonio Kehl

Equipe de apoio: Allan Jones, Ana Carolina Meira, Ana Yumi Kajiki, André Albert, Bibiana Leme, Camila Nakazone, Carolina Yassui, Eduardo Marques, Elaine Ramos, Frederico Indiani, Heleni Andrade, Isabella Barboza, Ivam Oliveira, Kim Doria, Luciana Capelli, Marlene Baptista, Maurício Barbosa, Renato Soares, Thaís Barros, Tulio Candiotto

CIP-BRASIL. CATALOGAÇÃO NA PUBLICAÇÃO
SINDICATO NACIONAL DOS EDITORES DE LIVROS, RJ

S896t

Streeck, Wolfgang, 1946-
  Tempo comprado : a crise adiada do capitalismo democrático / Wolfgang Streeck ; tradução Marian Toldy, Teresa Toldy. - 1. ed. - São Paulo : Boitempo, 2018.

  Tradução de: Gekaufte zeit : die vertagte krise des demokratischen kapitalismus
  ISBN 978-85-7559-645-6

  1. Crise econômica. 2. Capitalismo. 3. Globalização. I. Toldy, Marian. II. Toldy, Teresa. III. Título.

18-51102
CDD: 330.122
CDU: 330.142.23

 A tradução desta obra teve o apoio do Goethe-Institut, que é financiado pelo Ministério das Relações Exteriores da Alemanha.

É vedada a reprodução de qualquer parte deste livro sem a expressa autorização da editora.

1ª edição: agosto de 2018
1ª reimpressão: julho de 2021

BOITEMPO
Jinkings Editores Associados Ltda.
Rua Pereira Leite, 373
05442-000 São Paulo SP
Tel.: (11) 3875-7250 / 3875-7285
editor@boitempoeditorial.com.br
www.boitempoeditorial.com.br | www.blogdaboitempo.com.br
www.facebook.com/boitempo | www.twitter.com/editoraboitempo
www.youtube.com/tvboitempo | www.instagram.com/boitempo

SUMÁRIO

Prefácio à segunda edição (2015).. 9

Introdução: Teoria da crise – no passado e no presente........................ 39

I. Da crise de legitimidade à crise fiscal... 51
   Um novo tipo de crise.. 56
   Duas surpresas para a teoria da crise.. 61
   A outra crise de legitimação e o fim da paz do pós-guerra.............. 69
   A longa transição: do capitalismo do
   pós-guerra ao neoliberalismo.. 74
   Tempo comprado.. 79

II. Reforma neoliberal: transformação do Estado fiscal em
   Estado endividado 95
   Crise financeira devido ao fracasso da democracia? 96
   Capitalismo e democracia na revolução neoliberal......................... 99
   Excurso: capitalismo e democracia... 103
   Matar o monstro de fome!.. 108
   A crise do Estado fiscal 115
   Do Estado fiscal ao Estado endividado 118
   Estado endividado e distribuição 121
   A política do Estado endividado... 123
   Política de endividamento como diplomacia financeira
   internacional 134

III. A política do Estado de consolidação: neoliberalismo na Europa....141

Integração e liberalização 141

A União Europeia como máquina de liberalização 147

Transição institucional: de Keynes a Hayek 153

O Estado de consolidação enquanto
regime europeu de vários níveis 154

Consolidação fiscal como reforma do Estado............................... 158

Crescimento: *Back to the Future*.. 167

Excurso: programas de crescimento regionais 174

Capacidade estratégica do Estado de consolidação europeu 185

Resistência no Estado de consolidação internacional 193

Conclusão: O que vem a seguir? 201

E agora? 201

Capitalismo ou democracia 208

O euro como experiência frívola.. 209

Democracia na Eurolândia?.. 212

Elogio da desvalorização 216

Por um Bretton Woods europeu 218

Ganhar tempo... 221

Bibliografia 223

Sobre o autor... 237

PREFÁCIO À SEGUNDA EDIÇÃO (2015)

Quase três anos se passaram desde a finalização do manuscrito de *Tempo compra-do*[1]. Mesmo quando a crise tratada no livro já havia algum tempo não se desenvolvia de modo tão explosivo como no verão de 2012, eu não encontrava no texto, após inúmeras releituras, o que retomar ou reescrever. Complementos, sofisticações pontuais e oportunas explicações são, todavia, sempre bem-vindos; graças às inúmeras resenhas, construtivas ou críticas, o livro pôde, em tão pouco tempo, trafegar tanto pela Alemanha quanto pelo exterior – para a surpresa de seu autor, cujas publicações prévias estavam preponderantemente atreladas, até então, a revistas científicas especializadas. Capitalismo como uma sequência de crises, economia como a política da "luta do mercado" (Weber), empiricamente reconstruído em seu tempo histórico como produto da ação estratégica e dos conflitos distributivos coletivos nos mercados expandidos, impulsionado por uma dinâmica relação de troca entre espaços de classes e de interesses, de um lado, e de grupos organizados e instituições políticas, de outro, com particular consideração do problema da reprodução financeira do Estado: esta é minha tentativa, a de uma *economia política* contemporânea seletiva e, muitas vezes, eclética, ainda aberta a maior desenvolvimento, seguindo as teorias clássicas do capitalismo (do marxismo à escola histórica alemã), que surpreendentemente encontrou um vasto e engajado público, muito além de qualquer expectativa.

---

[1] Nas páginas deste prefácio, eu me valho em maior medida de réplicas a uma série de resenhas sobre meu livro, especialmente minha posição perante não menos de dez comentários em um fórum organizado pelo periódico *Zeitschrift für theoretische Soziologie*, assim como minha oposição a seis debatedores no *Journal of Modern European History*. Ver Wolfgang Streeck, "Politische Ökonomie als Soziologie: Kann das gutgehen?", *Zeitschrift für theoretische Soziologie*, v. 1/2, 2014, p. 147--66, e "Aus der Krise nach 'Europa'? Vergangenheit und Zukunft in Geschichte und politischer Ökonomie", *Journal of Modern European History*, v. 12/13, 2014, p. 299-316.

10 TEMPO COMPRADO

Nem todos os temas, entre os inúmeros que os leitores e as leitoras do livro atenta e valiosamente encontraram (e comentaram), devem e podem aqui ser abordados. Assim, ficam abertas possibilidades de desenvolvimento de visões para a relação de troca entre história da teoria e desenvolvimento social, de como elas supostamente foram beneficiadas pela ligação com as teorias das crises nos anos 1970. A seguir, eu me restrinjo, em primeiro lugar, à retomada, conceitual e nos termos da estratégia da pesquisa, dos princípios basilares da construção dos argumentos desenvolvidos neste livro, os quais são trabalhados com afinco, de modo que se possa apreender algo de uma macrossociologia orientada pela política e pela economia. Em segundo lugar, eu gostaria de adentrar em dois temas, que no livro estão entre si entrelaçados e sobre os quais a base dos debates de leitores e críticos está preponderantemente alicerçada: primeiro, como lidar constantemente com a crise financeira e fiscal e a relação entre capitalismo e democracia; segundo, o que se poderia dizer sobre a perspectiva para a Europa e sua união sob o signo de uma moeda comum em relação ao panorama atual da União Monetária Europeia.

A HISTÓRIA DO CAPITALISMO COMO SEQUÊNCIA DE CRISES

Em *Tempo comprado*, trato a crise global financeira e fiscal de 2008 não como acontecimento isolado, mas como parte e, possivelmente também, como etapa de uma sequência histórica. Eu a diferencio em três fases: a inflação dos anos 1970, o embrionário endividamento estatal no decênio seguinte e o crescente endividamento dos orçamentos privados (bem como das empresas e dos setores industrial e financeiro) desde meados dos anos 1990. Às três fases foi comum o término em uma crise, cuja solução foi o imediato desfecho em uma nova crise. No início dos anos 1980, quando o Federal Reserve derrubou mundialmente, por meio de uma brutal elevação dos juros, a inflação, o endividamento do Estado cresceu de forma vertiginosa como contrapartida; e, como esse movimento foi retomado com ainda mais força em uma primeira onda de consolidação em meados dos anos 1990, impulsionou em vários países o endividamento dos orçamentos privados, como em um sistema integrado, e expandiu a economia financeira, em uma dinâmica inédita, até que ela precisou ser salva pelos Estados em 2008 à custa de seus cidadãos[2].

Que em todos esses acontecimentos reside um conflito distributivo subjacente, que resultou, com o fim do crescimento do pós-guerra, na crescente incapacidade do

---

[2] Naturalmente não termina aqui a sequência; no livro, a narrativa foi de um provisório "ponto máximo" ou de um provisório "ponto-final". Também se falou de uma "etapa seguinte", a qual, aliás, somente foi esboçada. Mais sobre o assunto, três anos depois, nas páginas a seguir.

sistema econômico capitalista, ou seja, na má vontade ou na relutância (*Unwilligkeit*) de suas elites em concretizar demandas das democráticas sociedades do pós-guerra, isso não foi descoberta minha: as análises contemporâneas político-econômicas de inflação, endividamento estatal e financeirização levam mais ou menos a esse caminho. Minha contribuição neste livro, e nos artigos anteriores, envolve abordar as semelhanças e o denominador comum – e, com isso, propor uma gama de análise da teoria das crises, que fundamentalmente também deve ser aplicável à atual fase de desenvolvimento do capitalismo global.

Tempo comprado mostra como, na esteira de inflação, endividamento estatal e inchaço do mercado financeiro privado, o crescimento nos países capitalistas centrais, desde os anos 1970, retrocedeu, a desigualdade da distribuição de renda aumentou e o endividamento geral elevou-se. Concomitantemente, a participação política nas votações diminuiu ao longo do tempo, sindicatos (e partidos políticos)[3] perderam membros e poder, e as greves arrefeceram quase por completo[4]. No livro, desenvolvo como, em paralelo a isso, a arena dos conflitos políticos distributivos paulatinamente se deslocou do *mercado de trabalho* na fase da *inflação*, passando pela *política social* no período de *endividamento estatal*, para chegar ao *mercado financeiro privado* na era da *financeirização* e à *diplomacia financeira internacional* após a crise de 2008 – isso em um espaço de ação cada vez mais abstrato, que desconsidera progressivamente as condições humanas de vida e o acesso democrático à política. Aqui se encontra uma das interligações que tentei traçar: entre o desenvolvimento do capitalismo e da transformação neoliberal da *democracia*. Uma segunda interligação aparece de uma cadeia histórica, uma terceira etapa, a qual vai de Estado fiscal (*Steuerstaat*) para Estado endividado (*Schuldenstaat*) e depois para Estado de consolidação (*Konsolidierungsstaat*). Nessa mirada, minha análise anela-se à tradição da sociologia da finança e à crise financeira do Estado[5], a qual na década de 1970 já se pressagiava iminente. Ademais, trato especialmente, quase indutivamente e norteado empiricamente, dos desdobramentos observados sobre as últimas quatro décadas nos países capitalistas ricos[6].

---

[3] Peter Mair, Ruling the Void: The Hollowing of Western Democracy (Londres/Nova York, Verso, 2013).

[4] Armin Schäfer e Wolfgang Streeck, "Introduction", em Armin Schäfer et al. (orgs.), *Politics in the Age of Austerity* (Cambridge, Anchor, 2013).

[5] Daniel Bell, "The Public Household. On 'Fiscal Sociology' and the Liberal Society", em *The Cultural Contradictions of Capitalism* (Nova York, Basic Books, 1976), p. 220-82; James O'Connor, *The Fiscal Crisis of the State* (Nova York, St. Martin's, 1973) [ed. bras.: *USA*: a crise do Estado capitalista, trad. João Maia, Rio de Janeiro, Paz e Terra, 1977].

[6] Para descrever de maneira simplificada a estrutura conceitual de meu argumento, seria possível falar de três vias que correm paralelamente e estão interligadas (uma hélice tripla, por assim dizer): a sequência de crises econômicas da inflação, endividamento estatal e endividamento privado

12 Tempo comprado

O capitalismo como unidade

Não pode fugir aos leitores que meu livro trata do capitalismo dos países ricos como unidade multifacetada, constituída tanto pela interdependência, em meio à dependência coletiva dos Estados Unidos, quanto pelas peculiaridades dos conflitos internos e dos problemas de integração sistêmica. Alguns leitores questionaram: como alguém que no passado pesquisava a diferença entre os sistemas econômicos capitalistas nacionais agora, de uma vez, ressalta sua totalidade? A resposta é que a diferença e a unidade não são excludentes e, a depender do que se quer saber, tanto uma quanto outra podem e devem vir à baila[7]. No caso concreto, a perspectiva um tanto holística da pesquisa foi, novamente e fundamentalmente, indutiva: ela resultou da situação empírica de que muitos dos fenômenos relacionados com a crise de 2008, e as crises, sequências de eventos e processos de mudança observáveis desde os críticos anos 1970, eram comuns aos países capitalistas ricos e, de fato, em um nível surpreendente – frequentemente deslocados no tempo, por vezes assumindo formas nacionais específicas, mas inconfundivelmente marcados pela mesma lógica e impulsionados pelos mesmos conflitos e problemas, como podem provar os numerosos gráficos presentes neste livro.

Eu não estava, contudo, despreparado para isso. Ao preparar um livro sobre as transformações graduais de longo prazo na política econômica alemã[8], tive a oportunidade de analisar um complexo processo global de mudança que se colocava para mim como processo multissetorial de liberalização, ainda que, então, eu compreendesse apenas aproximadamente o significado fundamental disso para a financeirização do capitalismo, inclusive do alemão (o manuscrito foi enviado à editora no verão de 2008). Isso fez toda a diferença para minha avaliação da abordagem comparativa do capitalismo, uma vez que, nessa seara, a Alemanha (assim como o Japão) figurou como a mais importante não liberal oposição ao capitalismo liberal anglo-americano[9]. Já no

---

(hoje seguido de um dramático e expandido balanço total dos bancos centrais e da correspondente expansão célere da falta de dinheiro); o desenvolvimento político-fiscal de Estado fiscal para Estado endividado até Estado de consolidação; bem como um contínuo deslocamento da arena do conflito de classes para cima, do mercado de trabalho passando pelo Estado de bem-estar social ao mercado de capital (e daí em área sigilosa dos bancos centrais, da diplomacia financeira das conferências de cúpula e das organizações internacionais).

[7] Ou também com uma citação apócrifa de John Maynard Keynes: "*When the facts change, I change my mind. What do you do, sir?*" [Quando mudam os fatos, eu mudo de ideia. E o senhor?].

[8] Wolfgang Streeck, *Re-Forming Capitalism. Institutional Change in the German Political Economy* (Oxford, Oxford University Press, 2009).

[9] Para mais sobre Alemanha e Japão e as particularidades de suas políticas econômicas nacionais, ver, entre outras fontes: Wolfgang Streeck e Kozo Yamamura (orgs.), *The Origins of Nonliberal Capitalism: Germany and Japan* (Ithaca, NY, Cornell University Press, 2001); e Kozo Yamamura

citado livro de 2009, havia, assim, uma firme crítica do dogma da não convergência, como desenvolvido, em especial por Hall e Soskice[10], a partir dos anos 1990. Algum tempo depois ampliei essa posição e expressei minha nova convicção em uma série de artigos que precederam a publicação de *Tempo comprado*[11].

História e pré-história: a exceção e a regra

A sequência de crises, cujo contexto interno eu acredito ter trabalhado, começou entre 1968 e 1975. Como cada história tem uma pré-história, seu início é sempre tão aberto quanto seu fim. Assim, quem quiser recapitulá-la precisa escolher um ponto de partida; de algum lugar se inicia. Em geral, a opção pelo ponto de partida devia ter bons motivos e, provavelmente, eu deveria ter feito minhas próprias escolhas com mais clareza. Os anos 1970 são o marco temporal no qual a curva de desenvolvimento começa a declinar: inflação, endividamento estatal, endividamento do mercado, desemprego estrutural, crescimento negativo, crescente desigualdade, com os respectivos desvios nacionais, mas sempre na mesma direção – por vezes com interrupções, também em níveis distintos, mas sempre identificado como tendências gerais. O marco temporal

---

e Wolfgang Streeck (orgs.), *The End of Diversity? Prospects for German and Japanese Capitalism* (Ithaca, NY, Cornell University Press, 2003).

[10] Peter A. Hall e David Soskice, "An Introduction to Varieties of Capitalism", em Peter A. Hall et al. (orgs.), *Varieties of Capitalism. The Institutional Foundations of Comparative Advantage* (Oxford, Oxford University Press, 2001), p. 1-68.

[11] Em geral, ao longo dos anos, tenho tomado cada vez mais o partido de considerar como mais relevantes as particularidades institucionais do capitalismo no âmbito nacional do que em sua unidade sistêmica. Isso pode ser visto como um processo de aprendizado, mas também como resultado de uma mudança histórica: dos anos 1980, quando os modelos alemão e japonês eram tidos como esperança para aqueles que, mesmo e particularmente nos Estados Unidos, não apenas acreditavam ser possível um controle social do capitalismo, mas também acreditavam que esses modelos eram superiores ao modelo neoliberal, até os anos 1990 e 2000, quando o Japão afundou em estagnação e a Alemanha poderia ser vista como o "doente da Europa". De qualquer forma, nunca me tornei defensor ferrenho das "variedades de capitalismo" (*VoC-Hardliner*); veja, por exemplo, o título de meu artigo de 1997 "German Capitalism: Does It Exist? Can It Survive?", *New Political Economy*, n. 2, 1997, p. 237-56. (No texto, a primeira resposta foi positiva; e a segunda, tendencialmente negativa.) Ver também Wolfgang Streeck, "E Pluribus Unum? Varieties and Commonalities of Capitalism", em Mark Granovetter et al. (orgs.), *The Sociology of Economic Life* (3. ed., Boulder, CO, Westview, 2011), p. 419-55; "Taking Capitalism Seriously. Towards an Institutional Approach to Contemporary Political Economy", *Socio-Economic Review*, v. 9, n. 1, 2011, p. 137-67; e 'How to Study Contemporary Capitalism?', *Archives Européennes de Sociologie*, v. 53, n. 1, 2012.

14 TEMPO COMPRADO

ancorado nos anos 1970 é hoje não somente na economia política[12] quase um lugar--comum, mas também na historiografia[13].

Naturalmente, como dito, eu poderia ter começado mais cedo[14] – teria boas razões para isso da mesma forma. Os anos 1930 também seriam apropriados, dado que a crise econômica mundial dessa década esteve constantemente presente como um pesadelo nos quartéis-generais do capitalismo do pós-guerra desde a chamada crise do petróleo. Ademais, o que se poderia aprender da pré-história na história constituída em *Tempo comprado* é certamente o fato de que a instabilidade das sociedades de economia capitalista lhe é inerente e pode afetar de modo profundo a maioria de seus membros, como um reator nuclear e suas possibilidades de acidentes normais em qualquer tempo[15]. A história da primeira metade do século XX ensina mais que a da segunda metade, uma vez que esta contém o período de exceção, da era de ouro ou do milagre econômico (*Trente Glorieuses, Golden Age* ou *Wirtschaftswunder*), que do ponto de vista do senso comum é ainda sempre defendido, sobretudo na Alemanha, mesmo quando o que aconteceu desde os anos 1970 (e que se intensificou até culminar na crise de 2008) somente significa que esse período foi único e dificilmente se repetirá.

Em síntese, os anos entre o fim da guerra e a "era da fratura" (*age of fracture*)[16], que serviram de pano de fundo para a minha reconstrução da história após a ruptura,

---

[12] Andrew Glyn, *Capitalism Unleashed. Finance Globalization and Welfare* (Oxford, Oxford University Press, 2006).

[13] Jeremy Black, *Europe since the Seventies* (Londres, Reaktion Books, 2009); Jefferson Cowie, *Stayin' Alive: The 1970s and the Last Days of the Working Class* (Nova York, The New Press, 2010); Anselm Doering-Manteuffel e Lutz Raphael, *Nach dem Boom. Perspektiven auf die Zeitgeschichte seit 1970* (Göttingen, Vandenhoeck & Ruprecht, 2008); Niall Ferguson et al (orgs.), *The Shock of the Global: The 1970s in Perspective* (Cambridge, MA, Belknap, 2010); Konrad H. Jarausch (org.), *Das Ende der Zuversicht? Die siebziger Jahre als Geschichte* (Göttingen, Vandenhoeck & Ruprecht, 2008); Tony Judt, *Postwar. A History of Europe since 1945* (Londres, Penguin, 2005) [ed. port.: *Pós-guerra. História da Europa desde 1945*, trad. José Roberto O'Shea, Lisboa, Edições 70, 2006]; Thomas Raithel et al. (orgs.), *Auf dem Weg in eine neue Moderne? Die Bundesrepublik Deutschland in den siebziger und achtziger Jahren* (Munique, Oldenbourg Wissenschaftsverlag, 2009); Daniel T. Rodgers, *Age of Fracture* (Cambridge, MA, Harvard University Press, 2011).

[14] Nunca é tarde para começar – por exemplo, ao fim da Guerra Fria. Em 1989, todas as minhas curvas estavam dentro do caminho tendencial, e em meu livro de 2009 eu tinha mostrado que a transformação do "modelo alemão" não se encaixava exatamente no momento da reunificação. Ademais, o socialismo real existente estava visivelmente em bancarrota mesmo antes de 1989 (Polônia e Alemanha Oriental!), e no Ocidente ele foi eliminado enquanto alternativa concreta (como no caso do Chile, em 1973, e no fim do eurocomunismo, com o assassinato de Aldo Moro, em 1978).

[15] Charles Perrow, *Normal Accidents: Living with High-Risk Technologies* (New York, Basic Books, 1984).

[16] Daniel T. Rodgers, *Age of Fracture*, cit.

PREFÁCIO À SEGUNDA EDIÇÃO (2015) 15

foram um período em que, no tocante ao tempo histórico, sobretudo na sequência da guerra, as relações de poder entre as classes estiveram contrabalanceadas como nunca outrora no capitalismo[17] (e, como agora sabemos, como também nunca mais voltou a acontecer). Isso significa que, entre outras coisas, naquele período havia opiniões divididas sobre como o capitalismo poderia ser dado: se como ordem econômica e social pactuada; se em forma de progresso social, que também beneficie o homem médio; se ele deve entregar pleno emprego, seguridade social, mais autonomia no trabalho e mais tempo livre, o fim da pobreza material, assim como o ocaso das crises econômicas cíclicas. Evidentemente, nem todas as benesses foram realizadas naquele momento – longe disso, aliás. É preciso pontuar que, mesmo no campo conservador, a ideia do progresso social era incontestável, uma obrigação das elites políticas e econômicas não necessariamente pagável de uma vez, mas, ao menos, pouco a pouco, ano a ano, de maneira a, se necessário, contar com o auxílio de sindicatos fortes e efetivas mobilizações políticas no âmbito das instituições democráticas e por meio de uma política econômica, que buscava alcançar o crescimento por meio da distribuição de cima para baixo (de quem tem mais para quem tem menos), não o contrário[18], como não poderia deixar de ser, levando em consideração as circunstâncias políticas.

Isso é tudo o que se pode dizer das três décadas entre o fim da guerra e o fim do pós-guerra? Obviamente, não: meu tema não trata, contudo, dos trinta anos gloriosos (*Trente Glorieuses*), mas das crises que os sucedem. Em *Tempo comprado*, tomei a liberdade de descrever sua sequência que, de acordo com minha opinião geral, era uma perda e uma derrota histórica daqueles que estavam engajados no Estado de bem-estar social intervencionista e em seu ativismo político – e não consigo identificar nenhum fator positivo no secular aumento do desemprego, da precariedade, do tempo de trabalho e da pressão concorrencial em oposição à configuração do pós-guerra (*postwar settlement*) em um capitalismo supostamente mais avançado pelo desacoplamento da renda no nível da produtividade e à rápida e crescente desigualdade, assim como à transição para uma economia política, que faz o exato oposto do pós-guerra em relação à distribuição, ou seja, o motor do crescimento é de baixo para cima (retirando de quem tem menos para quem tem mais)[19].

---

[17] Sobre isso, ver também Thomas Piketty, *Capital in the Twenty-First Century* (Cambridge, MA, Harvard University Press, 2014).

[18] O contrário seria o que chamo de "hayekanismo", em contraposição ao keynesianismo, que pautava o modelo implementado.

[19] Para um texto político sobre a substituição e a denúncia do passado social-democrata do capitalismo, ver o que disse o historiador britânico Tony Judt em suas recentes manifestações, como em: "What Is Living and What is Dead in Social Democracy?", *New York Review of Books*, 17 dez. 2009, p. 86-96.

Estou, porém, em consonância com meus críticos sobre o caráter excepcional da era de ouro (*Golden Age*) em comparação tanto com o século XIX quanto com a primeira metade do século XX. O que consola nisso tudo é que hoje nós avançamos rumo ao caminho da normalidade capitalista, o que poderia parecer com o mundo do entreguerras, algo que não me apetece muito. Sou da opinião de que os três decênios do pós-guerra foram uma época em que a economia de mercado capitalista não mais se apresenta como fenômeno natural, como no liberalismo clássico, mas como uma construção política cuja existência foi reconhecida após muito tempo, assegurada por uma elite tecnocrática, desiludida politicamente pelos anos 1930 e fundada em uma economia de guerra (da Segunda Guerra Mundial) centrada no Estado, que tinha uma coisa em comum com todas as linhas partidárias: profunda e experimentada dúvida sobre a viabilidade e a sustentabilidade do livre mercado capitalista (como também sobre qualquer ordem econômica), no qual nós, em nossos dias, com o neoliberalismo global, estamos prestes a entrar novamente.

CRISES E CLASSES

Como já dito, identifico o momento de ruptura na história da economia política das democracias capitalistas nos anos 1970. O que começou então descrevo como "revolução neoliberal", mas também se pode chamar de restauração da economia como força coercitiva social, reconhecidamente não para todos, mas para a esmagadora maioria, junto com uma liberalização suave do controle político. Em vez de objetivar (coisificar) esse processo como uma expressão de eternas leis econômicas padronizadas, eu o trato como o *resultado do conflito distributivo* entre classes. Assim, permito-me simplificar a estrutura de classes, senão de maneira sofisticada, e, de acordo com os predominantes padrões de receita, dividir os membros da sociedade capitalista fundamentalmente em dois tipos: "dependentes de salário" e "dependentes de lucro" – não sem antes considerar as circunstâncias de que hoje há uma quantidade expressiva da classe média que pode pertencer a qualquer um dos dois polos, ainda que esteja inevitavelmente mais próxima da primeira que da segunda categoria. Que em algum momento ainda terei de lidar com isso, é algo claro para mim; todavia, eu não queria nem deveria escrever um livro sobre teoria das classes sociais. Minha saída foi lidar cuidadosamente com os conceitos relevantes. Assim, eu queria explicar aos conhecedores da matéria, por meio da visão teórica de conjuntura política de Kalecki, que o que tenho em mente é uma concepção da economia como política (em oposição às teorias econômicas institucionalistas tradicionais, ou seja, a política retratada como economia). Em outras palavras, uma representação das leis econômicas como projeção das relações sociais de poder, e

PREFÁCIO À SEGUNDA EDIÇÃO (2015)   17

das crises, certamente como aquelas discutidas no livro, como conflitos distributivos ou como suas consequências.

O objetivo desse exercício foi contrapor à teoria da escolha pública (*public-choice*), em que as infames demandas das massas irracionais por mais e mais perturbam o equilíbrio normal "da economia", uma reconstrução realista dos eventos, na qual não foram os "dependentes de salário", mas os "dependentes de lucro", que traíram e venderam o capitalismo social-democrático do pós-guerra, pois este estava se tornando caro demais[20]. Aqui contrasto à onda de greves entre 1968 e 1969 uma kaleckiana "greve de investimentos" nos anos 1970, que reputo ter sido muito mais efetiva que qualquer outra arma que os sindicatos e os "dependentes de salário" já tiveram em seu arsenal. Nesse contexto, vem a pergunta de como uma ação estrategicamente coordenada de empresas e de empresários sob as condicionantes da concorrência deve se apresentar (como os "dependentes de lucro" constituem-se ou constroem-se socialmente de uma "classe em si" a uma "classe para si"); tudo o mais é ilegítimo. Trabalhei em grupos empresariais e sei qual é o ponto (o que as empresas precisam fazer para colocar seus membros na linha e construir capacidades coletivas de ação, sem estarem ligadas a obrigações corporativas ou para prevenir que elas não atrapalhem). Elas conseguem, todavia, organizar a ação *coletiva*, majoritariamente como ação *individual coordenada*, via *think tanks*, esclarecimentos públicos, conferências, prognósticos de institutos de pesquisa, resoluções de organizações internacionais, de agências de avaliação de risco (*rating agencies*), de escritórios de advocacia e de consultorias privadas, tanto nacional quanto internacionalmente, com o objetivo de neutralizar a concorrência entre empresas e de fomentar a competição clássica na empresa (entre indivíduos). O fim do pós-guerra foram também os anos em que as críticas da economia em relação a "excesso de emprego", rigidez dos mercados de trabalho, altos custos com baixos lucros (*profit squeeze*), regulação excessiva etc. emergiram e uma intensa e frequente atividade lobística,

---

[20] Enquanto os "dependentes de salário", muito diferentemente das expectativas e das esperanças da teoria crítica das crises, de forma mais ou menos voluntária contribuem para a estabilização do sistema. Refiro-me aqui ao consumismo que de fato tomou a década de 1970, ao menos na Europa; à enorme expansão da oferta de trabalho por meio do rápido crescimento da inserção da mulher no mercado de trabalho de 1970 em diante; aos notáveis efeitos disciplinadores da competição intensificada por um emprego (ou carreira), carreado pelas oportunidades de consumo decorrentes; assim como à ética (neoprotestante?) do trabalho e do esforço, trazendo à baila uma racionalização do modo de vida e da família, angariando alguma difusão, o que era completamente inimaginável até então. Em vez de deter-me sobre o tema, indico, para aprofundamento da questão, o excelente trabalho de Kerstin Jürgens, "Deutschland in der Reproduktionskrise", Leviathan, v. 38, n. 4, 2010, p. 559-87. Assim, deixo sem maior tratamento a sofisticada, difundida e altamente interessante literatura estadunidense e me limito a uma curta propaganda de minhas próprias reflexões direcionadas ao tema. Wolfgang Streeck, "E Pluribus Unum?", cit.

18   Tempo comprado

tanto explícita quanto sigilosa, tornou imperiosas algumas demandas específicas na política para que fizesse algo na economia em nome da retomada do crescimento[21].

Para mim, claramente, a forma mais importante de exercício de poder do "capital" e de seus gestores consiste em torná-lo seguro e em alocar de modo temporário os recursos sociais ociosos a ele como "propriedade" da sociedade ou mandá-los diretamente para fora – ação do mercado como ação política, saída (*exit*) em vez de voz (*voice*). Como sabemos, há nos governos uma ação forte e enérgica, de efeito potencializador, em favor dos capitais. A tremenda insegurança, alardeada por associações empresariais e pelos mais afáveis institutos de pesquisa e setores da imprensa, já é suficiente: o capital fala por meio de reclamações sobre o desconforto geral, sobre expectativa (*Attentismus*), migração e queda da taxa de investimento etc. – em outras palavras, sobre reações individuais direcionadas às prometidas condições de mercado, que oferecem menos que a "reserva do lucro" e que se comprimem aos habituais indicadores socioeconômicos. No fim, o que importa é que as decisões econômicas diárias dos detentores de capital no "mercado" se condensam a uma clara e poderosa opinião pública (*Gesamtaussage*), a qual ninguém que tenha um mínimo de responsabilidade pode ignorar.

Fundamental, para mim, como cientista social, é que o processo a que me referi não pode nem deve necessariamente ser atribuído à liderança estratégica documentada nos arquivos históricos. Muito se fala que a lógica, ou até o direcionamento, do desenvolvimento que descrevo – por exemplo, a mudança do Estado fiscal para o Estado endividado e, por fim, para o Estado de consolidação – foi e continua sendo *emergente*: não precisa ser planejado nem desejado pelos atores que o realizam, porque, se necessário, também poderia se dar pelas suas costas, ou seja, além de sua vontade. O

---

[21] Aqui se deveria poder remeter, sem qualquer melindre, aos acontecimentos a partir do divisor de águas dos anos 1970, por meio da explicação de um plano secreto do grande capital internacional e do capital financeiro. Por outro lado, há que se ter o devido cuidado perante as teorias da conspiração, nas quais os cientistas sociais não podem acreditar, nem nos fazer acreditar que elas definitivamente não existem – assim como, em menor medida, o fato de que as estruturas de poder são maiores que a existência de pequenas redes de contato das poderosas elites, o que não significa que estas não existam ou não sejam efetivas; ver Stefania Vitali, James B. Glattfelder e Stefano Battiston, "The Network of Global Corporate Control", 2015, disponível em: <http:// arxiv.org/pdf/1107.5728.pdf>; acesso em: 15 jul. 2015. Como exemplo da radicalização das classes "dependentes de lucro" nos anos 1970, podemos citar o notório *Powell-Memorandum*, de 1971, "Attack on American Free Enterprise System", disponível em: <http://law.wlu.edu/powellarchives/ page.asp?pageid=1251>; acesso em: 15 jul. 2015. No tocante à relação entre economia e poder estatal hoje, e em particular no tipo e no efeito da ação coletiva dos "dependentes de lucro", ver relatório do jornal *The New York Times* sobre uma visita feita por quase quarenta chefes de algumas das maiores companhias multinacionais e de fundos de investimentos ao reformista presidente francês (à época, François Hollande): "France Tries to Tempt in More Foreign Investment", *The New York Times*, 17 fev. 2014; disponível em: <https://www.nytimes.com/2014/02/18/business/ international/hollande-throws-open-frances-doors-to-business.html>; acesso em: 2 ago. 2018.

PREFÁCIO À SEGUNDA EDIÇÃO (2015) 19

que se pode cuidadosamente dizer (cuidadosamente para não cair em um indefensável voluntarismo ou, mesmo, determinismo) é que a estrutura problemática em cada uma das crises sucessivas, incluindo a posição dos outros envolvidos com os recursos variáveis de poder, limita o repertório de ação dos atores em consonância com a pré-história e as circunstâncias contingenciais, cuja efetividade se manifesta em um tempo específico. Como tais padrões florescem, quanto ou qual nível de internacionalização eles requerem, como estrutura, agência e contingência interagem – essas são perguntas que os cientistas sociais hoje frequentemente tratam sob a rubrica da investigação sobre a mudança institucional, com a utilização de conceitos como dependência do caminho (*Pfadabhängigkeit*), *critical juncture* e afins, sem desenvolvê-los plenamente.

A CRISE FINANCEIRA DO ESTADO

Se dediquei muito espaço em *Tempo comprado* para traçar o emaranhado da crise fiscal do Estado com a crise financeira do capitalismo, foi para iluminar o caminho, retomando a perspectiva, que no início do século XX já era exigida, da sociologia fiscal de Schumpeter e Goldscheid, aquela que enfatiza o papel transformador do Estado e da política no cambiante capitalismo do presente. O propósito aqui foi contestar a amplamente aceita explicação da escolha pública (*public choice*) a fim de embasar o fenômeno do crescente endividamento do Estado, que é muito caro e adorado, em especial, pela economia tradicional. Mais detalhes podem ser encontrados no livro e em artigo posterior, no qual refino ainda mais minha posição[22]. Aqui eu gostaria de resumir brevemente três reflexões gerais que embasam meu argumento, quiçá mais claramente do que está exposto no livro, também para submetê-las a um exame crítico – na esperança de que sua inevitável apresentação simplificada não se volte contra mim.

1. *Tempo comprado* trata do endividamento do Estado como um fenômeno político-econômico, como um aspecto não exatamente da *democracia*, mas, sim, do

---

[22] Wolfgang Streeck, "The Politics of Public Debt: Neoliberalism, Capitalist Development, and the Restructuring of the State", *German Economic Review*, v. 15, n. 1, 2014, p. 143-65. Contudo, gostaria de mais uma vez apontar, ao menos na nota de rodapé, que, de longe, a subida mais abrupta do déficit estatal ocorreu em 2008, quando os Estados tiveram de socializar as perdas do sistema financeiro global e proteger suas economias reais da ameaça de colapso, dado que a elevação do déficit estatal ocorre desde os anos 1980 junto com o declínio alongado no tempo do nível geral de tributação por todos os países ricos; que há múltiplas indicações de que nos mercados de capital liberalizados do capitalismo global as taxas de evasão e de elisão atingem proporções epidêmicas; e que o crescimento geral do nível de desemprego no longo prazo e o aumento dos excluídos do excedente populacional em muitos países continua a demandar altos gastos, não obstante as contínuas reformas do Estado de bem-estar social.

capitalismo. O capitalismo envolve o espraiamento do capital essencialmente expansivo na forma de propriedade privada; isso carrega o perigo do distanciamento no processo produtivo daqueles que serão requeridos para a acumulação, mas a eles não pertence o "mais-produto". Uma vez que o capitalismo não é um estado natural, ele só pode existir à base de reciprocidade em alguma forma; se ela não se perfaz, a questão inevitável que emerge é: "por que alguém deve trabalhar quarenta ou mais horas semanais para o enriquecimento?" O que implica que problemas de justiça e equidade no capitalismo não são a descoberta dos políticos irresponsáveis e corruptos, residem no próprio seio da ordem social capitalista. Eles são em alguma medida contornados, a depender do crescimento elevado dos proprietários de capital, que pode viabilizar a concessão de parte do que é produzido coletivamente aos não proprietários. Em momentos de baixo crescimento, como após o fim da fase de reconstrução, nos anos 1970, acentua-se, de fato, o conflito distributivo – e, assim, torna-se mais difícil para a política garantir a respectiva paz social. O *equilíbrio sociopolítico* somente é atingido à custa de um *desequilíbrio econômico*: como dito, desde o fim dos anos 1960, primeiro na forma de alta *inflação*, depois na forma de um célere, crescente, não keynesiano (cumulativo) *endividamento do Estado* e, em seguida, por meio da explosão, impulsionada pelo excesso, de possibilidades de *crédito privado*. Como apresentado em *Tempo comprado*, é possível até adiar esses problemas, mas apenas de maneira provisória; o que funciona somente até que o desequilíbrio *econômico* criado ou tolerado em nome da paz social se torna insustentável, ou seja, começa a manifestar-se contraprodutivo e por si torna-se a causa do desequilíbrio *social* – vejamos a inflação do fim dos anos 1970, os incontroláveis déficits públicos dos anos 1990 e o ocaso dos alargados mercados financeiros de 2008. Assim, um novo paliativo precisa ser encontrado, mais uma vez presumidamente temporário, como a ilimitada produção atual de dinheiro pelos bancos centrais (*out of thin air*): *politicamente responsável*, no sentido de assegurar a coesão social e a estabilização do regime de acumulação, e, ao mesmo tempo, *economicamente irresponsável*, nomeadamente por ser ela a causa de uma previsível nova crise no longo prazo[23].

2. No que tange ao endividamento do Estado, sou favorável ao argumento de que temos aqui outra conexão causal, independentemente do uso da finança estatal

---

[23] Resumindo, um governo capitalista que dedica demasiada atenção às condições de equilíbrio de políticas democráticas acaba com um desequilíbrio econômico que também afeta sua política (baixo crescimento resulta em intensificação dos conflitos distributivos); e um governo capitalista que prioriza equilíbrio econômico em uma democracia ocasiona um desequilíbrio político que pode, então, também impactar o equilíbrio econômico (greves, protestos etc.). Estado de bem-estar social em demasia prejudica a economia de mercado, o que novamente afeta o bem-estar social; economia de mercado demais destrói o Estado de bem-estar social, que em condições democráticas pode solapar a economia de mercado.

como último recurso para a integração social. O assunto é, novamente, a organização capitalista do progresso econômico na forma de acumulação do capital em mãos privadas. O ponto de partida é a hipótese compartilhada por diferentes teóricos, como Wagner, Goldscheid e o jovem Schumpeter, de que, com o avançado desenvolvimento econômico e social, o gasto coletivo necessário para promover e assegurar esse desenvolvimento tem de aumentar – por exemplo, para reparar os efeitos colaterais (vejam o ano 2008 e seus desdobramentos), para a instalação e manutenção de uma sofisticada infraestrutura, para a criação de um "capital humano" necessário, para a garantia do trabalho e da motivação necessários etc. Talvez hoje já tenhamos atingido o marco temporal no qual o "Estado fiscal" (Schumpeter) encontra seus limites, quando, de acordo com Marx, o crescente caráter social da produção, no sentido mais amplo, começa a entrar em conflito direto com as relações de propriedade. Não fosse assim, o que o persistente aumento do endividamento do Estado quer nos dizer, que a necessidade de investimento coletivo e de consumo coletivo cresceu além do que um democrático Estado fiscal pode gerenciar, mesmo se, na melhor das hipóteses, confiscasse de seus cidadãos proprietários e das empresas; e que a previdência social de sociedades capitalistas desenvolvidas poderia tornar-se crescentemente incompatível com o individualismo possessivo, pelo qual tais sociedades são impulsionadas e dominadas? Por essa perspectiva, neoliberalismo e privatização podem ser entendidos como uma tentativa (final?) sob as relações de produção capitalistas de aprender o que poderia ser conceituado como sua obsolescência evolutiva, e a nova narrativa de "secular estagnação" (ver a seguir), surpreendentemente presente no *mainstream* da economia, poderia adquirir um interessante conteúdo ampliado.

3. Possivelmente por trás do crescente endividamento do Estado, o conflito entre o caráter social da produção e a apropriação privada de seus produtos fica ainda mais agravado pelo dramático crescimento das brechas (como as aberturas para a mobilidade do capital) para os grandes contribuintes fiscais – tanto empresas quanto indivíduos. Consequentemente, as jurisdições políticas do mundo capitalista são forçadas a entrar em uma competição pela lealdade do grande capital, sob a premissa de que o crescimento da economia e, com isso, a receita do Estado somente podem ser obtidos por meio de concessões fiscais suficientes para atrair o investimento: mais tributos por meio de menos taxação – a ilusão de Laffer como a última esperança da economia política. Até agora, nada foi modificado: junto com as taxas máximas de juros têm caído também as taxas de crescimento no longo prazo. Pior ainda, simultaneamente ao retrocesso da arrecadação tributária das empresas, aumentam suas demandas por uma infraestrutura nacional e regional; empresas exigem redução da carga tributária e isenções fiscais e, *ao mesmo tempo*, melhores ruas asfaltadas, aeroportos, escolas, universidades, pesquisas científicas qualificadas etc. A consequência é um aumento tendencial da tributação das pequenas e médias rendas, algo como a elevação da

carga tributária sobre o consumo e sobre as contribuições para a seguridade social, resultando em um sistema tributário ainda mais regressivo.

Ante esse pano de fundo, a alargada transição dos países ricos observada atualmente de Estado endividado para Estado de consolidação ganha relevância sistêmica. É interessante em termos tanto de conflitos distributivos quanto de luta de classes como a redução da taxação das classes "dependentes de lucros" e de seus grupos empresariais e os déficits fiscais que aumentaram e ainda aumentam em consequência disso e do baixo crescimento têm sido usados politicamente para avançar na demolição do Estado de bem-estar social do capitalismo do pós-guerra. Quanto à dinâmica desse processo, é possível aprender mais[24]. Em suma, é possível afirmar[25] que a consolidação do orçamento estatal, como perseguido desde meados dos anos 1990, foi alcançada quase exclusivamente pelo corte de gastos, não pelo aumento da renda. "Poupanças" são em geral acompanhadas, ainda mais se produzem um superávit orçamentário por corte de taxas, o que renova o déficit e, portanto, justifica ainda mais os cortes em gastos. O objetivo não é acabar com as dívidas; é, sim, a retomada da confiança dos credores por meio de uma garantia duradoura e estrutural da capacidade de honrar com a dívida pública. A necessária e sustentável redução do aparato estatal para atingir esses fins requer um consenso político e institucional de um regime de austeridade pautado pelas diretrizes da política reformista neoliberal, com suas respectivas privatizações dos serviços públicos e da assunção pelo indivíduo da seguridade social. No total, a política do Estado de consolidação soma-se ao experimento em larga escala de retirar do Estado o investimento necessário para o futuro da economia política capitalista e de seus cidadãos, junto com o reparo dos danos ambientais e sociais causados pelo desenvolvimento capitalista, transferindo esses para o setor privado, na esperança de, portanto, promover em vez de reduzir a rentabilidade das operações empresariais nos mercados capitalistas[26].

---

[24] Lukas Haffert, *Freiheit von Schulden – Freiheit zur Gestaltung? Die politische Ökonomie von Haushaltsüberschüssen* (dissertação, Colônia, Max-Planck-Institut für Gesellschaftsforschung/ Faculdade de Ciência Econômica e Social da Universidade de Colônia, 2014); idem e Mehrtens, Philip, *From Austerity to Expansion? Consolidation, Budget Surpluses, and the Decline of Fiscal Capacity*, MPIfG Discussion Paper Nr. 13/16 (Colônia, Max-Planck-Institut für Gesellschaftsforschung, 2013); Philip Mehrtens, *Staatsschulden und Staatstätigkeit: Zur Transformation der politischen Ökonomie Schwedens*, (Frankfurt, Campus, 2014).

[25] Wolfgang Streecke, "The Rise of the European Consolidation State", cit.

[26] Idem. O país que mais avançou nesse caminho foi, naturalmente ao lado dos Estados Unidos, surpreendentemente a Suécia (Philip Mehrtens, *Staatsschulden und Staatstätigkeit*, cit.). Muito mais pelas supostas variadas formas do capitalismo.

Capitalismo e democracia

Nesse contexto, cabe traçar a diferenciação entre "povo do Estado" (*Staatsvolk*) e "povo do mercado" (*Marktvolk*), introduzida aqui expressamente como um modelo estilizado. Ela foi pensada como provocação às teorias da democracia, que sempre partem do princípio de que no capitalismo atual o Estado somente se financia por meio de seus contribuintes – embora, no que tange à distinção que proponho, eu explicitamente baseie minhas pressuposições nas "observações" de um "estágio ainda inacabado da pesquisa". É verdade (e eu afirmo) que há cidadãos que pertencem ao mesmo tempo a ambos os "povos" – ainda assim, não compactuo com a absurda tese de que "nós", a "classe média burguesa", "impomos" a financeirização e suas crises. Isso significaria abrir mão de analisar e conceituar a tensão entre direitos civis e econômicos, como se no Estado endividado do capitalismo contemporâneo ela não fosse perceptível e incontornável.

O mesmo ocorre com a distinção que faço entre justiça social e justiça mercadológica – uma construção analítica tida por mim como introdutória e com a qual posso trilhar bons caminhos. A política democrática no capitalismo em geral está sob pressão para equalizar os resultados do mercado (distorcê-los), visto que os mercados tendem a distribuir de forma assimétrica seus frutos[27]. Quem considera somente "justa" uma distribuição "eficiente" conforme os níveis da produtividade marginal (entre esses, Hayek, mas também muitos outros), talvez porque os favoreça, defende que o Estado é neutro no tocante à distribuição, que "se deve deixar o mercado chegar a um bom termo sozinho"; outros buscam corrigir "socialmente" os resultados do mercado. Eu menciono as dificuldades normativas e políticas ligadas a um conceito como o de "justiça social"; como se sabe, porém, elas não impedem ninguém de evocá-lo na prática – ou, ao contrário, no sentido de encontrar uma "solução limpa", pode-se deixar para resolver o problema da justiça por um livre sistema de formação relativa dos preços.

A reflexão que está ausente no livro, mas até caberia bem nele, toca a pergunta: por que a correção política dos mercados parece frágil e sob o perigo de ser vista como "política", no sentido de arbitrária e corrupta? Enquanto os "veredtos" do mercado se apresentam como justos, porque objetivos, resultados *sine ira ac studio* [sem ódio e sem preconceito], de acordo com regras imparciais, gerais, impessoais e universais, a intervenção política no "livre jogo das forças de mercado" é associada quase automaticamente à opressão do interesse geral por poderosos bandos. A afirmação de que os mercados são livres de exploração, clinicamente limpos, por assim dizer, é uma reivindicação propagada com estrondoso sucesso, em especial por economistas, a despeito do que se sabe na realidade sobre cartéis, acordo de preços e "salvamento dos bancos" etc. – sobre Goldman Sachs e o Deutsche Bank, sobre a Libor, sobre o preço do ouro e a taxa de câmbio –, que são imunes ao que é dito por incontáveis pesquisas: como a ausência de correlação entre o

---

[27] Thomas Piketty, *Capital in the Twenty-First Century*, cit.

que se trabalha e o que se recebe nos altos negócios ou o caminho incestuoso que trilham os executivos para ascender na carreira. Os mercados sobrevivem como um ideal de mundo da justiça desejada, desconsiderando todas as condenações por cartelização e os processos por fraudes, que são vistos como provas de que, eventualmente, nas margens da grande máquina de justiça do mercado, algo pode dar errado.

Que os mercados, em essência, são limpos e que sua respectiva política de correção é suja é a premissa de uma difundida pressuposição de justiça, que supreendentemente é imune à experiência prática, a não ser que lhe seja favorável, desconsiderando por completo que verdadeiros "livres" mercados nunca existiram. Uma razão para isso é o que se pode chamar de *truque da quantificação* e de *mágica da impenetrabilidade*. Os critérios de correções democráticas de mercado são qualitativos; devem estar retoricamente fundados em discursos que permitam a contraposição. Via de regra, nem todos têm a mesma opinião e, por isso, se nada acontece definitivamente, é necessário que o compromisso ou a autoritária sobreposição da vontade da maioria se imponha ao fim do debate. Fora da disputa política, não há nenhuma instância que possa se colocar na posição de determinar uma solução objetivamente correta como parâmetro para julgar aquilo que de fato foi decidido. As decisões coletivas sobre a forma e a direção da intervenção do Estado no "livre jogo das forças de mercado" são tomadas, em geral, ainda que parcialmente, em público, e, portanto, são visíveis mesmo com todas as armadilhas e as emboscadas seu caráter improvisado, provisório, e sua contaminação empírica por dependência de poder e de situações específicas. O que é diferente em um mundo ideal de um mercado "livre" da (interferência) política, no qual os valores são expressos em preços, sem longas controvérsias, baseados em uma moral retórica inconteste de ponta a ponta, descompromissada e protegida contra ações publicamente comprometedoras: o preço é o preço, ninguém pode ser responsável nem culpado por ele e, se, excepcionalmente, o verdadeiro preço for falseado, a organização dos cartéis pode recalculá-lo e impor punições proporcionais aos conspiradores. É assim que, na tensão entre capitalismo e democracia, a defesa neoliberal da justiça pura de mercado, se conduzida com habilidade, goza de enorme prestígio perante a opinião pública na luta contra a politização, a justiça social corretora do mercado.

O QUE SE SEGUE?

Com o ocaso da política de endividamento, em 2008, a sequência de crises do pós-guerra não chegara ao fim. Em *Tempo comprado*, falou-se de uma terceira etapa, da qual se pode apenas ter algumas noções. É previsível a

tentativa de libertação definitiva da economia capitalista e de seus mercados – não dos Estados, uma vez que os primeiros continuarão a ser dependentes da proteção dos últimos em muitos aspectos, mas da democracia enquanto democracia de massas, de acordo com a forma que esta assumia no regime do capitalismo democrático. Hoje, os meios para dominar as crises de legitimação por meio da criação de ilusões de crescimento parecem esgotados. Em especial, a magia do dinheiro produzida nas últimas décadas com a ajuda de uma indústria financeira desenfreada tornou-se, ao que parece, definitivamente muito perigosa para que se volte a tentar comprar tempo recorrendo a ela.[28]

Três anos depois, ainda pairamos no ar. O que aumentou nesse tempo, indubitavelmente, foi o que há pouco se tomava como inimaginável: a incerteza de como continuar. Parece que nunca os especialistas estiveram tão divididos sobre o avançado capitalismo – não apenas sobre sua terapia, mas também sobre seu diagnóstico[29]. Não obstante a tentativa de conjurá-las, as três tendências que por décadas marcaram a decadência gradual do capitalismo presente como um sistema social reprodutivo permanecem inquebráveis e começam a reforçar-se mutuamente em uma espiral de reversão: *baixo crescimento*, elevada *desigualdade* e crescente *endividamento geral* – o baixo crescimento aumenta a distribuição desigual de renda, na forma da crescente concentração de riqueza entre os "1%" de cima, obstaculizando um crescimento mais alto, e a estagnação econômica igualmente dificulta a redução da dívida, assim como o alto endividamento é impeditivo para a tomada de crédito a condições mais favoráveis[30]; com uma pirâmide de dívidas cada vez maior, o risco de uma nova quebra do sistema financeiro aumenta[31].

---

[28] Ver p. 92 deste livro.

[29] Eles entraram em um verdadeiro voo cego por um longo tempo: em meio à névoa e sem o funcionamento dos instrumentos. Muito interessantes nesse contexto são os sucessivos relatos das sessões de cúpula do Banco Central estadunidense durante e depois da crise do Lehman Brothers, publicadas no jornal *The New York Times* em fevereiro de 2014. Ver, por exemplo, Gretchen Morgenson, "A New Light on Regulators in the Dark", *The New York Times*, 22 fev. 2014, em que se lê: "*disturbing picture of a central bank that was in the dark about each looming disaster throughout 2008*" ["imagem perturbadora de um banco central que estava no escuro em relação a cada desastre iminente ao longo de 2008"].

[30] Para um exemplo, ver o relatório "Student Debt Slows Growth as Young Spend Less", *The New York Times*, 10 maio 2013. O artigo contém um estudo sobre o Federal Bank of New York, que fornece créditos estudantis acessíveis e pouco crédito para a compra ou a construção de casas. O mesmo vale para aqueles que têm por volta de 25 anos para a compra de um automóvel.

[31] Eu tratei desse contexto no artigo "How Will Capitalism End?", *New Left Review*, maio-jun. 2014. Disponível em: <https://newleftreview.org/II/87/wolfgang-streeck-how-will-capitalism-end>; acesso em: 2 ago. 2018. Para a inter-relação de política monetária flexível, créditos na construção de casas, bolha no mercado imobiliário e probabilidade da crise financeira, ver Òscar Jordà, Moritz HP. Schularick, Alan M. Taylor, "Betting the house", *Journal of International Economics*, Elsevier,

26 TEMPO COMPRADO

A questão de como lidar com isso – como essa síndrome aparentemente sem paralelo na história pode ser revertida – é o quebra-cabeças posto aos especialistas, que desesperadamente buscam saídas para postergar a hora da verdade. Em novembro de 2013, Larry Summers, secretário do Tesouro do governo Bill Clinton, arquiteto da desregulação financeira dos anos 1990 e ainda o mais influente mecânico da engasgada máquina de acumulação capitalista, sugeriu, no encontro anual do Fundo Monetário Internacional (FMI), uma perspectiva mais amarga: que o capitalismo mundial possivelmente atravessa um período de "estagnação secular, ou seja, um duradouro estado de baixo crescimento". Esse estado, ele explica, vai continuar por algum tempo, e a crise de 2008 não foi sua causa, mas um de seus efeitos. Na virada do século, nem mesmo a bolha gigantesca do mercado imobiliário estadunidense foi capaz de carrear a economia americana novamente ao crescimento.

> Quando se volta e se estuda a economia perante a crise, há algo um pouco estranho. Muitas pessoas acreditavam que a política monetária era bem fácil. Todo mundo concordava que havia uma vasta quantidade de empréstimos temerários circulando. Quase todo mundo concordava que a riqueza, como se foi experimentando pelos orçamentos domésticos, excedia sua realidade. Muito dinheiro fácil, muitos empréstimos, muita riqueza. Havia um grande *boom*? A capacidade de utilização não estava sob grande pressão, o desemprego não estava claramente em um nível baixo, a inflação estava completamente dentro dos padrões, então nem mesmo uma grande bolha era suficiente para nenhum grande excesso na demanda agregada.[32]

O que é de esperar sob essas circunstâncias, o que deve ser feito e o que tem sido de fato feito? Poucas semanas antes dessa apresentação no FMI, em 15 de dezembro de 2013, Summers discutiu em seu artigo no *Financial Times*:

> Essas reflexões implicam que a presunção de que as condições econômicas e políticas normais retornarão em algum momento não pode mais ser mantida [...]. Alguns sugeriram que o credo na estagnação secular significa o desejo de bolhas para promover a demanda[33]. Essa ideia confunde previsão com recomendação. Claro que é melhor

---

2015, v. 96 (S1), p. 2-18. Disponível em: <http://www.nber.org/papers/w20771>; acesso em: 2 ago. 2018.

[32] Transcrição do discurso de Larry Summers no encontro anual do FMI, 8 nov. 2013. Disponível em: <https://m.facebook.com/notes/randyfellmy/transcript-of-larry-summers-speech-at-the-imf-economic-forum-nov-8-2013/585630634864563>; acesso em: 2 ago. 2018.

[33] Com "alguns", Summers deve referir-se especialmente a Paul Krugman, que no artigo "Secular Stagnation, Coalmines, Bubbles, and Larry Summers", publicado em seu blog economia no *New York Times*, 16 nov. 2013, aplaudiu a visão de Larry e explorou ainda mais suas consequências práticas. Krugman começou lembrando aos leitores a citação de Keynes de que "gastar dinheiro é bom, e, ainda que o gasto produtivo seja melhor ainda, o gasto improdutivo é melhor

PREFÁCIO À SEGUNDA EDIÇÃO (2015) 27

fomentar a demanda pelo investimento produtivo ou pelo consumo altamente elevado que artificialmente inchar bolhas. Por outro lado, é racional reconhecer que as taxas de juros baixas elevam o valor das ações e direcionam os investidores a assumir riscos maiores, inflando bolhas do mesmo jeito.

Olhando para trás, o que podemos perceber melhor agora é que o tempo comprado continua. Hoje, entretanto, já não é financiado pela indústria privada de dinheiro, que, apesar dos bônus de restauração, ainda sofre de transtornos pós-traumáticos, e sim pelos bancos centrais, que, mais do que nunca, se tornaram o verdadeiro governo das pós-democracias capitalistas, independentes de eleições, parlamentos, governos, sindicatos etc., como nenhuma outra instituição – com exceção, talvez, da Goldman Sachs e seus colegas. Em *Tempo comprado*, o papel do dinheiro permaneceu, definitivamente, à sombra; que o dinheiro é hoje mais do que nunca o caldo especial do capitalismo, isso já se poderia ter compreendido e ter deixado mais claro. Depois de 2008, a criação de dinheiro – a "inundação" dos "mercados" com "liquidez" – foi completamente assumida pelos bancos centrais, que sempre encontraram um caminho de produzir dinheiro fresco por meio da oferta de crédito a juros baixos para o sistema de bancos privados ou comprando papéis de dívida de bancos, Estados e empresas, mesmo de credibilidade duvidosa. Desde então, aos bancos privados, com o fim de Bretton Woods e a definitiva

---

que nada". Summers, disse Krugman, reconheceu, como Keynes, que o "gasto privado, mesmo se for totalmente ou parcialmente desperdiçado [...], poderia ser uma boa coisa". Krugman utilizou como exemplo o violento *boom* que haveria se todas as grandes empresas estadunidenses equipassem de uma só vez seus empregados com os óculos Google e engenhocas semelhantes. Mesmo que isso tivesse acontecido três anos depois, o que não impactou em nada a produtividade, teria significado "muitos anos de elevadas taxas de emprego sem uma perda real, desde que os recursos empregados [para a produção das parafernálias] não tivessem ficado ociosos". No tocante às bolhas, Krugman segue Summers, sugerindo que desde os anos 1980 tem sido por bolhas que a economia estadunidense tem atingido o pleno emprego. De acordo com Krugman, isso tem "algumas implicações radicais". Summers estava certo ao apontar que, nas condições da secular estagnação, grande parte do que se pode fazer para prevenir uma futura crise é contraproducente. Mesmo o fortalecimento da regulação do setor bancário [não surpreende, se olharmos para o mandato de Summers junto à Secretaria do Tesouro] teria sido mais danoso do que benéfico, se isso tivesse *prevenido* os "empréstimos irresponsáveis numa época em que qualquer aumento de gasto era bom para a economia". A renúncia em favor da nova regulação financeira não foi suficiente, todavia. O que era necessário, continuou Krugman, era "reconstruir nosso sistema monetário inteiro – eliminar papel-moeda e pagar taxas de juros negativas nos depósitos bancários". Alternativamente, ou adicionalmente, a próxima bolha, que inevitavelmente viria, poderia ser usada para elevar a taxa de inflação e mantê-la elevada. Disponível em <http://dreamer429. blogspot.de/2013/11/larry-summers-at-imf-economic-forum-nov.html>; acesso em: 8 ago. 2018. Em suma, produção inútil, consumo compulsório, mais finanças de alto risco e bolhas financeiras a ponto de implodir como o último instrumento de respiração artificial de um sistema econômico voltado ao crescimento dependente, mas aparentemente incapaz de lidar com isso!

despedida do dinheiro metálico, não se impôs mais nenhum limite. Consequentemente, o montante dos bancos centrais mais importantes cresceu depressa desde 2008 e quase triplicou nos sete anos seguintes a partir de 2006 (Figura 1).

Figura 1

Total de ativos dos bancos centrais

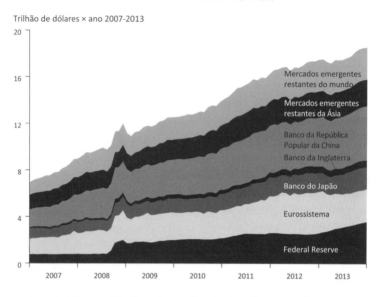

Países incluídos na média não ponderada: Alemanha, Austrália, Áustria, Bélgica, Canadá, Dinamarca, Espanha, Estados Unidos, Finlândia, França, Grã-Bretanha, Grécia, Irlanda, Itália, Japão, Noruega, Países Baixos, Portugal, Suécia e Suíça.

OECD Economic Outlook: Statistics and Projections

O dinheiro do Banco Central hoje não é mais escasso; por isso, os bancos centrais podem emprestar o dinheiro à tarifa zero a seus protegidos no setor privado financeiro ou no governo, anular prejuízos sem compensação dos créditos extravagantes e assegurar aos credores mais confiabilidade de que seus depósitos estão em boas mãos. Quando na falta de demanda o crescimento não se verifica, mesmo a juros reais negativos, e a queda do preço se avizinha, o que se segue é um real crescimento do já violento peso da dívida; levando em consideração uma crise como a dos anos 1930, a possibilidade de inflação induzida pela excessiva emissão de dinheiro parece ser o menor dos problemas. A inflação pode ser desejada até um ponto determinado, como estímulo para o investimento e o consumo como meios para a redução da dívida. Críticas à produção massiva de dinheiro fácil se deparam com a indiferença por parte dos governos, que se beneficiam das baixas taxas de juros ao refinanciar seu débito antigo. O mesmo vale

PREFÁCIO À SEGUNDA EDIÇÃO (2015)   29

para os bancos, que podem reciclar seus papéis tóxicos nos bancos centrais e continuar emprestando dinheiro fresco com juros para bancos ou firmas, desde que entre eles se encontrem tomadores.

A inundação do mundo com dinheiro criado livremente e fresco permitiu que a financeirização do capitalismo atual continuasse, assim como potencializou a desigualdade que acompanha a financeirização. O que o excedente de capital falhou em gerar foi o crescimento: o crédito bancário para firmas na economia real está estagnando com firmas que já carregam o peso do alto endividamento, temendo tanto os bancos como a si mesmas. Ao mesmo tempo, a oferta ilimitada de dinheiro permitiu aos Estados adquirirem mais dívidas, a despeito de todas as promessas de consolidação (Figura 2), não apenas por causa das baixas taxas de juros, mas também pelos emprestadores privados que podem contar com os bancos centrais como emprestadores públicos de última instância, o que garante que os Estados sempre estarão aptos a amortizar suas dívidas perante a indústria financeira privada. Mesmo assim, fica claro que, tal como em tempos passados de inflação, a dívida pública e a dívida privada, continuando o capitalismo na toada por expandir o balanço patrimonial dos bancos centrais, não podem continuar para sempre: novamente, o que começou como solução mais cedo ou mais tarde se torna problema. Havia, no início de 2013, tentativas nos Estados Unidos e no Japão de findar o passeio no tigre, conhecido como "*quantitative easing*". Já o primeiro anúncio desse efeito causou uma queda drástica no preço das ações, e a operação foi adiada. Em junho do mesmo ano, o Banco Internacional de Pagamentos (mais conhecido como Bank for International Settlements, ou BIS), o banco central dos bancos centrais, como ele era, declarou obsoleta a política de desvalorização cambial. Em seu relatório anual, foi lembrado que, em reação à crise e à sua arrastada recuperação, os bancos centrais estenderam seus balanços como nunca, com uma "estável tendência ao crescimento"[34]. Isso foi necessário, segundo o relatório, como único meio de "prevenir o colapso financeiro". Agora, o objetivo tem de ser "retornar as ainda rastejantes economias ao forte e sustentável crescimento". A retomada estava além da capacidade dos bancos centrais, que não podiam implementar as reformas estruturais econômica e financeira necessárias

> para reerguer as economias ao patamar do crescimento real que as autoridades públicas e seu povo tanto quer quanto espera. O que o Banco Central fez durante a recuperação com sua política de compromisso foi comprar tempo [...]. O tempo não foi bem usado, todavia, já que as contínuas taxas de juros baixas e as políticas não convencionais permitiram ao setor privado retardar a redução das dívidas, facilitaram aos governos o financiamento de débitos e abriram caminho para as autoridades postergarem reformas necessárias na economia real e no setor financeiro. Além de tudo,

---

[34] Bank for International Settlements, *83rd Annual Report, 1 April 2012-31 March 2013* (Basel, Bank for International Settlements, 2013), p. 5.

o dinheiro fácil promove a tomada de empréstimos em detrimento da poupança, o gasto em relação à taxação e a conservação à mudança.[35]

Na perspectiva do BIS, foi incumbido aos governos já em 2013 o uso do tempo restante para reviver o crescimento no mundo ocidental por meio de (duvidosas e neoliberais) "reformas" econômicas, cujo motor o relatório anual breve e objetivamente resumiu como "*enhancing flexibility: a key to growth*" [aumentando a flexibilidade: uma chave para o crescimento][36]. Seria fatal supor que isso significaria o programa inteiro: da eliminação da proteção ao emprego e da retirada dos sindicatos da negociação salarial para reconstruir o Estado na direção do regime de austeridade[37] ou do Estado de consolidação[38], por meio de uma duradoura transição para uma constituição econômica hayekiana, com a defendida separação entre economia e democracia, descrita em *Tempo comprado*.

Figura 2
Dívida do Estado em porcentagem do PIB (produto interno bruto) de vinte países da OCDE de 1995 a 2013

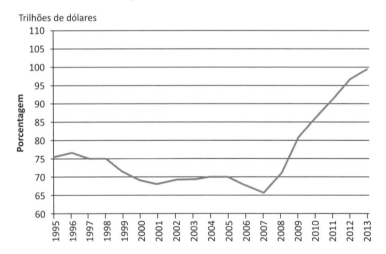

Bank for International Settlements, *84th Annual Report, 1 April 2013-31 March 2014* (Basel, Bank for International Settlements, 2014), p. 98

---

[35] Idem.

[36] Ibidem, p. 6.

[37] Paul Pierson, "From Expansion to Austerity. The New Politics of Taxing and Spending", em Martin A. Levin et al. (orgs.), *Seeking the Center. Politics and Policymaking at the New Century* (Washington, Georgetown University Press, 2001), p. 54-80.

[38] Wolfgang Streeck, "The Rise of the European Consolidation State", em Desmond King e Patrick Le Galés (orgs.), *The Reconfiguration of the State in Europe* (Oxford, Oxford University Press, 2015).

PREFÁCIO À SEGUNDA EDIÇÃO (2015) 31

Em 2014, deu-se a tentativa seguinte de escapar da crise, novamente impulsionada pelo Federal Reserve e, como nos anos anteriores, com os olhares mais cuidadosos e ansiosos possíveis em relação aos efeitos colaterais. Outra vez, nada aconteceu – e assim permaneceu até o verão de 2016, o que é uma evidência do tamanho da incerteza dos especialistas sobre a complexa teia de conexões causais que eles encaram. Havia e ainda há muita polêmica sobre o que esperar, deflação ou inflação, e como poderia ser ainda mais danosa. Ainda mais importantes são as divergências sobre as prováveis consequências e os efeitos colaterais da ilimitada emissão de dinheiro, particularmente os perigos ligados a bolhas futuras e onde esses efeitos são esperados. Há também debates sobre se débitos maiores promoveriam ou brecariam o crescimento, dado o alto nível de endividamento já existente. Por ora, o medo de um colapso de crescimento, que ainda permanece, com a consequente deflação, prevalece sobre o medo da inflação, o de bolhas, e a quebra da confiança na capacidade dos cada vez mais numerosos e mais endividados devedores, assim como na capacidade e na prontidão dos bancos centrais de prover dinheiro fresco, tem a necessidade de crescer. No topo disso, em especial na Europa, há um medo da resistência democrática às "reformas" e da radicalização política como argumento adicional para deixar as impressoras de dinheiro em funcionamento, desconsiderando os riscos envolvidos. Se a escolha tem que ser feita entre deflação agora e inflação depois ou entre instabilidade política imediata e bolhas infladas no futuro, no fim das contas, não há alternativa viável a não ser comprar mais tempo, na esperança de que um milagre de algum tipo aconteça[39].

E A EUROPA?

A união monetária europeia, que muitos confundem com "Europa", foi muito mais do que um tema lateral no livro. Para mim, a crise europeia pós-2008 é uma expressão regional de toda a crise global da ordem política do capitalismo financeirizado.

---

[39] Assim, pode-se utilizar algo como a emissão de dinheiro *out of thin air* [do nada], se não se tiver crescimento, de maneira a pressionar o câmbio, desvalorizando os preços, tornando competitiva a economia na exportação de produtos. O Japão já tenta essa estratégia há algum tempo, e a Europa – nomeadamente o Banco Central Europeu – entrou nessa desde o fim de 2014. Assim que o Federal Reserve estava prestes a deixar sua "política monetária não convencional", vieram na direção contrária as estratégias de controle cambial não apenas de Frankfurt e Tóquio, mas também de Pequim. Ver "As Fed Retreats from Stimulus, Central Banks Overseas Expand Theirs", *The New York Times*, 2 out. 2014. Não se pode anunciar por aí o controle cambial como estratégia de desenvolvimento; a desvalorização competitiva, em especial entre grandes economias e suas barreiras monetárias, por um longo prazo, não é menos perigosa que as bolhas financeiras de crédito. Ainda assim, também aqui prevalecem o ganho de tempo e a garantia da legitimação de curto prazo.

Se minha discussão sobre Europa atraiu tanta atenção, deve ser em função das conclusões que vão de encontro ao otimismo sobre a integração europeia, o qual é quase obrigatório, em especial na Alemanha, onde observamos uma mistura peculiar de interesse econômico egoísta e um idealismo antinacionalista, incluindo um sentimento bem alemão de dissolução das nacionalidades na coletividade europeia, o que levaria juntamente à incrível "sacralização" (Hans Joas) da mundana tecnocrática criação, a moeda comum europeia.

Desde a publicação de *Tempo comprado*, tive com frequência a oportunidade de elaborar minhas reflexões sobre o tema da Europa e da União Monetária, particularmente em conexão com a resenha de meu livro feita por Jürgen Habermas[40]. Aqui limito-me a um breve resumo em nove teses sobre o que me parece destaque na discussão sobre a união monetária e por que vejo a criação como um erro fatal, pelo qual a Europa ainda pagará por um longo tempo.

1. A união monetária europeia é um regime monetário internacional a ser visto como uma das muitas soluções paliativas aos problemas da coordenação econômica internacional que encontram expressão nas constantes novas crises desde que os Estados Unidos abandonaram os acordos de Bretton Woods. O que a união ainda não é, contudo, é "Europa" ou uma "ideia de Europa". "Europa" é 2 mil anos, quiçá 3 mil, mais velha que a União Monetária Europeia, e a "ideia de Europa", se entendida como o desejo por uma reunificação pacífica das nações do continente, o que conta com sua diversidade criada em conjunto, é ao menos um século e meio mais velha. Logo, há países que indubitavelmente são europeus, mas não pertencem à união monetária, como Reino Unido ou Dinamarca; ela nem sequer é idêntica à Comunidade Europeia – nem nunca será.

2. Para alguns dos membros da União Europeia, a introdução de uma moeda única não unificou a Europa, mas a dividiu. As novas linhas demarcatórias correm entre

---

[40] Ver Jürgen Habermas, "Demokratie oder Kapitalismus? Vom Elend der nationalstaatlichen Fragmentierung in einer kapitalistisch integrierten Weltgesellschaft", *Blätter für deutsche und internationale Politik*, v. 58, n. 5, 2013, p. 59-70. Para minha resposta, ver Wolfgang Streeck, "Vom DM-Nationalismus zum Euro-Patriotismus? Einec Replik auf Jürgen Habermas", *Blätter für deutsche und international Politik*, v. 58, n. 9, 2013, p. 75-92; e "Small-State Nostalgia? The Currency Union, Germany, and Europe: A Reply to Jürgen Habermas", *Constellations*, n. 21, 2014, p. 213-21. Igualmente sobre Europa, ver idem, "Nach der Krise ist in der Krise: Aussichten auf die Innenpolitik des europäischen Binnenmarktstaats", *Leviathan*, n. 41, 2013, p. 1-20; "Comment on Wolfgang Merkel, 'Is Capitalism Compatible with Democracy?'", *Zeitschrift für vergleichende Politikwissenschaft*, v. 9, n. 1-2, 2015, p. 49-60; "Heller, Schmitt and the Euro", *European Law Journal*, n. 21, 2015, p. 361-70; "The Rise of the European Consolidation State", MPIfG Discussion Paper Nr. 15/1, Colônia, Max-Planck-Institut für Gesellschaftsforschung; e "Aus der Krise nach 'Europa'? Vergangenheit und Zukunft in Geschichte und politischer Ökonomie", *Journal of Modern European History*, n. 12, 2014, p. 299-316.

membros e não membros da União Monetária; dentro da União Monetária entre os países tradicionalmente de moeda forte e de moeda fraca; e entre os Estados-membros, envolvendo defensores e opositores da União Monetária. Partidos anti-Europa começaram a ganhar força em todos os membros da União Monetária Europeia, com o inimaginável alargamento de bandeiras xenofóbicas ou da extrema direita radical. Da peculiar perspectiva da Alemanha, o movimento deve ser considerado alarmante, visto que, em muitos países da área monetária, a memória sobre as duas guerras mundiais iniciadas pelos alemães é ainda muito recente, o que carrega também sentimentos hostis correspondentes, os quais já se pensava ter superado.

3. As comunidades políticas nas quais os povos europeus se organizaram de forma mais ou menos confortável no curso de sua trajetória recente conjunta têm como *políticas econômicas* diferentes práticas e estruturas econômicas, que em geral se fundam em compromissos nacionais específicos entre a vida social e econômica, entre democracia e capitalismo. Os arranjos monetários nacionais que emergiram nessas conexões foram fundados tanto regional quanto nacionalmente no capitalismo moderno e, ao mesmo tempo, se adaptaram aos modificados sistemas institucionais. Um regime internacional comum dado por cima, o mesmo para todos, não pode abarcar da mesma maneira todas as práticas econômicas e todos os compromissos de classes; vai fatalmente privilegiar alguns países, enquanto forçará outros a subordinar suas configurações (*settlement*) próprias às diretrizes da economia (capitalista) e da sociedade (democrática). Isso incita a resistência política domesticamente nos países sob pressão para se adaptarem, junto com o ressentimento nacionalista crescente aos países que se autodeclararam, conforme a cartilha da União Monetária, modelos para as "reformas" que exigem dos países políticas econômicas desvantajosas ao próprio desenvolvimento interno. No caso da União Monetária Europeia, as reformas demandavam demais na adaptação das economias e das políticas dos Estados mediterrâneos para um regime de alta estabilidade monetária e de orçamentários estatais equilibrados afinado com as expectativas dos mercados financeiros internacionais, sob os auspícios do capitalismo financeiro, e com as vastas e, ao menos inicialmente, dolorosas consequências para os mercados de trabalho e a seguridade social.

4. Dentro da área monetária comum, há que se contar também com os duradouros conflitos internacionais, que desempenham papel relevante em três níveis sobrepostos e entrelaçados: conflitos sobre a interpretação das regras da União Monetária Europeia; quanto à distribuição dos ônus da reforma entre os Estados-membros; e em relação à ajuda ou à compensação aos países prejudicados com as mudanças. No patamar mais elevado, a questão é, em primeiro lugar, se os países mediterrâneos, provavelmente em aliança com a França, serão exitosos em emplacar uma interpretação dos tratados que mais lhes favoreça, bem como a suas necessidades e seus grupos de interesses; o que se pode esperar aqui é um cabo de guerra entre os países do Sul e do Norte (que

podem puxar ainda mais a corda para seu lado ou deixá-la como está). A depender do resultado dessa luta quanto ao conteúdo dos tratados, a questão, em segundo lugar, será quais países terão de "reformar" suas instituições: se o Norte vai aprender a conviver com mais inflação ou se o Sul, após enfraquecer seus sindicatos, terá de reduzir drasticamente seu funcionalismo público e firmar contratos com a iniciativa privada em termos mais "flexíveis". Em terceiro lugar, uma vez que as transformações necessárias das instituições dos países de economia mais frágil não podem ser feitas de um dia para o outro, terá de haver negociações do tipo: se e em qual medida os favorecidos pela União Monetária precisarão absorver seus parceiros financeiramente, com políticas de desenvolvimento regional, social ou internacional. Os detalhes delas, por exemplo em relação à alocação das transferências entre consumo e investimento, serão motivos de permanentes conflitos. Se temporária ou duradoura, não importa como a embrionária União Monetária é chamada, há que se atentar para quanto apoio terá de ser dado aos países demandantes e quais contrapartidas serão exigidas pelos países mais ricos; aqueles que recebem o auxílio inevitavelmente consideram muito baixo o montante disponibilizado e, em troca, a consequente abdicação da soberania demanda demais deles, enquanto, para os países que ajudam, os pedidos de seus parceiros por suporte financeiro serão vistos como exagerados, e as possibilidades de controle, como insuficientes. Os conflitos decorrentes dessa correlação tendem a ser politicamente explosivos.

5. Os conflitos europeus atuais sobre a interpretação, a adaptação e a transferência, que estão moendo os sentimentos de mútua simpatia construídos na Europa durante a longa coexistência pacífica do pós-guerra, não desaparecerão, ainda que as atuais ações de salvamento para a Grécia e, provavelmente, no futuro, para países como Itália e Espanha, devam ser encaradas como bem-sucedidas – no sentido de viabilizar aos países condições mais acessíveis no mercado internacional, na esperança de não se tornarem outra vez alvos de ataques-surpresa. Dadas as diferenças nacionais remanescentes na pujança econômica e na competitividade sob um regime de moeda forte, os países mais ricos, com destaque para a Alemanha, não estarão na posição, mesmo com a melhor boa vontade com a Europa, de cumprir as inevitáveis expectativas de solidariedade material, visto que o próprio eleitorado imporá limites rígidos à sua generosidade, sobretudo quanto à política econômica austera e ao orçamento equilibrado, como esperado nos mercados financeiros. Além disso, não há exemplo de convergência econômica entre regiões diferentes em "competição" simplesmente em função do "livre jogo das forças de mercado", como prometido pela doutrina neoliberal. Em vez de anular as diferenças, os mercados, na verdade, tendem a potencializá-las por variados mecanismos de vantagens cumulativas. Ainda que livre de dívidas, os países mediterrâneos necessitam de consideráveis transferências financeiras por um longo período, assim como as regiões da antiga Alemanha Oriental (ex-República Democrática da

Alemanha) e a *Mezzogiorno*, no Sul da Itália, se a intenção for reverter ou diminuir o relativo atraso econômico dos lugares.

6. Urgente, mas que a política europeia não é capaz ou não quer promover, seria a abolição, de fato, do padrão-ouro que a União Monetária introduziu na Europa. Diferentemente do verão de 2012, quando os rascunhos que formavam a base deste livro foram entregues, há agora muitas propostas minimamente realistas de como lidar com isso – por exemplo, a de um regime dual de moeda nos países mais fracos ou a da divisão da moeda comum em euro setentrional (do Norte) e euro meridional (do Sul). Hoje, não há mais dúvidas de que o regime monetário europeu, como o padrão--ouro, é incompatível com a democracia – principalmente, mas não só, porque ele recusa a países menos "competitivos" a possibilidade de um controle político quanto a medidas de desvalorização das taxas de câmbio para ajustar a economia, colocando, portanto, todo o peso do ajuste, na forma de uma "austeridade" forçada, nas costas dos assalariados, dos servidores públicos, dos pensionistas e dos cidadãos dependentes das prestações sociais. Quando a maioria da população perceber seu governo como representante da economia internacional e dos interesses financeiros – uma vez que ele não convence nem a si mesmo das promessas de convergência do neoliberalismo –, ela terá de ser excluída das decisões políticas; assim começa a marcha em direção ao capitalismo da livre democracia – ou melhor, ela segue em seu ritmo. O resultado disso é outro constante conflito nas políticas interna e externa, que um país como a Alemanha assume na prática, tendo que encarar o dever de "sanear" nações como Grécia, Itália e Espanha, empreendendo "reformas" impostas de fora e de cima. Para isso acontecer, todavia, é necessário que, nos países ricos, governos cooperativos cheguem ao poder e lá permaneçam por um bom tempo. Da perspectiva das vantagens comparativas que a indústria exportadora alemã e seus trabalhadores detêm em razão da taxa de câmbio nominal sempre fixa dentro da zona do euro, pode-se afirmar que praticamente nenhum governo alemão suportaria o desmantelamento da área monetária comum, por mais incômodos que fossem os conflitos gerados por ela.

7. Uma solução para os problemas europeus a partir de uma constituição de-mocrática europeia, como com frequência se discute, ainda mais na Alemanha (e somente lá é levada a sério), uma constituição que tomaria o lugar das constituições e das democracias nacionais ou, ao menos, iria sobrepô-las, é uma enorme ilusão. Uma "democracia europeia" não eliminaria os conflitos das transferências internacionais ligadas à moeda comum; ela simplesmente os empurraria para uma longa discussão sobre uma constituição financeira comum e os consequentes conflitos, na política do-méstica das democracias europeias, sobre sua interpretação. De qualquer forma, uma constituição europeia democrática, dada a diversidade das sociedades envolvidas, só poderia ser chamada de "democracia consensual" (*Konzensdemokratie*) ou, melhor, de-mocracia consorcial (*consortional democracy*), cujas subunidades federais demandariam

36 Tempo comprado

(e teriam de reivindicar) um alto grau de autonomia, enquanto decisões majoritárias seriam raridade. Para redigir uma constituição desse tipo pelo procedimento europeu ordinário e colocá-la em vigência, seria necessário muito tempo, a ponto de não se poder esperar que ela acarretasse alguma contribuição para debelar as crises presentes, mesmo porque o processo correria em meio às pressões sobre a moeda, intensificando os conflitos internacionais causados pelo euro. Ademais, os Estados nacionais poderiam abrir mão voluntariamente, dada a situação legal existente, da própria soberania em favor de uma democracia pan-europeia, a menos que eles fossem tomados por uma revolução antieuropeia dos cidadãos e de sua sociedade civil. Muito mais provável, contudo, é que ocorram revoluções nacionalistas em vários países europeus, sobretudo naqueles em que o governo insiste em manter-se na moeda única: ou seja, o poder político tomando à força o que garante e fortalece os direitos dos Estados nacionais e abandonando a jurisdição das instituições europeias[41].

8. Com efeito, a tendência atual não vai ao encontro da centralização e do Estado máximo em contraposição ao Estado mínimo, mas, sim, em direção ao Estado especializado ou Estado-nicho (*Nischenstaaten*), como Suécia, Dinamarca e Suíça, o que pode ser o modelo para separatismos "nacionalistas", como na Escócia, no País de Gales, no Norte da Itália e na Catalunha. O separatismo regional em geral está motivado pelo interesse material de não ter que dividir sua "própria" prosperidade com regiões frágeis. Com frequência, a insistência na soberania de pequenos Estados também carrega um lado produtivista usado como instrumento da política do Estado-nação para especialização setorial e construção de um nicho na economia global, no qual a prosperidade regional pode ser erigida e consolidada, muito melhor que a renúncia da soberania estatal rumo a uma federação heterogênea ou mesmo a um Estado centralizado distante dos interesses e necessidades regionais. Por trás disso reside a questão ainda não resolvida de como lidar de modo mais inteligente com a globalização dos mercados e com os sistemas de produção, que certamente não pendem a favor de um Estado "máximo". Mesmo em alguns países do euro, como Holanda, *slogans* como "super-Estado, não; cooperação, sim" encontram amplo e emocional suporte. Que o mercado estatal (*Marktstaat*) europeu deveria definitivamente desenvolver-se em um Estado de poder (*Machtstaat*) e empregar um exército europeu para defender o modo de vida e de fazer negócios na competição global com Estados Unidos e China é, de qualquer forma, algo tão distante da realidade que mesmo a maioria dos euroentusiastas não adentra nessas fantasias.

9. Nesta última análise, o euro e sua crise não devem ser tratados, ao menos a princípio, como um problema da unidade europeia, mas, sim, como subtema da

---

[41] Movimento que acompanha as reivindicações do Reino Unido para mudanças substanciais, para os próximos anos, nos tratados europeus, no sentido de maior flexibilização da integração e em mais "subsidiariedade".

incômoda questão de uma ordem monetária funcional para o capitalismo, quiçá para o pós-capitalismo, do século XXI. Desde o fim de Bretton Woods, não há mais acordo entre o mundo capitalista de como deve parecer um sistema monetário, um que seja justo aos interesses e às capacidades dos países altamente diferentes que agora participam com ainda mais intensidade da economia global. A natureza portadora de crise do capitalismo financeiro contemporâneo cresce não apenas das circunstâncias. Entre os temas da reforma monetária global, o que deveria estar há tempos na agenda é o completamente inadequado regime de câmbio, além da substituição do dólar como moeda de reserva, a regulação global da emissão de dinheiro e de crédito e a supervisão não apenas dos bancos, mas dos fundos de ação (*hedge funds*) e outras firmas que inflam a bolha do setor financeiro. Talvez uma reforma desse tipo não seja mais realista que a transição para uma democracia europeia. Contudo, isso não altera de modo algum o fato de que a nova concepção do euro, que deve ser compatível com uma convivência harmônica entre os povos europeus, precise levar em conta a ordem global que provavelmente estará exposta em qualquer tempo às mais sérias vicissitudes, ao menos da magnitude de 2008. Um regime monetário europeu revisado seria mais que útil, se conseguisse administrar sociedades mais abertas, ao menos, conferindo alguma proteção à onda de choques que inevitavelmente emergirá da desgovernada economia capitalista global de hoje. O euro, como nós o conhecemos, fez o exato oposto disso.

Wolfgang Streeck
Colônia, 14 de junho de 2014

INTRODUÇÃO
TEORIA DA CRISE – NO PASSADO E NO PRESENTE

O presente livro constitui uma versão mais extensa das lições Adorno apresentadas em junho de 2012, praticamente quarenta anos depois de eu ter obtido meu diploma de licenciatura em sociologia, em Frankfurt[1]. Não posso dizer que tenha sido "aluno" de Adorno. Assisti a algumas de suas lições e seus seminários, mas não compreendi muito; era assim naquela época, e as pessoas não o questionavam. Só mais tarde, em situações bastante fortuitas, ficou claro para mim o quanto perdi com minha atitude. Sendo assim, a recordação mais importante que me ficou de Adorno foi a da profunda seriedade com que fazia seu trabalho – num forte contraste com a indiferença demasiado frequente com que hoje, algumas décadas após sua profissionalização, se trabalha nas ciências sociais.

Felizmente, ninguém vai me considerar qualificado para apreciar a obra de Adorno. Também abdiquei de procurar por ligações entre aquilo que tenho a dizer e a herança

---

[1] Agradeço ao Instituto de Estudos Sociais (Institut für Sozialforschung) e a seu diretor, Axel Honneth, assim como à editora Suhrkamp, o convite e a oportunidade de sistematizar e formular minhas ideias sobre o tema. Sidonia Blätter, membro do Instituto, organizou e acompanhou cuidadosamente minha estadia e minhas aulas em Frankfurt; Eva Gilmer fez uma leitura qualificada e hábil do manuscrito. Meus alunos e meus assistentes no Instituto Max-Planck de Investigação Social, em Colônia (entre eles, Annina Assmann, Lea Elsässer, Lukas Haffert, Daniel Mertens e Philip Mehrtens), contribuíram de várias formas para a compilação do material e dos dados tendo em vista a preparação e a revisão final das aulas. Lea Elsässer fez um trabalho meritório, em particular, na elaboração dos numerosos gráficos que ilustram minhas teses. Sem meus colegas no Instituto de Colônia – Jens Becker, Renate Mayntz, Fritz Scharpf, Martin Höpner, Ariane Leendertz, Armin Schäfer e outros –, não me teria ocorrido metade das ideias sobre o tema. Caso algum ponto não esteja esclarecido, a responsabilidade é toda minha, obviamente.

40 Tempo comprado

de Adorno; fazê-lo pareceria forçado e arrogante. Se houver pontos em comum, serão muito gerais. Um deles, por exemplo, será minha recusa intuitiva em acreditar que as crises têm de acabar sempre bem – intuição que creio encontrar também em Adorno. Faltou-lhe aquilo que eu designaria como sentimento de segurança funcional, de que o pensamento de Talcott Parsons constitui um bom exemplo. Adorno não oferecia qualquer garantia de que, um dia, o equilíbrio se recuperaria por si. Não conseguia compartilhar da certeza fundamental de Hölderlin: "Pois onde existe perigo, floresce também a salvação". Também sou assim, não sei por quê. Os diversos tipos de ordem social parecem normalmente frágeis e precários, e considero as surpresas desagradáveis, algo possível a qualquer altura. Também julgo incorreto exigir que alguém que descreve um problema apresente, juntamente com a análise, uma solução[2] – neste livro, não me curvo perante essa demanda, embora, no fim, eu faça uma proposta (não muito realista) de solução para um aspecto parcial da crise. Alguns problemas podem ser de tal natureza que não têm solução ou, pelo menos, esta não seria exequível aqui e agora. Se alguém me perguntasse, em tom de acusação, onde está, então, "o aspecto positivo", a pergunta acabaria por constituir uma oportunidade para eu invocar Adorno, que responderia – numa formulação obviamente muito superior –, sem dúvida: "E se não houver nada de positivo?".

Meu livro se debruça sobre a crise financeira e fiscal do capitalismo democrático de hoje à luz das teorias da crise da Escola de Frankfurt do fim dos anos 1960 e do início dos anos 1970 – portanto, contemporânea a Adorno e, naturalmente, a meus tempos de estudante em Frankfurt. As teorias em que me baseio constituíram tentativas de compreender as mudanças radicais que se iniciavam, então, na economia política do pós-guerra como momentos do processo histórico de evolução da sociedade no todo, sendo que recorriam, de forma mais ou menos eclética, à tradição teórica marxista. As interpretações desenvolvidas nesse processo eram tudo menos únicas, eram formuladas frequentemente apenas como esboço e mudavam, como seria de esperar, com o desenrolar dos acontecimentos, muitas vezes sem que os autores levassem isso em

---

[2] Os economistas exigem isso uns dos outros, admitindo a ausência de terapia como argumento para a insuficiência do diagnóstico. Vejamos o que aconteceu em jornais alemães no verão de 2012, durante a chamada "polêmica dos economistas" sobre a crise do euro. Um dos signatários da carta "eurocética" dirigida aos "caros concidadãos", que, alguns dias mais tarde, em reação a uma eventual indignação do público, se apressou a assinar também um apelo no sentido contrário, justificou sua posição da seguinte maneira, num artigo de um diário inglês: "*I believe economists have a duty to come up with constructive suggestions. If you're a professional firefighter, merely shouting at the flames isn't good enough*" [Penso que os economistas têm o dever de apresentar sugestões construtivas. Quando se é bombeiro profissional, não basta simplesmente gritar com as chamas], em *The Guardian*, 15 jul. 2012. Disponível em: <http://www.guardian.co.uk/commentisfree/2012/jul/15/europe-economists-letters-national-autonomy>; acesso em: maio 2018. Há, porém, incêndios que (ainda) não podem ser apagados.

INTRODUÇÃO: TEORIA DA CRISE – NO PASSADO E NO PRESENTE 41

consideração. Quem olhar para as interpretações apresentadas neste livro encontrará sempre uma insistência em diferenças insignificantes dentro da família das teorias, diferenças que, hoje, parecem de alguma maneira irrelevantes ou até completamente incompreensíveis. Por isso, o objetivo das reflexões que se seguem não consiste em descobrir quem, naquela época, tinha mais ou menos razão.

Os ensaios teóricos daqueles anos em Frankfurt revelam a inevitabilidade da associação dos conhecimentos das ciências sociais a determinado período. Apesar disso, ou precisamente por isso, ao nos debruçarmos sobre os acontecimentos atuais, é aconselhável partir das teorias da crise do "capitalismo tardio" dos anos 1970. Isso não se deve apenas ao fato de sabermos e podermos dizer hoje, outra vez, aquilo que ficou esquecido durante décadas ou que foi considerado irrelevante: nomeadamente, que a ordem econômica e social das democracias ricas continua a ser capitalista, não podendo, por isso, ser entendida – caso isso seja, sequer, possível – senão com ajuda de uma teoria do capitalismo. Também podemos reconhecer, retrospectivamente, aquilo que, então, não *podia* ser reconhecido – porque *ainda era óbvio* ou porque *já tinha se tornado óbvio* – ou não *se queria* reconhecer, por se tornar um obstáculo a projetos políticos. De resto, o fato de, apesar de todos os esforços da razão teórica, não se ter conseguido ver aquilo que era importante e aquilo que estava por vir pode servir para lembrar que o futuro da sociedade está em aberto e que a história não é previsível – circunstância que continua não sendo completamente óbvia para as ciências sociais modernas[3]. Por outro lado, apesar de todas as mudanças, é possível reconhecer novamente, no presente, algumas coisas que já foram reconhecidas no passado, mas que, depois, voltaram a ser esquecidas. Apesar de uma visão estática do mundo ser algo pouco fiável, determinada estruturação da sociedade pode manter-se durante décadas se for entendida como um processo de evolução que une estruturas em mudança ao longo do tempo e cuja lógica pode ser compreendida em retrospecto, embora não seja adequada para fazer previsões.

Minhas análises tratam a crise financeira e fiscal do capitalismo atual segundo uma perspectiva de continuidade e como um momento da evolução geral da sociedade cujo início situo no fim dos anos 1960 e que descrevo, a partir da perspectiva atual, como o processo de dissolução do regime do capitalismo democrático do pós-guerra[4]. Meu contributo para a compreensão desse processo parte, como já disse, de uma tentativa teórica de interpretação daquilo que começou a se manifestar naquela época

---

[3] Na medida em que elas continuam a se entender e a se apresentar como ciências nomotéticas. Essa, no entanto, não é uma acusação a ser feita à sociologia de Frankfurt.

[4] A datação do início de um processo é inevitavelmente mais ou menos arbitrária, uma vez que a história está sempre interligada e tudo tem sempre uma história prévia. Apesar disso, existem cesuras e momentos estruturantes. Tornou-se, entretanto, lugar-comum – que eu não tenho razão para questionar – afirmar que os anos 1970 marcaram o fim de uma era e o início de outra.

42 Tempo comprado

recorrendo a tradições teóricas mais antigas, sobretudo marxistas. Essas incluíam determinadas pesquisas do Instituto de Estudos Sociais – liderado mais tarde por Adorno –, das quais, porém, ele não participou diretamente. O que era característico da teoria da crise da "Escola de Frankfurt" era o pressuposto heurístico da existência de uma relação de tensão fundamental entre a vida social e uma economia dominada pelos imperativos de valorização e multiplicação do capital – uma relação tensiva que, de forma multifacetada e em contínua evolução histórica, foi transmitida na estruturação do capitalismo democrático no período pós-guerra. Portanto, as instituições sociais, sobretudo as de caráter político-econômico, aparecem como compromissos em debate permanente, sempre e apenas provisórios, entre orientações da ação essencialmente incompatíveis e sistemas sociais em si mesmos contraditórios, fundamentalmente instáveis, ou, quando muito, num equilíbrio transitório. A economia da sociedade acabou sendo entendida, na tradição da economia política, como um sistema de ação social; portanto, não só como um sistema puramente técnico ou regido pelas leis da natureza, constituído por interações de poder entre partes com interesses e recursos diversos.

Ao retomar as teorias dos anos 1970 e tentar atualizá-las à luz da evolução capitalista nas quatro décadas seguintes, encaro a crise atual do capitalismo democrático por uma perspectiva dinâmica, inserida numa sequência evolutiva[5]. Enquanto sociólogo e cientista político, é minha convicção, adquirida ao longo de anos de numerosos estudos de diversos campos sociais, que este é o caminho aconselhável para a macrossociologia ou a economia política[6]. Para mim, elucidativos do ponto de vista das ciências sociais não são os estados, mas os processos – ou, melhor, os estados apenas no contexto de processos. As teorias que tratam de estruturas ou acontecimentos como exemplares únicos, isolados num espaço de propriedades e possibilidades imutável, podem induzir fundamentalmente a erro. Tudo o que é social acontece no tempo, evolui com o tempo e torna-se mais semelhante a si próprio no tempo e com o tempo. Só podemos compreender o que vemos hoje se soubermos como era ontem e qual é seu rumo atual. Tudo o que existe está sempre num processo de evolução. Esse processo é decisivo, como mostraremos adiante. Essa é uma das razões pelas quais os três capítulos deste livro apresentam numerosos gráficos de evolução e narrativas estilizadas.

---

[5] Wolfgang Streeck, "Institutions in History. Bringing Capitalism Back in", em John Campbell et al. (orgs.), *Handbook of Comparative Institutional Analysis* (Oxford, Oxford University Press, 2010), p. 659-86.

[6] Ver meu estudo sobre a liberalização da economia política alemã desde os anos 1970: *Re-Forming Capitalism. Institutional Change in the German Political Economy* (Oxford, Oxford University Press, 2009). Sobre a análise do capitalismo enquanto processo evolutivo, ver idem, "Taking Capitalism Seriously. Towards an Institutional Approach to Contemporary Political Economy", *Socio-Economic Review*, n. 9, 2011, p. 137-67.

Não é só o fato de tudo necessitar de tempo que é importante. Também são relevantes *o momento* e o *lugar onde* acontece. O espaço, o contexto social constituído pela proximidade, não é menos fundamental para a sociedade do que o tempo, e não é só o tempo cronológico que importa[7]. O tempo diacrônico – portanto, histórico – também faz diferença. Os conhecimentos das ciências sociais só são pertinentes quando dotados de um índice espaçotemporal. A crise de que se falará neste livro é uma crise do capitalismo no contexto das democracias ricas do mundo ocidental, tal como este se estruturou depois da experiência da Grande Depressão, da refundação do capitalismo e da democracia liberal após a Segunda Guerra Mundial, do desmoronamento da ordem pós-guerra, nos anos 1970, das "crises do petróleo" e da inflação etc. Ela tem significados e consequências também para outras sociedades, atuais e futuras. Esses significados e essas consequências, porém, serão decididos por uma ação prática, historicamente concreta, e terão de ser explicados por estudos empíricos. Aquilo que sabemos sobre crises em geral – tanto políticas como econômicas – pode ajudar. O aspecto particular, contudo, o inaudito *desta* crise, o que constitui seu caráter específico e requer uma interpretação no contexto temporal e espacial, reveste-se, no mínimo, da mesma importância.

A inclusão do tempo na reflexão sobre a atual crise financeira e fiscal se revelará elucidativa em muitos aspectos, como veremos. Antes de tudo, o contexto histórico relativiza a importância das inúmeras diferenças existentes entre sociedades do capitalismo democrático constituídas como Estados-nação, diferenças essas que foram observadas em estudos sociais transversais e que a literatura das *varieties of capitalism*[8] transformou em características categóricas de diversos "modelos" desse sistema[9]. Se tratarmos a crise como fase intermédia numa longa sequência evolutiva, verificaremos que os paralelos e as interações entre os países capitalistas superam de longe as diferenças institucionais e econômicas. A dinâmica subjacente é a mesma – embora com modificações locais – até para países considerados bastante diferentes uns dos outros, como a Suécia e os Estados Unidos. O papel de liderança do maior

---

[7] Como no conceito de dependência do percurso. Paul Pierson, "Increasing Returns, Path Dependence, and the Study of Politics", *American Political Science Review*, n. 94, 2000, p. 251-68; e *Politics in Time. History, Institutions, and Social Analysis* (Princeton, Princeton University Press, 2004).

[8] Peter A. Hall e David Soskice, "An Introduction to Varieties of Capitalism", em Peter A. Hall et al. (orgs.), *Varieties of Capitalism. The Institutional Foundations of Comparative Advantage* (Oxford, Oxford University Press, 2001), p. 1-68.

[9] Para uma crítica da abordagem das *varieties of capitalism*, ver Wolfgang Streeck, *Re-Forming Capitalism*, cit., e "E Pluribus Unum? Varieties and Commonalities of Capitalism", em Mark Granovetter et al. (orgs.), *The Sociology of Economic Life* (3. ed., Boulder, Colorado, Westview, 2011), p. 419-55.

e mais capitalista de todos os países capitalistas, os Estados Unidos, torna-se particularmente evidente quando observado ao longo do tempo. Os desenvolvimentos que definiram o rumo que o comboio das democracias capitalistas havia de seguir tiveram todos início naquele país: o fim do sistema Bretton Woods e da inflação, o surgimento de déficits orçamentais devido à resistência aos impostos e às reduções destes, o crescente financiamento de dívidas relacionadas a atividades do Estado, a onda de consolidação dos anos 1990, a desregulação dos mercados financeiros privados enquanto parte de uma política de privatização das tarefas do Estado e, naturalmente, a crise financeira e fiscal de 2008.

Os nexos causais e os mecanismos que interessam ao sociólogo tampouco ocorrem senão no tempo e, quando se trata de adaptação e de transformações de instituições sociais ou de sociedades inteiras, ocorrem ao longo de períodos mais longos. Tendemos a subestimar o fato de as causas sociais necessitarem de tempo para ter efeitos sociais. Questionamos demasiado cedo se uma teoria sobre a mudança ou o fim de um modelo social é correta, arriscarmos vê-la refutada antes de podermos comprovar sua validade. Um bom exemplo disso é a literatura acerca da globalização produzida nos anos 1980 e 1990 pela ciência política comparada. Esta, baseando-se em observações empíricas da época, chegou à conclusão de que a eliminação das fronteiras entre as economias nacionais não implicaria consequências negativas para o Estado social. Hoje, sabemos que as coisas apenas demoraram mais a acontecer e que era incorreto supor que uma estrutura tão sólida e interiorizada como o Estado de bem-estar social europeu pudesse desaparecer, passados pouco anos da internacionalização econômica, ou transformar-se em algo categoricamente diferente. A mudança institucional se opera com frequência – provavelmente, quase sempre – como mudança gradual[10], que pode ser desqualificada como marginal durante muito tempo, mesmo quando aquilo que é marginal se havia transformado, bem antes, no cerne que determina a dinâmica da evolução[11].

---

[10] Wolfgang Streeck e Kathleen Thelen, "Introduction. Institutional Change in Advanced Political Economies", em idem et al. (orgs.), *Beyond Continuity. Institutional Change in Advanced Political Economies* (Oxford, Oxford University Press, 2005), p. 1-39.

[11] Ver a literatura sobre a mudança do "modelo alemão" de relações laborais. Os primeiros pontos de ruptura no sistema de formação de salários em nível supraempresarial ainda puderam ser interpretados, nos anos 1980, como adaptação flexível a condições que se haviam alterado, com o objetivo de manter o sistema. Quando o processo de dissolução avançou, começou a impor-se a interpretação de que ele só provocaria uma "dualização" do sistema, continuando o regime antigo, apesar de ter perdido seu caráter universal. Bruno Palier e Kathleen Thelen, "Institutionalizing Dualism. Complementarities and Change in France and Germany", *Politics and Society*, n. 38, 2010, p. 119-48. Contudo, quanto mais a margem do sistema penetrava no cerne do mesmo – mantendo-se o rumo de evolução –, tanto mais essa interpretação teve de ser abandonada (quanto mais lenta e progressivamente, tanto mais inevitavelmente) e o processo precisou ser descrito como aquilo que já era visível desde o início: um processo de liberalização da área social controlada,

INTRODUÇÃO: TEORIA DA CRISE – NO PASSADO E NO PRESENTE 45

Para além da longa duração e da natureza incremental da mudança social e institucional – mas o que significa "longa"? –, as evoluções sociais são sempre confrontadas com *causas contra-arrestantes* que as desaceleram, as desviam, as modificam ou as travam[12]. As sociedades observam as tendências que atuam em seu seio e reagem, mostrando uma riqueza criativa que supera de longe a fantasia dos cientistas sociais, mesmo daqueles que haviam identificado corretamente as tendências subjacentes e polêmicas do ponto de vista social. A crise do capitalismo tardio, nos anos 1970, não pode passar despercebida nem mesmo àqueles que não tinham qualquer interesse em seu desmoronamento nem em sua autodestruição. Eles também sentiram as tensões diagnosticadas – de forma mais ou menos correta – pela teoria da crise e reagiram. Vistas da perspectiva atual, essas reações parecem uma *compra de tempo com ajuda de dinheiro* – aliás, uma compra bem-sucedida no médio prazo. Apesar de tudo, assim foi durante quatro décadas. "Comprar tempo" é a tradução literal de uma expressão inglesa: *buying time* – que significa adiar um acontecimento iminente, na tentativa de ainda o impedir. Para isso, não é necessário utilizar dinheiro. No caso, porém, foi utilizado e em grandes quantidades: aproveitando o dinheiro, essa instituição misteriosa da modernidade capitalista, para apaziguar conflitos sociais potencialmente desestabilizadores – primeiro, por meio da inflação; depois, pelo endividamento do Estado; a seguir, pela expansão dos mercados de crédito privados; e, por fim, atualmente, pela compra de dívidas de Estados e de bancos pelos bancos centrais. Demonstrarei adiante que o adiamento e o prolongamento da crise do capitalismo democrático dos anos pós-guerra, por meio da *compra de tempo*, estão estreitamente associados ao processo, notável, de evolução capitalista que designamos como "financialização"[13].

---

até então, pela política, não pelas forças do mercado. Anke Hassel, "The Erosion of the German System of Industrial Relations", *British Journal of Industrial Relations*, n. 37, 1999, p. 483-505; Wolfgang Streeck, *Re-Forming Capitalism*, cit.

[12] O conceito de "causa contra-arrestante" é central para o teorema marxista da queda tendencial da taxa de lucro. Karl Marx, *Das Kapital. Kritik der Politischen Ökonomie*, v. 3 (Berlim, Dietz, 1966 [1894]), p. 242 e seg. [ed. bras.: *O capital: crítica da economia política*, Livro III: *O processo global da produção capitalista*, trad. Rubens Enderle, São Paulo, Boitempo, 2017, p. 271 e seg.]. Por isso, a "lei" não é determinista, porque prevê a possibilidade de a tendência – tida como real – para a queda da taxa de lucro poder ser travada por desenvolvimentos contrários. Esses desenvolvimentos explicariam, então, também o efeito de uma causa – precisamente da "queda tendencial" –, que não poderia ser observada empiricamente, por ser contrariada. Também Polanyi considera a ideia de causa contra-arrestante central quando fala do "contramovimento" da sociedade contra a expansão dos mercados e de seu alastramento à "mercadoria fictícia" da terra, do trabalho e do capital. Karl Polanyi, *The Great Transformation. The Political and Economic Origins of Our Time* (Boston, Beacon, 1957 [1944]), cap. 11.

[13] Greta R. Krippner, *Capitalizing on Crisis. The Political Origins of the Rise of Finance* (Cambridge, MA, Harvard University Press, 2011).

46 Tempo comprado

Se optarmos por um quadro temporal suficientemente abrangente, poderemos interpretar o desenvolvimento da crise atual como um processo evolutivo, bem como dialético[14], uma vez que, em retrospecto e inserido numa sequência de evolução mais longa, aquilo que, no curto prazo, pode-se apresentar repetidamente como o fim da crise – e, portanto, como refutação da versão atual da teoria da crise – revela-se, afinal, mera transformação da manifestação dos conflitos intrínsecos e dos déficits de integração. As soluções – ou aquilo que é considerado como tal – não precisam nunca de mais de uma década para se transformar em problemas – ou melhor, no problema antigo sob uma nova forma. As vitórias sobre a crise acabaram por se tornar, mais cedo ou mais tarde, o prelúdio de uma nova crise, passando por mudanças complexas e imprevisíveis que permitiram esquecer, durante algum tempo, que todas as medidas de estabilização estão condenadas a ser provisórias enquanto o progresso da evolução capitalista – a "ocupação da terra" pelo mercado[15] – entrar em choque com a lógica do mundo da vida social.

Uma das recordações menos agradáveis de meus tempos de estudante em Frankfurt consiste no fato de as aulas e os seminários se debruçarem demais – pelo menos, para mim – sobre "abordagens" e insuficientemente sobre aquilo que estas deveriam permitir investigar. Enquanto "aluno de Frankfurt", com frequência eu sentia falta do tipo de mundanidade que se encontrava, por exemplo, no livro *A elite do poder**, de C. Wright Mills[16]. A sociologia sem histórias, sem cor local e sem espaço para o exótico e, não raro, absurdo da vida social e política continua a aborrecer-me rapidamente. Embora, pelas razões a que acabei de me referir, eu viaje com uma "bagagem leve" em termos teóricos, é óbvio que meu tema – a crise financeira e fiscal das democracias capitalistas ricas – exige quase forçosamente que eu retome a tradição da economia política em minhas reflexões sobre a mesma. Elaborar uma teoria macrossociológica da crise e uma teoria social da democracia sem referência à economia enquanto atividade político-social tem de parecer absolutamente errado, tal como pareceria qualquer concepção de economia na política e na sociedade que ignorasse sua organização capitalista atual. Ninguém pode – depois de 2008 – compreender a política e as instituições políticas

---

[14] Sobre a reanimação do conceito de mudança dialética na teoria das instituições modernas, ver Avner Greif, *Institutions and the Path to the Modern Economy* (Cambridge, Cambridge University Press, 2006), assim como Avner Greif e David A. Laitin, "A Theory of Endogenous Institutional Change", *American Political Science Review*, n. 98, 2004, p. 633-52.

[15] Burkart Lutz, *Der kurze Traum immerwährender Prosperität. Eine Neuinterpretation der industriell--kapitalistischen Entwicklung im Europa des 20. Jahrhunderts* (Frankfurt, Campus, 1984); Rosa Luxemburgo, *Die Akkumulation des Kapitals. Ein Beitrag zur ökonomischen Erklärung des Imperialismus* (Berlim, Buchhandlung Vorwärts Paul Singer, 1913).

* Ed. bras.: trad. Waltensir Dutra, Rio de Janeiro, Zahar, 1962. (N. E.)

[16] C. Wright Mills, *The Power Elite* (Oxford, Oxford University Press, 1956).

INTRODUÇÃO: TEORIA DA CRISE – NO PASSADO E NO PRESENTE   47

sem as colocar numa estreita relação com os mercados e os interesses econômicos, assim como com as estruturas de classe e os conflitos resultantes. Se e em que medida essa posição é "marxista" ou "neomarxista" é uma questão que me parece completamente desinteressante e que não pretendo abordar, pois faz parte dos resultados da evolução histórica já não ser possível dizer, atualmente, com segurança, onde, no esforço de esclarecer os acontecimentos em curso, acaba o neomarxismo e começa o marxismo. Aliás, as ciências sociais modernas, sobretudo quando se debruçam sobre as sociedades como tal e sobre a evolução das mesmas, não podem prescindir do recurso a elementos centrais das teorias "marxistas" – mesmo que seja para se definirem a si mesmas em contradição com estas[17]. De qualquer modo, estou convencido de que, sem utilizar determinados conceitos-chave que remontam a Marx, não é possível compreender minimamente a evolução pela qual as sociedades modernas estão passando e de que isso é tanto mais verdade quanto mais óbvio se torna o papel impulsionador da economia de mercado capitalista em desenvolvimento na sociedade mundial emergente.

Minhas reflexões sobre a crise do capitalismo democrático são assumidamente muito abrangentes; o quadro que elas apresentam é pintado com grandes pinceladas sobre uma tela ampla. O contexto e a sequência estão no centro, os acontecimentos, mais à margem; os aspectos comuns traçados a grosso suplantam as diferenças de pormenores; dedico mais atenção aos nexos entre casos e áreas que a estes em si; dou prioridade à síntese em relação à análise e desrespeito repetidamente as fronteiras entre disciplinas. O argumento cobre muitas e vastas áreas: da onda de greves no fim dos anos 1960 à introdução do euro; do fim da inflação no início da década de 1980 ao rápido crescimento da desigualdade de renda no fim do século; da política de *containment*, no tempo do eurocomunismo, às atuais crises fiscais dos países do Mediterrâneo; além de outros temas. Nem tudo resistirá, provavelmente, à crítica de uma investigação especializada – esse é o risco que tanto eu como qualquer um que

---

[17] Isso aplica-se obviamente também – e, na realidade, em especial – a Max Weber, que, no entanto, durante toda a vida, se absteve – é provável que por prudência – de discutir abertamente com Marx e, até mesmo, de citá-lo. Por conseguinte, na Alemanha, as "abordagens" "marxistas" foram eliminadas das disciplinas das ciências sociais de forma incomparavelmente mais radical ou, então, houve uma demarcação muito mais rigorosa das mesmas do que nos países de origem do capitalismo, os Estados Unidos e a Grã-Bretanha, onde conceitos como "capitalismo" ou "classe" sempre fizeram parte da linguagem corrente das ciências sociais. Basta ler as obras da "teoria da modernização" americana dos anos 1950 e 1960 populares na época – por exemplo, Walt W. Rostow, *The Stages of Economic Growth. A Non-Communist Manifesto* (Cambridge, Cambridge University Press, 1990 [1960]), ou Clark Kerr et al., *Industrialism and Industrial Man. The Problems of Labor and Management in Economic Growth* (Cambridge, MA, Harvard University Press, 1960) – para ver a naturalidade com que a elite acadêmico-política da potência mundial capitalista então liderante recorria a termos centrais – sempre mal ou bem entendidos – da economia política marxista.

48 Tempo comprado

elabore uma reflexão sinóptica dos acontecimentos em curso corremos. Contudo, tenho certeza, obviamente, de que a maior parte de minhas afirmações se sustentará.

A estrutura do livro, no que diz respeito aos capítulos, reflete a estrutura das três aulas; por isso, existem algumas sobreposições e, por vezes, sequências surpreendentes, que não surgiriam no texto de um livro sistematizado. É possível, contudo, que um texto desse tipo fosse menos legível. Os fatos e os dados que utilizo como provas e ilustrações são todos mais ou menos conhecidos, pelo menos na literatura especializada; meu contributo, caso exista, consiste em sua inserção num contexto mais amplo, histórico--teórico. Completei e expandi as três aulas para além do limite daquilo que se pode apresentar em uma hora, com o objetivo de tornar o texto mais claro e concreto. Para não interromper demais o fluxo do texto, recorri repetidamente a notas de rodapé – muitas vezes, para citar notícias do jornal *The New York Times*, pesquisadas com determinação, ou para comunicar fatos especialmente grotescos que, entretanto, parecem normais e, por isso, nos deixam sem saber se devemos rir ou chorar. Por vezes, também utilizo notas de rodapé para não ser obrigado a conceder um espaço tão oficial a especulações mais atrevidas, mas que, possivelmente por serem assim, podem nos levar mais longe*.

Como já referido, *Tempo comprado* está divido em três capítulos. O primeiro começa com uma curta apresentação – que se tornou, entretanto, lugar-comum – do nexo entre crise financeira, fiscal e de crescimento, da forma como este coloca a política perante enigmas sempre novos e como sua existência tem escapado, até agora, a qualquer gestão da crise. Em seguida, debruço-me sobre as teorias dos anos 1970 acerca da "crise de legitimação" do "capitalismo tardio" que então se anunciava e procuro perceber por que razão essas teorias parecem não ter estado suficientemente preparadas para os desenvolvimentos sociais que nas décadas seguintes viriam, aparentemente, a refutar suas intuições. Um dos principais desenvolvimentos consistiu na longa transição do capitalismo social do pós-guerra para o neoliberalismo no início do século XXI. Além disso, apresento um esboço da maneira como a crise diagnosticada nos anos 1970 se desenvolveu de fato, assumindo configurações sempre novas ao longo do tempo, até chegar, em 2008, à sua forma atual.

O segundo capítulo trata da crise das finanças públicas e de suas causas e consequências. Começa com uma crítica de uma das teorias da "economia institucional" que se tornou comum. Essa teoria considera que a causa do aumento das dívidas públicas desde os anos 1970 reside num excesso de democracia e argumenta que, de fato, o endividamento crescente dos Estados deve ser visto no contexto e enquanto elemento da transformação neoliberal ou da "involução"[18] do capitalismo democrático,

---

*   Nesta edição, as notas de rodapé também são utilizadas para apresentar as referências bibliográficas que, na original, comparecem no corpo do texto. (N. E.)

[18]   Johannes Agnoli, *Die Transformation der Demokratie* (Berlim, Voltaire, 1967).

surgida após 1945. De acordo com minha tese, essa evolução atualizou a "crise do Estado fiscal", que já ocupava lugar central nas teorias contemporâneas à Primeira Guerra Mundial[19]. Em seguida, analiso o Estado endividado enquanto configuração institucional real que, na década de 1980, senão antes, substituiu o Estado fiscal clássico. Debruço-me, entre outras coisas, sobre a relação entre o Estado endividado e a distribuição de oportunidades sociais de vida ou entre o Estado endividado e a estrutura de classe, assim como sobre os conflitos que surgem no Estado endividado e sobre as relações de poder entre cidadãos e "mercados". Termino com uma discussão da *dimensão internacional* sistemática e central do Estado endividado e do papel da diplomacia financeira internacional junto a seu próprio governo.

Por fim, no terceiro capítulo, abordo a forma de organização política que está prestes a substituir o Estado endividado e que designo como "Estado de consolidação". Dadas as circunstâncias de contingência na Europa, a estruturação desse Estado é indissociável do avanço da integração europeia, que funciona há muito como máquina de liberalização das economias europeias. Minha análise descreve o Estado de consolidação como um regime europeu de vários níveis e o processo de consolidação fiscal como um processo de reorganização fundamental e, de fato, arrasadora dos fundamentos do sistema estatal europeu. O capítulo termina com reflexões sobre as possibilidades e os limites da oposição política a essa reorganização.

Na parte final, resumo minhas teses centrais e discuto – no exemplo da União Monetária Europeia e do futuro do euro, bem como dos debates públicos ocorridos no verão e no outono de 2012 – a possibilidade de uma resposta à crise capaz de travar o processo de expansão capitalista – designado habitualmente, de forma abreviada, como "globalização" –, mantendo, assim, aberta a opção por um controle democrático dos "mercados".

---

[19] Joseph A. Schumpeter, "Die Krise des Steuerstaates", em idem (org.), *Aufsätze zur Soziologie* (Tübingen, Mohr Siebeck, 1953 [1918]), p. 1-71.

I.
DA CRISE DE LEGITIMIDADE À CRISE FISCAL

Há muitas razões para considerar injusto dizer que as teorias da crise neomarxistas que circulavam em Frankfurt nos anos 1960 e 1970 foram refutadas nas décadas seguintes. Talvez a transformação e a substituição de um grande modelo social como o capitalismo sejam pura e simplesmente mais demoradas – demasiado demoradas para nossos teóricos da crise, que gostariam de saber ainda em vida se suas teorias estavam certas. Também parece que a transformação social implica desvios demorados, que, teoricamente, não precisariam existir e, por isso, só podem ser explicados – quando muito – *a posteriori* e *ad hoc*. De qualquer modo, gostaria de defender a tese de que a crise na qual o capitalismo se encontra hoje, no início do século XXI – uma crise da sua economia, assim como da sua política –, só é compreensível se for entendida como o ponto alto (até aqui) de um desenvolvimento que começou no fim dos longos anos 1960, isto é, por volta de 1975, e cujas primeiras tentativas de interpretação incluem as teorias da crise daquela época.

Retrospectivamente, deixou de ser polêmico que os anos 1970[1] – com o fim da reconstrução pós-guerra, o início da derrocada do regime monetário internacional, que

---

[1] No que diz respeito à República Federal da Alemanha, ver, entre muitos outros, os estudos históricos de Anselm Doering-Manteuffel e Lutz Raphael, *Nach dem Boom. Perspektiven auf die Zeitgeschichte seit 1970* (Göttingen, Vandenhoeck & Ruprecht, 2008), assim como de Thomas Raithel et al. (orgs.), *Auf dem Weg in eine neue Moderne? Die Bundesrepublik Deutschland in den siebziger und achtziger Jahren* (Munique, Oldenbourg Wissenschaftsverlag, 2009). Sobre o mundo ocidental, em geral, ver, por exemplo, Tony Judt, *Postwar. A History of Europe since 1945* (Londres, Penguin, 2005) [ed. port.: *Pós-guerra. História da Europa desde 1945*, Lisboa, Edições 70, 2006], e Andrew Glyn, *Capitalism Unleashed. Finance Globalization and Welfare* (Oxford, Oxford University Press, 2006). Como "vestígio histórico", conferir o relatório à Comissão Trilateral sobre

não representava nada menos que a ordem política mundial do capitalismo depois da guerra[2], e o regresso de perturbações e paralisações da atividade econômica associadas a crises como momentos do desenvolvimento capitalista – constituíram um período de transição. A sociologia de Frankfurt, que sofreu vários tipos de influência do marxismo, tinha um acesso intuitivo privilegiado ao dramatismo político e econômico daquela época. Apesar disso, suas tentativas de inserir as perturbações de então – desde as ondas de greves de 1968[3] até a primeira "crise do petróleo" – no contexto histórico mais amplo do desenvolvimento do capitalismo moderno foram rapidamente esquecidas, assim como as intenções práticas que sempre estiveram associadas à teoria da crise enquanto teoria crítica. Aconteceram muitas coisas surpreendentes. A teoria do capitalismo tardio[4] tinha procurado redefinir as tensões e as rupturas na economia política da época. No entanto, não conseguiu compreender a direção em que elas evoluíram, acabando por desaparecer ou por ser sanadas. Ao que parece, um dos problemas dessa teoria consistiu em ter assumido, no essencial, a descrição que a economia capitalista dos "anos de ouro" fazia de si mesma como aliança tecnocrática de controle de governos e grandes empresas, concebida e apropriada para garantir um crescimento estável e para superar definitivamente a suscetibilidade econômica a crises do capitalismo. O que parecia duvidoso a essa teoria não era a *dirigibilidade* política do capitalismo moderno, mas, sim, sua *possibilidade de legitimação*. De acordo com minha tese, essa teoria, ao subestimar assim o capital enquanto agente político e força social capaz de assumir estratégias e ao superestimar a capacidade de ação e planejamento da política estatal, substituiu a teoria econômica pela teoria do Estado e da democracia, desistindo, em seu prejuízo, de uma peça nuclear da herança da economia política marxista.

Foram, sobretudo, três os desenvolvimentos para os quais a teoria da crise da época de 1968 estava mal ou nada preparada. O primeiro foi a mudança do capitalismo moderno para mercados "autorregulados" – iniciada havia pouco, com um sucesso surpreendente – na sequência da grande experiência neoliberal de revitalização mundial da dinâmica capitalista de acumulação por meio de todo tipo de desregulamentação,

---

a "governabilidade" das democracias. Michel J. Crozier et al., *The Crisis of Democracy. Report on the Governability of Democracies to the Trilateral Commission* (Nova York, New York University Press, 1975).

[2] John Gerard Ruggie, "International Regimes, Transactions and Change. Embedded Liberalism in the Postwar Economic Order", *International Organization*, n. 36, 1982, p. 379-99.

[3] Colin Crouch e Alessandro Pizzorno (orgs.), *The Resurgence of Class Conflict in Western Europe since 1968* (Londres, Palgrave Macmillan, 1978), 2 v.

[4] Jürgen Habermas, *Legitimationsprobleme im Spätkapitalismus* (Frankfurt, Suhrkamp, 1973) e *Zur Rekonstruktion des Historischen Materialismus* (Frankfurt, Suhrkamp, 1975); Claus Offe, *Strukturprobleme des kapitalistischen Staates. Aufsätze zur politischen Soziologie* (Frankfurt, Campus, 1972) e *Berufsbildungsreform. Eine Fallstudie über Reformpolitik* (Frankfurt, Suhrkamp, 1975).

privatização e expansão do mercado e em todas as direções imagináveis. Quem assistiu de perto a esse processo, nos anos 1980 e 1990, rapidamente sentiu dificuldades com o conceito de capitalismo tardio[5]. O mesmo se podia dizer, em segundo lugar, da expectativa de uma crise de legitimação e motivação face à propagação rápida – cujo início havia sido já nos anos 1970 – e à elevada aceitação cultural de formas de vida adaptadas ao mercado, movidas por ele e com expressão na procura entusiasta, sobretudo por parte das mulheres, de trabalho remunerado "alienado", assim como numa sociedade de consumo que se desenvolvia para além de todas as expectativas[6]. Em terceiro lugar, as crises econômicas que acompanharam a transformação do capitalismo do pós-guerra no capitalismo neoliberal, em especial a inflação dos anos 1970 e o endividamento dos Estados na década de 1980, ficaram bastante à margem das teorias da crise de legitimação[7] – ao contrário da declaração de Godthorpe e Hirsch[8], inspirada em Durkheim, acerca da inflação como expressão da anomia da política de distribuição e ao contrário de autores como James O'Connor, que, nos anos 1960, já tinha previsto – embora nas categorias de mundivisão marxista ortodoxa – uma "crise fiscal do Estado" e a subsequente aliança socialista e revolucionária entre funcionários de Estado sindicalizados e seus clientes na população segregada excedente[9].

Gostaria de propor em seguida uma narrativa histórica da evolução capitalista desde os anos 1970 que estabeleça uma ligação entre aquilo que interpreto como uma revolta do capital contra a *economia mista* (*mixed economy*) do período pós-guerra, a ampla popularidade dos mercados de trabalho e de consumo em expansão após o fim dos breves anos 1970 e ainda a sequência de fenômenos de crise econômica desde aquela época até hoje – uma sequência que atingiu, atualmente, seu ponto alto numa tripla

---

[5] Foi também a razão pela qual ele se modificou progressivamente, acabando por perder a conotação escatológica. Para Claus Offe, esse conceito, visto em retrospecto, representava um "erro terminológico", sobretudo porque o capitalismo, a partir dos anos 1980, parecia algo sem alternativa. Quando muito, podia pensar-se em sua regulação, mas já não em sua superação. Claus Offe, "Erneute Lektüre. Die 'Strukturprobleme' nach 33 Jahren", em Jens Borchert et al. (orgs.), *Strukturprobleme des kapitalistischen Staates. Veränderte Neuausgabe* (Frankfurt, Campus, 2006), p. 181-96.

[6] Wolfgang Streeck, "The Politics of Consumption", *New Left Review*, n. 76, 2012, p. 27-47.

[7] Provavelmente, porque estava enraizada na Alemanha, onde as crises se fizeram sentir menos do que noutros lugares – lembremo-nos da retórica oficial do governo, nos anos 1970 e 1980, sobre o "modelo alemão".

[8] John Goldthorpe, "The Current Inflation. Towards a Sociological Account", em Fred Hirsch et al. (orgs.), *The Political Economy of Inflation* (Cambridge, MA, Harvard University Press, 1978), p. 186-216; Fred Hirsch e John Goldthorpe (orgs.), *The Political Economy of Inflation* (Cambridge, MA, Harvard University Press, 1978).

[9] James O'Connor, "Inflation, Fiscal Crisis, and the American Working Class", *Socialist Revolution*, n. 2, 1972, p. 9-46, e *The Fiscal Crisis of the State* (Nova York, St. Martin's, 1973).

crise dos bancos, dos orçamentos públicos e do crescimento econômico. Considero o "desencadeamento"[10] do capitalismo global no último terço do século XX resultado da resistência dos detentores do capital e daqueles que dele dispõem – da classe dos "dependentes do lucro" – às múltiplas restrições que o capitalismo foi obrigado a aceitar depois de 1945 para voltar a ser politicamente viável nas condições da concorrência de sistemas. Penso que a explicação para esse êxito, assim como para o fato de a revitalização do sistema capitalista enquanto economia de mercado ter sido possível – contra todas as expectativas – se deve, entre outras coisas, a uma política estatal que comprou com dinheiro tempo ao sistema capitalista, garantindo uma espécie de lealdade das massas ao projeto neoliberal de sociedade enquanto sociedade de consumo de uma forma que a teoria do capitalismo tardio não podia, pura e simplesmente, imaginar. Fez isso, primeiro, pelo inflacionamento da massa monetária; depois, por um endividamento público crescente; e, por fim, por meio da concessão generosa de crédito às famílias. Contudo, passado algum tempo, essas estratégias se esgotaram de forma bastante familiar à teoria da crise neomarxista, começando a minar o funcionamento da economia capitalista, que também depende do respeito e da satisfação das expectativas capitalistas de um retorno justo (*just return*). Tudo isso fez surgir – repetidamente e por fases – problemas de legitimação, ainda que não em primeira linha junto das massas, mas, sim, do capital. Esses problemas assumiram a forma de crises econômicas de reprodução e acumulação que, por sua vez, puseram em perigo a legitimação do sistema junto das populações com autoridade democrática. Esse perigo só pode ser ultrapassado – como mostrarei adiante – à custa de maior liberalização da economia política e de imunização da política econômica contra a pressão democrática de base, cujo objetivo é recuperar a confiança dos "mercados" no sistema.

Retrospectivamente, a história da crise do capitalismo tardio desde os anos 1970 afigura-se como desenvolvimento da tensão, muito antiga e fundamental, entre o capitalismo e a democracia – como dissolução progressiva de um casamento forçado, arranjado entre ambos depois da Segunda Guerra Mundial. Ao se transformar em problemas de acumulação, os problemas de legitimação do capitalismo democrático perante o capital exigiram como condição para sua solução que a economia capitalista se libertasse cada vez mais da intervenção democrática. Assim, o lugar de garantia de uma base popular para o capitalismo moderno transferiu-se da política para o mercado, enquanto mecanismo de geração dos motivos capitalistas fundamentais da ganância e do medo (*greed and fear*)[11], ao mesmo tempo que crescia a imunização da economia

---

[10] Andrew Glyn, *Capitalism Unleashed*, cit.

[11] A ganância e o medo, de acordo com a descrição que o capitalismo financeiro faz de si mesmo na ciência das finanças, constituem os geradores de comportamento decisivos nos mercados de ações e na economia capitalista, em geral. Hersh Shefrin, *Beyond Greed and Fear. Understanding Behavioral Finance and the Psychology of Investing* (Oxford, Oxford University Press, 2002).

contra a democracia enquanto democracia de massas. Descreverei essa evolução como uma transformação do sistema de instituições político-econômico keynesiano, da fase de constituição do capitalismo do pós-guerra num regime econômico neo-hayekiano.

Concluirei que, ao contrário do que houve nos anos 1970, é possível estarmos, hoje, de fato, na fase tardia da configuração político-econômica do período pós--guerra – fase que havia sido antecipada, senão até desejada, embora de outra forma, nas teorias da crise daquela época. Tenho certeza de que estamos, hoje, numa fase tardia da *democracia*, na medida em que a democracia, tal como a conhecemos, está prestes a ser esterilizada como democracia de massas redistributiva e a ser reduzida a uma combinação de Estado de direito e entretenimento público. Pretendo mostrar que esse processo de *desdemocratização do capitalismo por meio de deseconomização da democracia* avançou muito desde a crise de 2008, precisamente na Europa.

No entanto, temos de deixar em aberto a questão de saber se nosso tempo também constitui uma fase tardia do *capitalismo*. A pretensão – institucionalizada numa demo-cracia transformada pelo neoliberalismo – de se contentar com a justiça de mercado é visivelmente tudo menos incompatível com o capitalismo. No entanto, apesar de todos os esforços de reeducação, é possível que parte da população tenha mantido algumas expectativas difusas de justiça social que uma democracia regressada a um *laissez-faire* de economia de mercado não consegue canalizar – expectativas que podem se transformar na força motriz de movimentos de protesto anarquistas. Sabemos que as teorias da crise mais antigas falam continuamente dessa possibilidade. Porém, terá de ficar em aberto se protestos desse tipo constituem um perigo para a estabilidade da "sociedade capitalista de dois terços" emergente ou até de sua "plutonomia"[12] global: as diversas técnicas – desenvolvidas e experimentadas sobretudo nos Estados Unidos – de gestão de uma classe baixa que foi deixada para trás parecem ser exportáveis, in-clusive para a Europa. Por isso, a questão mais útil para atingir o objetivo poderia ser saber se, após a salvação, ainda possível, dos riscos e dos efeitos secundários do *doping* monetário e quando, no futuro, for necessário prescindir do mesmo, ainda haverá drogas de crescimento alternativas para manter em funcionamento a acumulação do capital nos países ricos. Quanto a isso, resta-nos especular, como faço nas observações com as quais concluo este livro.

---

[12] O termo foi desenvolvido pelo departamento de investigação do Citibank com o objetivo de libertar os clientes selecionados, cujo patrimônio o banco gere, do medo de que seu bem-estar futuro dependa do bem-estar material das massas, como ainda acontecia no mundo keynesiano. Citigroup Research, *Plutonomy. Buying Luxury, Explaining Global Imbalances*, 16 out. 2005, e *Revisiting Plutonomy. The Rich Getting Richer*, 5 mar. 2006.

Um novo tipo de crise

O capitalismo das sociedades democráticas ricas encontra-se, atualmente, numa tripla crise, que já dura anos e para a qual não se vislumbra um fim: uma *crise bancária*, uma crise das *finanças públicas* e uma crise da *"economia real"*. Ninguém previu essa situação sem precedentes – nem nos anos 1970 nem nos anos 1990. Na Alemanha, a crise quase não se fez notar, durante tempos, devido a circunstâncias especiais, bastante casuais e – vistas de fora – exóticas[13]; lá, verificou-se a tendência de as pessoas advertirem a si mesmas e aos outros para não cederem à "histeria da crise". No entanto, na maioria das outras democracias ricas, incluindo os Estados Unidos, em 2012, a crise já interferia havia muito na vida e nos planos de gerações inteiras, estando prestes a revolver radicalmente as condições sociais.

Primeiro, a *crise bancária* deveu-se ao fato de, no capitalismo financeiro do mundo ocidental, muitos bancos terem concedido créditos demais, tanto públicos como privados, dos quais parte inimaginável repentinamente se transformou em crédito podre (inadimplência). Como nenhum banco pode ter a certeza de que o banco com o qual está fazendo negócios não irá à falência amanhã, os bancos não querem emprestar dinheiro uns aos outros[14]. Além disso, receiam que seus clientes se sintam incentivados a qualquer momento a iniciar uma corrida aos bancos (*bank run*) para levantar seus depósitos e depositar o dinheiro em outro lugar, supostamente seguro. Os bancos veem-se obrigados a conter-se na concessão de créditos, uma vez que as autoridades de supervisão esperam que eles aumentem seu capital próprio em relação às dívidas para

---

[13] A Alemanha, ao contrário dos bons conselhos de todos os "sábios", defendeu sua base industrial e, nos anos 1980 e 1990, não avançou lentamente para a tão louvada "sociedade de serviços" do modelo estadunidense ou britânico. Por isso, após 2008, tinha produtos para exportar, especialmente automóveis de luxo e máquinas de qualidade que mais ninguém oferecia. A economia alemã se beneficiava das elevadas taxas de crescimento na China e da distribuição cada vez mais desigual de renda no país em crise, os Estados Unidos. Ao mesmo tempo, a taxa de câmbio na zona do euro era fixa e fora dela era mais baixa do que seria a taxa de câmbio de uma moeda exclusivamente alemã. A crise financeira e fiscal na Europa baixou ainda mais a taxa de câmbio do euro.

[14] A natureza da matéria não permite que existam dados estatísticos sobre a dimensão exata de uma crise bancária. Nem o próprio banco sabe com segurança quais dos créditos que concedeu são podres. E, quando sabe, tem de se esforçar para ocultar essa informação (a menos que tivesse a possibilidade de transferir os títulos que perderam todo o valor para um *bad bank* mantido pelo Estado). Isso também se aplica à dimensão da exposição recíproca de sistemas bancários nacionais, sobre a qual os próprios governos e as organizações internacionais não podem senão especular. Os resultados que foram divulgados dos "testes de esforço" realizados entretanto pelas autoridades nacionais ou internacionais não são, por si, críveis, uma vez que a revelação dos problemas aumenta a probabilidade de eles se transformarem em crises. Por isso, via de regra, os testes de esforço são concebidos de antemão de forma a produzir resultados tranquilizadores. Haja vista os resultados dos testes europeus realizados aos bancos espanhóis, que não revelaram, até o último momento, nada de especial.

ficarem menos expostos a riscos. A assunção do crédito podre, a garantia ilimitada para os depósitos e a recapitalização dos bancos pelo Estado, preferencialmente de todos em simultâneo, poderia constituir uma ajuda. Contudo, os montantes necessários para "salvar os bancos" poderiam ascender a valores astronômicos, e os Estados já estão superendividados. No entanto, a queda de alguns bancos, que levaria, depois, à queda de outros, poderia ficar tão ou mais cara que isso. Também nesse caso – e este é o cerne do problema –, não é possível fazer nada além de estimativas.

Em segundo lugar, no que diz respeito à *crise fiscal*, ela resulta dos déficits dos orçamentos públicos ao longo de décadas e do correspondente endividamento crescente dos Estados, realidades que remontam aos anos 1970 (Figura 1.1)[15], assim como da contração dos empréstimos, necessária após 2008, para salvar tanto a indústria financeira, por meio da recapitalização de institutos financeiros e da aquisição de títulos de dívida que perderam o valor, como a economia real, por meio de estímulos fiscais. O risco acrescido de insolvência do Estado reflete-se nos elevados custos de financiamento para dívidas antigas e recentes numa série de países. A fim de recuperar a "confiança" dos "mercados monetários", os Estados europeus impõem a si mesmos e a seus cidadãos duras medidas de austeridade, vigiando-se mutuamente – as medidas chegam a incluir uma proibição de qualquer novo endividamento público. Contudo, elas não ajudam a resolver a crise bancária, muito menos a recessão da economia real. Também é discutível se a austeridade consegue, pelo menos, reduzir a dívida, uma vez que não só não promove o crescimento econômico, como, provavelmente, até o prejudica. No entanto, o crescimento, no mínimo, é tão importante para a redução da dívida pública quanto o equilíbrio orçamental.

Terceiro e último, a *crise da economia*, que se manifesta numa elevada taxa de desemprego e na estagnação da economia (Figura 1.2)[16], deve-se, em parte, ao fato

---

[15] A Figura 1.1 mostra o crescimento das dívidas na Organização para a Cooperação e o Desenvolvimento Econômico (OCDE) ao longo de quatro décadas, assim como em sete países da OCDE selecionados por serem representativos para determinados grupos: os Estados Unidos e a Grã-Bretanha, que representam as democracias anglo-saxônicas, com elevado grau de financeirização; a Suécia, como representante dos países escandinavos; a Alemanha e a França, grandes países europeus continentais; a Itália como exemplo mediterrâneo; e o Japão, como uma sociedade industrial desenvolvida na Ásia. A pequena variação entre eles, em especial se ignorarmos o Japão, com o seu exorbitante novo endividamento desde o rebentamento da bolha imobiliária no fim dos anos 1980, é surpreendente.

[16] A discussão pormenorizada das consequências da crise financeira e fiscal para a economia real exigiria, por si, um estudo específico; além disso, excederia minha competência. A Figura 1.2 mostra que, nos cinco anos seguintes a 2007, que foi o último antes da crise, todos os países selecionados – talvez à exceção da Alemanha e da Suécia – registraram estagnação econômica ou até diminuição do produto nacional. A situação é particularmente dramática nos países europeus em crise – Grécia, Irlanda, Portugal e Espanha –, nos quais a recessão foi acompanhada de

de as empresas e os consumidores terem dificuldade em obter crédito dos bancos, uma vez que muitos deles já atingiram um nível elevado de endividamento e por causa da aversão ao risco e da escassez de capital dos bancos. Deve-se ainda ao fato de os Estados serem obrigados a reduzir suas despesas ou, quando não resta outra solução, a aumentar os impostos. A estagnação da economia real agrava a crise fiscal – e, indiretamente, a crise do setor bancário – por meio do incumprimento dos pagamentos causados por aquela.

Existe, manifestamente, uma ligação estreita entre as três crises: a crise bancária está vinculada à crise do Estado por meio do *dinheiro*; a crise bancária está relacionada à da economia real pelo *crédito*; e as crises das finanças públicas estão ligadas à economia real por meio de *despesas e receitas públicas*. As crises reforçam-se reciprocamente, sendo que a dimensão, a ponderação e a interligação das três variam de país para país. Existem, ao mesmo tempo, múltiplas interações: bancos que vão à falência podem arrastar consigo bancos noutros locais; a subida generalizada de juros de dívida soberana, provocada pela insolvência de um país, pode arruinar as finanças públicas de muitas outras nações; conjunturas favoráveis e recessões em nível nacional têm impacto internacional etc. Na Europa, os nexos e as interações adquirem uma forma e uma dinâmica particulares devido ao sistema institucional da União Monetária Europeia, como veremos adiante.

No verão de 2012, a atual crise das democracias capitalistas já dura mais de quatro anos. Ela se manifesta de formas sempre surpreendentemente novas, surgindo em primeiro plano novos países, crises e combinações de crises. Ninguém sabe o que vai acontecer a seguir; os temas mudam a cada mês, por vezes a cada semana, ainda que quase todos voltem em algum momento. O campo de ação política está minado com um número interminável de efeitos secundários imprevisíveis. Se há casos em que se pode falar de complexidade, este é um deles. Faça o que fizer a política para resolver um problema, ela cria outro – no curto ou no longo prazo. O que põe fim a uma crise agrava a outra; a cada cabeça da Hidra que se corta, crescem duas novas cabeças. É necessário abordar diversos problemas em simultâneo; as soluções de curto prazo impossibilitam soluções de longo prazo. Aliás, nem sequer se procuram soluções de longo prazo, uma vez que os problemas de curto prazo exigem prioridade; surgem por todo lado buracos que só podem ser tapados abrindo novos buracos noutro lado. Não houve nenhum momento posterior à Segunda Guerra Mundial em que os governos reunidos do Ocidente capitalista tivessem transmitido uma imagem de tal desnorteamento e em que tivesse sido possível pressentir tanto pânico puro e simples por trás das fachadas de serenidade otimista e de um domínio da situação que resulta da superação de perigos.

---

diminuição do emprego e de aumento do desemprego. A situação na Grã-Bretanha e, sobretudo, nos Estados Unidos não é muito diferente.

DA CRISE DE LEGITIMIDADE À CRISE FISCAL 59

Figura 1.1

Dívida pública em porcentagem do produto nacional, média da OCDE, 1970-2010

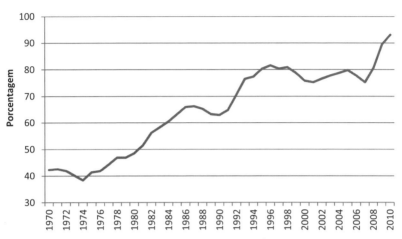

Países incluídos na média não ponderada: Alemanha, Áustria, Bélgica, Canadá, Estados Unidos, França, Grã-Bretanha, Itália, Noruega, Países Baixos, Suécia

Dívida pública em porcentagem do produto nacional, sete países, 1970-2010

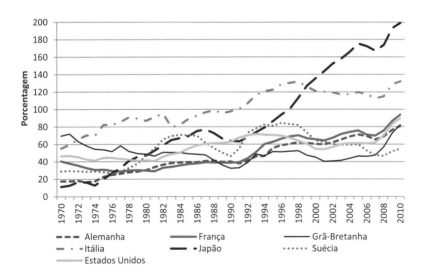

OECD Economic Outlook: Statistics and Projections

60 Tempo comprado

Figura 1.2

As consequências da crise de 2008 para a economia real

		2005	2006	2007	2008	2009	2010	2011
Alemanha	PIB	100,0	103,9	107,4	108,3	102,8	106,4	109,7
	Emprego	65,5	67,2	69,0	70,1	70,3	71,1	72,5
	Desemprego	11,2	10,3	8,7	7,5	7,7	7,1	5,9
França	PIB	100,0	102,7	105,0	104,7	102,0	103,4	105,2
	Emprego	63,7	63,6	64,3	64,9	64,0	63,8	63,8
	Desemprego	8,9	8,8	8,0	7,4	9,1	9,4	9,3
Itália	PIB	100,0	102,3	103,9	102,6	97,0	98,7	99,2
	Emprego	57,6	58,4	58,7	58,8	57,5	56,9	57,0
	Desemprego	7,7	6,8	6,1	6,7	7,8	8,4	8,4
Japão	PIB	100,0	101,7	103,9	102,8	97,1	101,4,	100,7
	Emprego	69,4	70,1	70,9	71,1	70,5	70,6	71,2
	Desemprego	4,4	4,1	3,8	4,0	5,1	5,1	4,6
Suécia	PIB	100,0	104,6	108,1	107,3	102,0	107,9	112,2
	Emprego	72,3	73,1	74,2	74,3	72,2	72,7	74,1
	Desemprego	7,5	7,1	6,2	6,2	8,3	8,4	7,5
Grã-Bretanha	PIB	100,0	102,6	106,2	105,0	100,4	102,5	103,2
	Emprego	71,8	71,6	71,5	71,5	69,9	69,5	69,5
	Desemprego	4,8	5,4	5,3	5,6	7,6	7,8	8,0
Estados Unidos	PIB	100,0	102,7	104,6	104,3	100,6	103,7	105,5
	Emprego	71,5	72,0	71,8	70,9	67,6	66,7	66,6
	Desemprego	5,1	4,6	4,6	5,8	9,3	9,6	9,0

		2005	2006	2007	2008	2009	2010	2011
Grécia	PIB	100,0	105,5	108,7	108,5	105,0	101,3	94,3
	Emprego	60,1	61,0	61,4	61,9	61,2	59,6	55,6
	Desemprego	9,9	8,9	8,3	7,7	9,5	12,5	16,0
Espanha	PIB	100,0	104,1	107,7	108,7	104,6	104,5	105,3
	Emprego	64,3	65,7	66,6	65,3	60,6	59,4	58,5
	Desemprego	9,2	8,5	8,3	11,3	18,0	20,1	20,3
Portugal	PIB	100,0	101,4	103,8	103,8	100,8	102,2	100,6
	Emprego	67,5	67,9	67,8	68,2	66,3	65,6	64,2
	Desemprego	7,7	7,7	8,0	7,6	9,5	10,8	11,7
Irlanda	PIB	100,0	105,3	110,8	107,5	100,0	99,5	100,2
	Emprego	67,5	68,5	69,2	68,1	62,5	60,4	59,6
	Desemprego	4,8	4,7	4,7	5,8	12,2	13,9	14,6

OECD, "Public Expenditure on Active Labour Market Policies", *Employment and Labour Markets: Key Tables from OECD – Economic Outlook: Statistics and Projections*, n. 9, 2012.

Duas surpresas para a teoria da crise

As teorias da crise neomarxistas ensinadas em Frankfurt por volta de 1968[17] não se referem aos bancos nem aos mercados financeiros, o que não é de admirar, uma vez que, naquela época, ninguém podia prever a "financialização" do capitalismo moderno.

No entanto, também não se fala de ciclos conjunturais, crises de crescimento e limites de crescimento, subconsumo e superprodução. É possível que os autores das teorias pretendessem, com isso, distinguir-se do determinismo economicista que alguns – como foi, certamente, o caso do marxismo soviético ortodoxo – deixaram penetrar na teoria do capitalismo marxista. Ainda assim, teria sido mais importante aquilo que devemos designar como "espírito da época": a ideia, dominante àquela altura – inclusive, surpreendentemente, em vastos círculos da esquerda –, de que a economia capitalista havia se transformado numa máquina de prosperidade dominável do ponto de vista tecnocrático, que podia ser mantida em funcionamento regular e isento de crises, com ajuda do conjunto de instrumentos keynesiano que permitiria uma interação ordenada dos Estados e das grandes empresas. A reprodução material da sociedade industrial capitalista parecia, assim, garantida, a propensão da evolução capitalista para crises, superada, e a "depauperação" da classe operária, ainda prevista pela ortodoxia, afastada para bem longe.

Tudo isso refletia, sem dúvida, a experiência de duas décadas de crescimento econômico rápido e quase ininterrupto – no que diz respeito à Alemanha, a experiência da crise de 1966, posteriormente quase nunca reconhecida como tal, bem como sua superação pela política econômica "moderna" e anticíclica da grande coligação. De acordo com a opinião de muitos contemporâneos, com essa política, a República Federal da Alemanha superou seu mal-entendido ordoliberal, abrindo-se aos outros Estados do Ocidente capitalista cujas economias nacionais "mistas" estavam cheias de empresas públicas, autoridades de planejamento, conselhos setoriais, comitês de desenvolvimento regional, negociações sobre política de rendimentos etc., como descreveu pormenorizadamente Andrew Shonfield no livro *Modern Capitalism* (1965), popularizado na Alemanha por Karl Schiller. Esse "otimismo da controlabilidade" – expressão que só começou a ser utilizada quando aquilo que designava já tinha desaparecido – reinou nos Estados Unidos sob a liderança de Kennedy e Johnson, com suas equipes de conselheiros econômicos formados pela teoria keynesiana e, por conseguinte, favoráveis ao intervencionismo. O planejamento era tudo menos um anátema, e a possibilidade de convergência entre capitalismo e comunismo era

---

[17] A seguir, reproduzo essas teorias de forma resumida e geral, colocando em primeiro plano os pontos em comum e não as diferenças existentes de fato entre elas. Aliás, estas últimas se desvanecem em comparação com a diferença em relação aos desenvolvimentos reais nos anos seguintes – e é apenas esta que me interessa aqui.

um tema legítimo no debate político-econômico: o mercado capitalista precisava de mais planejamento, o planejamento comunista precisava de mais mercado – assim, o capitalismo e o comunismo podiam encontrar-se no meio do caminho[18]. A economia enquanto mecanismo ocupou o lugar do capital enquanto classe nas teorias da época; "a técnica e a economia enquanto ideologia" assumiram o lugar antes reservado ao poder e aos interesses nessas teorias[19]. A crença de que a economia, no essencial, não passava de uma questão técnica estava difundida tanto entre sociólogos quanto entre economistas. Um exemplo disso, entre muitos outros, é Amitai Etzioni, com seu livro *The Active Society*, de 1968. Essa obra provavelmente constitui a tentativa mais ambiciosa de determinar as condições em que as sociedades democráticas modernas poderiam escolher livremente o rumo de sua evolução e proceder, na prática, à escolha. O calhamaço de mais de 600 páginas só se refere a economia uma vez e apenas para constatar que, hoje, "as nações ocidentais" poderiam confiar em sua capacidade de "controlar processos sociais globais recorrendo amplamente a instrumentos keynesianos, entre outros, para impedir uma inflação descontrolada e uma depressão, assim como para gerar crescimento econômico"[20].

Quanto a Frankfurt, a reinterpretação do capitalismo moderno como sistema de gestão tecnocrática da economia – uma nova espécie de "capitalismo de Estado" – deve-se, sobretudo, a Friedrich Pollock, membro do Instituto de Estudos Sociais tanto antes como depois de ter emigrado. Pollock assumiu o papel de perito em economia no Instituto. Segundo ele, o capitalismo, ao longo de sua evolução, transformou-se num capitalismo completamente planejado pelo Estado, "de modo que nada de essencial foi deixado ao funcionamento das leis de mercado ou a outras 'leis da economia'"[21]. O pós-guerra e o fim do fascismo e da economia da guerra não foram suficientes para Pollock – que morreu em 1970 – alterar sua avaliação. Na opinião dele, o surgimento das grandes empresas e de instrumentos de planejamento estatal cada vez mais desenvolvidos pôs fim definitivamente ao tempo do *laissez-faire*, transformando o capitalismo avançado num sistema econômico regulado pela política e, em princípio, não sujeito a crises. No fascismo e no socialismo de Estado, assim

---

[18] Clark Kerr et al., *Industrialism and Industrial Man. The Problems of Labor and Management in Economic Growth* (Cambridge, MA, Harvard University Press, 1960).

[19] Segundo Jürgen Habermas, *Technik und Wissenschaft als Ideologie* (Frankfurt, Suhrkamp, 1969) [ed. bras.: *Técnica e ciência como "ideologia"*, trad. Felipe Gonçalves Silva, São Paulo, Editora Unesp, 2014].

[20] Amitai Etzioni, *The Active Society* (Nova York, Free Press, 1968). Contudo, nos anos 1980, a obra de Etzioni fez uma viragem no sentido de uma teoria sociológica da economia e da ação econômica com o objetivo manifesto de colmatar essa lacuna.

[21] Friedrich Pollock, "Staatskapitalismus", em Helmut Dubiel et al. (orgs.), *Wirtschaft, Recht und Staat im Nationalsozialismus* (Frankfurt, Europäische Verlagsanstalt, 1981 [1941]), p. 87.

como no *New Deal* – os três sistemas sociais pós-capitalistas –, o primado da política tinha substituído o primado da economia, superando a propensão a crises inerente ao capitalismo de concorrência original, desorganizado e caótico. Na perspectiva de Adorno e Horkheimer – segundo Helmut Dubiel, em sua introdução a um livro com textos de Pollock –, a

> teoria do capitalismo de Estado de Pollock [...] constituía a apresentação pormenorizada de uma ordem social na qual as grandes burocracias estatais conseguiam controlar o processo econômico de tal forma que se pode falar de um primado da política sobre a economia em condições não socialistas.

Além disso, "a tese de Pollock de um domínio puramente político e não intermediado pela economia [...] ofereceu a Horkheimer e Adorno a justificação político-econômica para deixarem de considerar urgente ocupar-se da economia política"[22].

Embora nem as teorias da crise de Frankfurt dos anos 1970 nem os economistas keynesianos nos Estados Unidos tenham previsto um colapso econômico do capitalismo, suas teorias continuavam a ser teorias da crise, críticas do capitalismo. Só que, para elas, o ponto de ruptura do capitalismo já não se situava em sua economia, mas, sim, em sua política e sua sociedade: não do lado da economia, mas da democracia, não do capital, mas do trabalho, não na integração sistêmica, mas na integração social[23]. O problema não estava na produção de valor acrescentado – acreditava-se que suas "contradições" haviam se tornado controláveis –, mas em sua legitimação; a questão não era saber se o capital transformado na economia da sociedade conseguiria abastecer a sociedade, mas, sim, se aquilo que ele conseguia fornecer seria suficiente para levar seus beneficiários a continuar participando do jogo. Por isso, na perspectiva das teorias

---

[22] Friedrich Pollock, *Stadien des Kapitalismus* (Munique, C. H. Beck, 1975), p. 18 e seg. Essa opinião não obsta ao fato de ter sido Adorno quem introduziu na teoria social o conceito de capitalismo tardio como conceito "de Frankfurt", nomeadamente, por meio do tema da jornada de sociologia de Frankfurt em 1968, determinado por ele e por sua fala inicial intitulada "Capitalismo tardio ou sociedade industrial?" – Theodor W. Adorno, "Spätkapitalismus oder Industriegesellschaft? Einleitungsvortrag zum 16. Deutschen Soziologentag", em *Soziologische Schriften I* (Frankfurt, Suhrkamp, 1979 [1968]), p. 354-70. Adorno distinguia "capitalismo tardio" daquilo que designava como "capitalismo liberal" e que (seguindo completamente as ideias de Pollock) entendia como forma de capitalismo anterior, superada, em termos de evolução, pela intervenção e pela organização estatal. Para Adorno, o capitalismo tardio, no essencial, era idêntico àquilo que outros haviam designado e designavam como "capitalismo organizado". A possibilidade de uma desorganização iminente ao capitalismo (tardio) organizado, decorrente de uma crise, ou até de um regresso de seu passado liberal sob a forma de um futuro neoliberal não aparece em nenhuma das obras de Adorno.

[23] David Lockwood, "Social Integration and System Integration", em George K. Zollschan et al. (orgs.), *Explorations in Social Change* (Londres, Houghton Mifflin, 1964), p. 244-57.

da crise dos anos 1960 e 1970, a crise iminente do capitalismo não era de (sub nem super)produção, mas uma *crise de legitimação*.

Numa perspectiva *a posteriori* e a distância, as intuições daquela época evocam conceitos como os que podemos encontrar na hierarquia de necessidades de Maslow[24]: quando a existência material está assegurada, são libertadas pretensões não materialistas que exigem satisfação, relativas à autorrealização, à libertação, ao reconhecimento, a comunidades autênticas e semelhantes[25]. Supunha-se que, nas novas condições históricas de bem-estar garantido, acabaria por deixar de ser possível impor a disciplina repressiva que o capitalismo enquanto organização social exigia das pessoas, bem como o caráter coercitivo do trabalho assalariado alienado. Com o fim da escassez, graças à evolução das forças produtivas, o domínio – institucionalizado, entre outras coisas, em hierarquias supérfluas no local de trabalho e numa remuneração diferenciada segundo um princípio de desempenho, obsoleto do ponto de vista econômico – tornou-se cada vez menos reproduzível[26]. A participação nas decisões, a democracia e a libertação no e do trabalho constituíam possibilidades à espera de

---

[24] Abraham Maslow, "A Theory of Human Motivation", *Psychological Review*, n. 50, 1943, p. 370-96.

[25] A teoria de Daniel Bell sobre as contradições culturais do capitalismo – *The Cultural Contradictions of Capitalism* (Nova York, Basic Books, 1976) – também parece próxima. Ele partia do princípio de que o avanço do desenvolvimento capitalista produziria motivos e necessidades incompatíveis com a organização social do sistema. Porém, Bell, conservador, considerava as novas orientações culturais observadas por ele e supostamente incompatíveis com o capitalismo algo decadente e hedonista, ao passo que as teorias da crise de Frankfurt as apresentavam como progressistas e emancipatórias – o que promove o desenvolvimento da humanidade. No entanto, independentemente disso, tanto Bell como as referidas teorias da crise previam uma ingovernabilidade crescente das relações capitalistas; para uns, por as pessoas estarem prestes a evoluir, por assim dizer, para além dessas relações, para outros, por as pessoas terem se tornado arrogantes e precisarem aprender novamente a dar-se por satisfeitas com aquilo que é possível. Tanto num caso como no outro, a evolução apontava para uma sobrecarga crescente do Estado democrático, que teria de ser contrariada por meio de uma reforma das instituições (por exemplo, segundo Michel J. Crozeier et al. – *The Crisis of Democracy*, cit. –, em nome da Comissão Trilateral) ou que conduziria a um sistema político-econômico, por meio da integração democraticamente forçada de elementos novos, alheios ao regime capitalista, sistema esse que superaria o capitalismo. Sobre os pontos em comum entre as teorias da ingovernabilidade e as do capitalismo tardio, ver Armin Schäfer, "Krisentheorien der Demokratie. Unregierbarkeit, Spätkapitalismus und Postdemokratie", *Der moderne Staat*, n. 2, 2009, p. 159-83.

[26] Assim pensava Claus Offe, em sua dissertação de 1967, na qual escreveu o seguinte: "Realmente, a ideia de uma ordem social baseada no desempenho torna-se *absurda* [...] uma vez que as formas avançadas de trabalho industrial deixaram irrelevante a categoria da capacidade de desempenho individual, revelada em termos competitivos". Claus Offe, *Leistungsprinzip und industrielle Arbeit. Mechanismen der Statusverteilung in Arbeitsorganisationen der industriellen "Leistungsgesellschaft"* (Frankfurt, Europäische Verlagsanstalt, 1970), p. 166; grifo no original. O livro antecipa os

DA CRISE DE LEGITIMIDADE À CRISE FISCAL **65**

ser descobertas e concretizadas[27]. A mercantilização do ser humano e a competição em lugar da solidariedade constituíam modos de vida ultrapassados e que seriam cada vez mais reconhecidos como tal. As exigências de democratização de todos os domínios da vida e de participação política para além dos limites estabelecidos pelas instituições políticas existentes se uniriam numa rejeição do capitalismo como forma de vida e estilhaçariam por dentro a organização obsoleta do trabalho, bem como a vida baseada na propriedade individualista. Foi sobretudo por isso que a investigação empírica da Escola de Frankfurt naquela época se concentrou na consciência política de estudantes e trabalhadores, assim como nos sindicatos e em seu potencial para serem mais que apenas máquinas de produção de salários. Na verdade, os mercados, o capital e os capitalistas não eram referidos, e a economia política foi substituída – ou pelo menos completada – pelas teorias da democracia e da comunicação.

Aconteceu, então, precisamente o contrário: não foram as massas que se recusaram a seguir o capitalismo do pós-guerra, acabando com ele, mas, sim, o capital sob a forma de organizações, organizadores e proprietários. Quanto à legitimidade junto de vastos setores da população – dos "cidadãos na província" – da sociedade capitalista do trabalho assalariado e do consumo, nas décadas seguintes aos longos anos 1960 ela registrou um crescimento completamente inesperado para a teoria da crise. Enquanto a luta contra o "teor do consumo" ainda teve alguma ressonância junto dos estudantes de 1968, pouco tempo depois começou um período de consumismo e de comercialização nunca visto no mundo, com a participação ativa e majoritária precisamente da geração que, havia pouco, lamentava e combatia a mercantilização da vida no capitalismo[28]. Os mercados de bens de consumo – de automóveis, vestuário, cosméticos, alimentos e eletrônicos – e de serviços – como cuidados do corpo, turismo e entretenimento – se expandiram em um ritmo inédito, tornando-se os motores mais importantes do crescimento capitalista. As inovações cada vez mais rápidas dos processos e dos produtos, possibilitadas pela difusão rápida da microeletrônica, reduziram os ciclos de vida de um número crescente de bens de consumo, permitindo uma diferenciação dos produtos cada vez mais profunda, em resposta aos desejos de grupos de clientes cada vez mais especializados[29]. Ao mesmo tempo, a economia monetária conquistava permanentemente novos domínios da vida social, reservados, até então, a amadores, abrindo-os à produção e à subtração do valor

---

argumentos apresentados posteriormente em prol de um salário para estudantes e de uma renda mínima garantida.

[27] André Gorz, *Zur Strategie der Arbeiterbewegung im Neokapitalismus* (Frankfurt, Europäische Verlagsanstalt, 1967) e *Kritik der Arbeitsteilung* (Frankfurt, Fischer, 1974).

[28] Wolfgang Streeck, "The Politics of Consumption", cit.

[29] Vencida pelo ímpeto com que a realidade deixou para trás as ideias ascéticas da Teoria Crítica, a sociologia privou-se de falar, a partir daí, de "falsas necessidades" ou até de "falsa consciência", termos que, pouco antes, eram extremamente populares.

acrescentado; o esporte, que nos anos 1980 se tornou um negócio global bilionário, constitui um exemplo, entre outros, disso.

O trabalho assalariado – ou, na linguagem de 1968, a dependência do salário – também passou por uma reabilitação inesperada pela teoria da crise de legitimação. A partir dos anos 1970, as mulheres em todos os países ocidentais entraram nos mercados de trabalho e viveram como uma libertação daquilo que lhes parecia, então, uma escravatura não remunerada na família, aquilo que, pouco antes, ainda era estigmatizado como escravatura salarial e considerado historicamente ultrapassado[30]. A popularidade do trabalho remunerado das mulheres continuou a aumentar ininterruptamente nas décadas seguintes, apesar de, em geral, ser mais mal pago. Na realidade, as mulheres que penetraram no mercado de trabalho tornaram-se, muitas vezes, aliadas dos empregadores no esforço de desregulamentação dele, de forma a permitir, assim, fazer *dumping* às "*outsiders*" em relação aos "*insiders*" masculinos. De resto, existe uma estreita ligação entre o aumento do trabalho assalariado feminino e a mudança simultânea das estruturas familiares: o número de divórcios aumentou, o número de casamentos diminuiu, assim como o número de filhos, enquanto a porcentagem de filhos em relações familiares instáveis aumentou, o que fez subir ainda mais a oferta de trabalho feminina[31].

A partir daí, o trabalho remunerado também se tornou para as mulheres o veículo mais importante de integração e de reconhecimento social. Ser "dona de casa" representa, hoje, um estigma; na linguagem corrente, "trabalho" tornou-se sinônimo de trabalho remunerado, avaliado no mercado, e este, de trabalho em tempo integral. As mulheres, em especial, ganham prestígio social quando conseguem conciliar "filhos e carreira", mesmo que a "carreira" seja de operadora de caixa de supermercado – num caso ideal, período integral, naturalmente. Adorno – muito mais pessimista que os teóricos da crise de legitimação – identificaria essa situação, assim como o consumo frenético das últimas três ou quatro décadas, como a "satisfação na alienação", estando plenamente convencido da capacidade da indústria cultural de produzir e preservar. O neoprotestantismo, cujos adeptos se orgulham da vida minuciosamente estruturada a serviço da "conciliação da família e da profissão" e do esgotamento permanente causado por ela[32], assim como o fanatismo e o feminismo da autovalorização em termos de capital humano – a internalização do cálculo dos rendimentos resultantes da educação

---

[30] Nesse sentido, os imigrantes, cada vez mais numerosos a partir do anos 1970, assumiram um papel semelhante ao das mulheres.

[31] Wolfgang Streeck, "Flexible Employment, Flexible Families, and the Socialization of Reproduction, em Florian Coulmas e Ralph Lützeler (orgs.), *Imploding Populations in Japan and Germany: A Comparison* (Leiden, Brill, 2011), p. 63-95.

[32] Juliet Schor, *The Overworked American. The Unexpected Decline of Leisure* (Nova York, Basic Books, 1992).

Da crise de legitimidade à crise fiscal **67**

nos projetos de vida de gerações inteiras – puseram fim tanto à "crise do trabalho assalariado" e ao princípio do desempenho quanto ao "novo espírito do capitalismo", descoberto por Boltanski e Chiapello[33], com seu aproveitamento de novos espaços de criatividade e autonomia em vez de trabalho enquanto meio de integração aprofundada na empresa e enquanto veículo de identificação personalizada com os objetivos desta[34].

A lealdade das massas de trabalhadores e consumidores em relação ao capitalismo do pós-guerra revelou-se estável, mas o mesmo não se pode dizer, de modo nenhum, do capital. O problema das teorias da crise de Frankfurt nos anos 1970 residia no fato de não terem atribuído qualquer intencionalidade ou capacidade estratégica ao capital, uma vez que o tratavam como aparelho, não como agência, como meio de produção, não como classe[35]. Portanto, tiveram de fazer as contas sem o levar em consideração. Na obra de Schumpeter, para não falar de Marx, "o capital" ainda era considerado foco de turbulência permanente, perturbação constante da sociedade econômica moderna – o ponto de partida para uma "destruição criadora" contínua[36], forçado a acalmar pelo socialismo inevitável da burocracia. Weber já o havia visto e previsto, sendo possível, em parte, que a estranha imobilidade do capital na teoria da crise de legitimação remonte a seu pensamento. Porém, isso não permitia abordar aquilo que haveria de acontecer nas décadas posteriores aos longos anos 1960. Então, o capital revelou-se como jogador, não como brinquedo; como um predador, não como animal de criação. Considerou o enquadramento institucional da "economia social de mercado" após 1945 uma jaula pequena demais e convenceu-se cada vez mais da urgência de se libertar dela.

As teorias neomarxistas da crise, de Frankfurt, reconheceram há quatro décadas, de forma diferente e mais perfeita que a maioria das outras teorias do capitalismo social da época, a fragilidade interna do mesmo. Não avaliaram corretamente, porém, suas causas nem, portanto, o rumo e a dinâmica de mudança histórica iminente.

---

[33] Luc Boltanski e Ève Chiapello, *The New Spirit of Capitalism* (Londres, Verso, 2005).

[34] Em cidades como Munique, Hamburgo e Berlim, o crescimento dos investimentos das famílias de classe média e de seus filhos nas notas escolares e nos certificados universitários, começando com o emblemático ensino de chinês na educação infantil, mostra como a crença no princípio do desempenho enquanto mecanismo de atribuição de estatuto e de oportunidades de consumo voltou a ser forte.

[35] Isso tinha a vantagem de permitir evitar as questões difíceis da teoria de classes, relacionadas, por exemplo, com o estatuto dos gestores, por oposição ao dos proprietários, com a diferença entre pequeno e grande capital, com o papel das empresas enquanto organizações em relação aos empresários enquanto pessoas, com a classificação das numerosas novas classes médias, com a posição de classe dos políticos e funcionários públicos etc. Para os inúmeros problemas de uma teoria sociológica das classes, ver Erik Olin Wright, *Classes* (Londres, Verso, 1985). No entanto, uma teoria do capitalismo sem capital atuante e capaz de ação é, inevitavelmente, anêmica.

[36] Joseph A. Schumpeter, *Theorie der wirtschaftlichen Entwicklung* (Berlim, Duncker & Humblot, 2006 [1912]).

68 Tempo comprado

A abordagem dessas teorias excluía a possibilidade de ser o capital, não o trabalho, a retirar legitimidade do capitalismo democrático, tal como este se tinha desenvolvido nos *trente glorieuses*[37]. Na realidade, a história do capitalismo posterior aos anos 1970, incluindo as sucessivas crises econômicas ocorridas no período, é a trajetória de evasão do capital à regulação social que lhe foi imposta após 1945, mas que ele mesmo nunca desejou. Em sua origem, estão as revoltas dos trabalhadores por volta de 1968 e a confrontação dos empregadores das sociedades industriais maduras com uma nova geração de trabalhadores que consideravam garantidos as taxas de crescimento, o progresso social permanente da fase da reconstrução e, em geral, as promessas políticas dos anos de fundação do capitalismo democrático. O capitalismo nem podia nem queria satisfazer para sempre essas reivindicações.

Nos anos subsequentes, as elites capitalistas e seus aliados políticos procuraram uma forma de escapar às obrigações sociais que tiveram de assumir para manter a paz e que, em termos gerais, tinham conseguido cumprir durante a fase de reconstrução. As novas estratégias dos produtos para superar o perigo de saturação do mercado, o excesso de oferta de mão de obra em consequência da mudança estrutural e social e, sobretudo, a internalização dos mercados e dos sistemas de produção criaram oportunidades para a libertação progressiva das amarras institucionais impostas às empresas pelas políticas tarifárias e sociais, que, após 1968, ameaçavam submeter as companhias a um *profit squeeze* permanente[38]. Tudo isso resultou, ao longo do tempo, num processo secular de liberalização – um regresso, numa vastíssima frente, sem precedentes na história da economia política do capitalismo moderno, dos mercados livres e autorregulados, regresso esse não previsto por nenhuma teoria. A teoria da crise não estava preparada para um Estado desregulamentador e liberalizador de um capitalismo que deveria ser colocado a serviço da sociedade a fim de se libertar das expectativas sociais que deixou de poder satisfazer, assim como não estava preparada para um capitalismo que se sente muito constrangido na imunidade às crises que lhe é garantida pela política[39]. O processo de liberalização, que inclui, simultaneamente, uma técnica de controle, uma

---

[37] Designação francesa para as (aproximadamente) três décadas de progresso econômico após a Segunda Guerra Mundial. Nos países anglo-saxônicos, fala-se de *golden age* – "idade de ouro"; na Alemanha, dos anos do "milagre econômico".

[38] Sobre sua dimensão dramática nos anos entre 1965 e 1980, quando o ponto mais baixo foi atingido, antes do início da recuperação parcial nos anos 1990, embora, no essencial, tenha se devido apenas à apropriação exclusiva dos aumentos de produtividade pelos empregadores, ver Robert Brenner, *The Economics of Global Turbulence. The Advanced Capitalist Economies from Long Boom to Long Downturn* (Londres/Nova York, Verso, 2006).

[39] Assim como não estava preparada para as possibilidades espantosas de expansão e prolongamento na história daquilo que a teoria não podia considerar senão satisfação consumista de substituição para garantir a motivação de aquisição e de desempenho no capitalismo – como desvio

desresponsabilização do Estado e uma libertação do capital, não avançou senão vagarosamente, sobretudo enquanto a recordação dos abalos de 1968 esteve presente, e foi acompanhado por múltiplas disfunções políticas e econômicas, até atingir seu momentâneo ponto alto na crise atual do sistema financeiro mundial e das finanças públicas.

A outra crise de legitimação e o fim da paz do pós-guerra

Os acontecimentos das quatro décadas passadas desde o apogeu da teoria da crise levaram-me a propor um conceito de crise de legitimação alargado no qual não existem apenas dois agentes – o Estado e seus cidadãos –, mas três: o Estado, o capital e os "dependentes do salário"[40]. As expectativas, diante das quais o sistema político-econômico é obrigado a legitimar-se, não existem apenas do lado da população, mas também do lado do capital, que já não surge apenas como aparelho; surge também como agente, mais precisamente: do lado de seus proprietários e seus gestores, ambos dependentes do lucro. Na realidade, suas expectativas deveriam ser mais importantes para a estabilidade deste que as da população *dependente do capital*, uma vez que o sistema é capitalista – só é possível satisfazer estas últimas expectativas quando aquelas forem satisfeitas, não se podendo, necessariamente, dizer o contrário. Por conseguinte, diferentemente do que se afirma nas teorias da crise neomarxistas, uma crise de legitimação também pode resultar de um desconforto "do capital" em relação à democracia e às obrigações que lhe foram impostas, isto é, *sem* que haja uma evolução progressiva, "que transcende o sistema", das reivindicações sociais, como muitos previam nos anos 1970.

A teoria da crise de legitimação vista do lado do capital considera as empresas e os empresários como maximizadores de vantagens e lucros, não máquinas de bem-estar nem funcionários obedientes da política econômica e conjuntural do Estado. "O capital" é visto como um agente coletivo obstinado e egoísta, interessado e estratégico, capaz de comunicar, mas pouco previsível, um agente que pode ficar insatisfeito e exprimir sua insatisfação. Uma teoria das classes estilizada de acordo com o modelo da economia política clássica, baseado no tipo de rendimento prevalecente, pode decidir quem e o que pertence ao capital. Os interesses do capital resultam da dependência da própria posição no que diz respeito aos rendimentos do rendimento do capital aplicado;

às reivindicações de progresso coletivo e político para satisfação de necessidades individuais e econômicas por meio de um mundo de produtos em desenvolvimento vertiginoso.

[40] Minha concepção de crises econômicas como crises de confiança política e de redução dos investimentos enquanto forma de comunicação da insatisfação por parte daqueles que têm e dispõem de capital está diretamente relacionada à teoria da conjuntura política de Michal Kalecki – por exemplo, "Political Aspects of Full Employment", *Political Quarterly*, n. 14, 1943, p. 322-31.

os rendimentos do capital são rendimentos residuais obtidos pelos proprietários ou pelos gestores do capital por meio da procura de maximização das receitas do capital que lhes pertence ou lhes foi confiado, isto é, do qual dispõem. Do lado oposto a esses "dependentes do lucro", no sentido descrito, estão os "dependentes do salário", que não dispõem de capital, e sim da força de trabalho, a qual disponibilizam aos proprietários do capital fixo em troca de um preço estabelecido pelo contrato como capital variável. O valor da "mercadoria força de trabalho" é independente do lucro que pode – ou não – ser alcançado por meio de sua utilização. Na ótica psicologizante da teoria econômica do mercado de trabalho, a diferença entre o rendimento do capital residual e o rendimento do trabalho estabelecido por contrato – entre lucro e salário – está associada a diversas "atitudes em relação ao risco": os indivíduos "adversos ao risco" preferem ser trabalhadores com um rendimento de *trabalho* baixo, mas seguro. Os "propensos ao risco", por sua vez, tornam-se empresários com rendimentos de *capital* inseguro, mas potencialmente mais elevado. Enquanto os beneficiários de rendimentos residuais procuram maximizar o rendimento do capital aplicado, os beneficiários de rendimentos fixos procuram manter tão baixo quanto possível o esforço necessário para os obter[41]. Os conflitos na distribuição resultam, entre outras razões, do fato de os rendimentos residuais mais elevados para os dependentes do lucro – mantendo-se todas as outras condições – requererem salários mais baixos para os dependentes destes, e vice-versa[42].

Para uma economia política em que o capital surge não só como maquinaria, mas também como agente, o "funcionamento" da "economia" – portanto, sobretudo o crescimento e o pleno emprego – não é condicionado em termos técnicos senão aparentemente; na realidade, depende das condições políticas. É aqui que reside

---

[41] É por isso que tanto os empregadores como os economistas suspeitam, de forma permanente e axiomática, dos trabalhadores do "*shirking*" – da fuga às responsabilidades – e é por isso que estes "oportunistas manhosos" têm de ser sujeitos a uma vigilância tão eficaz quanto possível. O. E. Williamson et al., "Understanding the Employment Relation. The Analysis of Idiosyncratic Exchange", *The Bell Journal of Economics*, n. 6, 1975, p. 250-78.

[42] Existe, obviamente, uma zona cinzenta, na qual os tipos se misturam – hoje mais que nunca – e na qual se situam, por exemplo, as diversas formas de remuneração "dependente dos resultados", na sequência de salários à peça ou à tarefa de trabalhadores industriais manuais; pequenos aforradores que combinam rendimentos do trabalho e rendimentos de juros, e ainda rendimentos do chamado "capital humano", que tanto podem ser considerados rendimentos do trabalho como rendimentos do capital. Decisiva é a distinção analítica entre a dinâmica de acumulação do capital, que visa a uma maximização ilimitada do rendimento, e o tradicionalismo da garantia de subsistência a determinado nível de rendimento ou a um nível de crescimento previsível. Esses dois modos de economia coexistem no capitalismo como distintas orientações da ação, representadas por diversos grupos sociais e instituições com pretensões e exigências em conflito, mas também parcialmente coincidentes. Wolfgang Streeck, "Taking Capitalism Seriously. Towards an Institutional Approach to Contemporary Political Economy", *Socio-Economic Review*, n. 9, 2011, p. 137-67.

DA CRISE DE LEGITIMIDADE À CRISE FISCAL 71

a diferença em relação ao conceito tecnocrático de crise predominante nos anos posteriores à Segunda Guerra Mundial, assim como na obra de Pollock e na teoria social de Frankfurt. Tanto o crescimento como o pleno emprego dependem da disponibilidade de investir dos detentores do capital, a qual, por sua vez, depende de suas exigências de rendimento e de suas expectativas de lucro, assim como da avaliação geral da situação social no que diz respeito à segurança da economia capitalista. A ausência de crises econômicas representa satisfação, e o surgimento delas, insatisfação do capital. O retorno do investimento (*return on investment*) exigido por aqueles que têm e dispõem de capital não é estabelecido definitivamente; ele varia em função das circunstâncias locais e temporais. Os investidores podem tornar-se mais modestos, quando não têm alternativas, ou mais exigentes, quando consideram que, em termos comparativos, seus lucros atuais não estão suficientemente elevados. Sobretudo, quando consideram que o ambiente social hostil e as exigências que este lhes dirige são exageradas, podem perder a "confiança" e reter seu capital, por exemplo, por meio de uma gestão de caixa ("preferência pela liquidez") ou da fuga de capital, até as condições melhorarem.

As crises econômicas do capitalismo resultam de crises de confiança do lado do capital. Não são perturbações técnicas, mas *crises de legitimação sui generis*. O baixo crescimento e o desemprego são consequências de "greves de investimento"[43] daqueles que dispõem de capital, sendo que sua aplicação poderia eliminar essas consequências, mas não o faz, enquanto faltar confiança aos detentores do capital. No capitalismo, o capital da sociedade é propriedade privada, que os proprietários privados podem utilizar ou não, em princípio, como quiserem. De qualquer modo, eles não podem ser obrigados a investir[44], e é tão difícil calcular quando os empresários querem empreender qualquer coisa que a matemática dos economistas atinge seus limites e, segundo sua perspectiva, a questão passa a ser do foro da "psicologia". Portanto, a superação da crise por meio da política econômica consiste em negociar uma espécie de equilíbrio entre as expectativas de rendimentos dos proprietários do capital e suas exigências em relação à sociedade, por um lado, e as expectativas salariais e de emprego dos beneficiários de salários fixos, por outro – esse equilíbrio o capital considera suficientemente justo para continuar a empenhar-se na criação de bem-estar. Caso não se consiga esse equilíbrio e a insegurança e as exigências insatisfeitas do capital se façam notar como perturbações

---

[43] Um termo habitual na crítica do capitalismo dos anos 1970. A ideia política consistia em impossibilitar "greves de investimento" por meio do "controle do investimento".

[44] Sabemos que essa é a dificuldade de qualquer política econômica estatal no regime capitalista. "É possível levar cavalos ao poço, mas são eles que precisam beber", segundo disse Karl Schiller, o economista keynesiano e representante da política econômica dos sociais-democratas nos fins dos anos 1960 e inícios dos anos 1970, acerca de seus esforços para reanimar a conjuntura depois de 1967.

"da economia", pode surgir uma crise de legitimação adicional, nomeadamente entre os dependentes do salário, para os quais o funcionamento técnico do sistema, em especial sua garantia de crescimento e de pleno emprego, constitui condições de estar em paz com o próprio sistema. Não são necessárias *novas* exigências para isso, basta o descumprimento das antigas.

Em outras palavras, o capitalismo pressupõe um contrato social no qual as expectativas recíprocas do capital e do trabalho, de dependentes do lucro e dependentes do salário estão estabelecidas de modo mais ou menos explícito, sob a forma de uma constituição econômica formal ou informal. O capitalismo – ao contrário daquilo que as teorias econômicas e as ideologias querem fazer acreditar – não é um estado natural, mas, sim, uma ordem social que, associada a determinado tempo, necessita ser formada e legitimada: é concretizada sob formas que variam conforme o lugar e ao longo da história, podendo, a princípio, ser sempre negociada de novo e estando permanentemente ameaçada de ruptura. Aquilo que ficou conhecido na literatura anglófona como *postwar settlement* do capitalismo democrático começou a desmoronar na década de 1970. Tratava-se de um entendimento social resultante da situação pós--guerra relativo aos fundamentos negociais de uma evolução do capitalismo sob uma nova forma. O capitalismo após 1945 encontrava-se numa situação defensiva em todo o mundo. Tinha de se esforçar em todos os países do Ocidente, então em formação, para conseguir prolongar e renovar sua licença social[45] face a uma classe trabalhadora fortalecida na sequência da guerra e da concorrência de sistemas. Isso só foi possível graças às fortes concessões, previstas e possibilitadas pela teoria de Keynes: no médio prazo, sob a forma de uma política conjuntural e de planejamento estatal para garantir o crescimento, o pleno emprego, o equilíbrio social e uma proteção crescente da imprevisibilidade do mercado; no longo prazo, sob a forma de desaparecimento histórico progressivo do capitalismo num mundo de taxas de juro e de margens de lucro em níveis permanentemente baixos. Foi só nessas condições (portanto, a serviço e sob o primado de fins sociais politicamente definidos) que, após o fim da economia da guerra, mostrou-se possível integrar uma economia do lucro reanimada numa democracia liberal estabilizada, protegida contra retrocessos fascistas e tentativas stalinistas. Foram essas as condições que tornaram politicamente exequível a reintrodução do direito à propriedade e ao exercício do poder de dirigir. A assim chamada, na discussão teórica de Frankfurt, "fórmula da paz" foi mediada, tal como seu comprimento foi supervisionado por um Estado intervencionista que impunha disciplina ao mercado, planejava e redistribuía, tendo também de garantir os fundamentos para o negócio do novo capitalismo, sob pena de perder sua própria legitimidade.

---

[45] Poderíamos falar também, de forma radical, da necessidade de uma renovação da *licença* capitalista *de caça aos lucros.*

Essa paz político-econômica do pós-guerra começou a se fragilizar nos anos 1970. É possível sintetizar as descrições e as explicações habituais dessa evolução começando por citar os primeiros sinais de enfraquecimento do crescimento na segunda metade dos anos 1960, que revelaram a possibilidade de o sistema econômico capitalista não ser capaz de manter resultados para sempre nem estar disposto a fazê-lo como havia acontecido nas décadas posteriores ao fim da guerra. Os governos do Ocidente, preocupados em preservar por tanto tempo quanto possível a paz social e a estabilidade política, procuravam reagir experimentando técnicas sempre novas de planejamento e orientação estatal da economia, enquanto os trabalhadores, mais autoconfiantes que nunca, insistiam no cumprimento daquilo que, em seu entender, tinha sido acordado nos anos de fundação do sistema. Por que haveriam de continuar a cooperar no capitalismo, respeitar suas regras e permitir que o capital gerasse lucros, se não resultavam daí quaisquer vantagens para eles mesmos? Por sua vez, o capital receava uma *revolution of rising expectations* [revolução de crescentes expectativas] que não conseguiria satisfazer no longo prazo senão à custa de lucros cada vez mais baixos e de uma reconfiguração, numa infraestrutura quase pública, regulada e planejada, da economia privada pela política estatal, sob pressão dos eleitores.

Em termos globais, a situação no fim dos anos 1960 aproximou-se daquilo que Michal Kalecki, num artigo perspicaz publicado em 1943, tinha descrito como o momento em que o modelo keynesiano poderia fracassar devido à resistência do capital[46]. Kalecki perguntava-se, antes de qualquer coisa, quais eram, no fundo, os argumentos dos empregadores contemporâneos contra uma política econômica keynesiana, uma vez que esta garantia um crescimento permanente, sem oscilações, das empresas. Sua resposta era que o pleno emprego permanente acarretaria inevitavelmente para o capital o risco de seus empregados se tornarem atrevidos, por terem se esquecido, certo momento, da miséria associada ao desemprego. A essa altura, a disciplina no local de trabalho e na política poderia desmoronar. Por isso, segundo Kalecki, o capital, na realidade, deveria estar interessado num desemprego estrutural que serviria de aviso aos trabalhadores para mostrar o que poderia acontecer se fossem exigentes demais. Isso, porém, pressupunha que o Estado fosse impedido de garantir o pleno emprego por meio de instrumentos keynesianos.

Os empregadores e alguns governos do capitalismo democrático encararam a onda mundial de greves selvagens em 1968 e 1969 como consequência de uma fase bastante longa de crescimento sem crises e de pleno emprego garantido e como expressão da atitude crescentemente descomedida por parte dos trabalhadores que a prosperidade e o Estado de bem-estar social tinham acostumado mal[47]. Os trabalhadores, por sua vez,

---

[46] Michal Kalecki, "Political Aspects of Full Employment", cit.

[47] Apesar de não ser possível prová-lo aqui em pormenor, estou convencido de que os discursos acerca dos movimentos grevistas de 1968 e 1969 produzidos posteriormente a estes estão na origem da

TEMPO COMPRADO

acreditavam apenas insistir naquilo que entendiam como direito civil democrático a aumentos salariais periódicos e a uma melhoria constante de sua seguridade social. A partir daí, as expectativas do trabalho e do capital afastaram-se de tal maneira umas das outras que o regime pós-guerra do capitalismo democrático tinha, forçosamente, de entrar em crise. Na primeira metade dos anos 1970, houve ondas de greves constantes, com os trabalhadores e os sindicatos insistindo em suas reivindicações e o capital considerando esgotada sua margem para concessões. Em resposta a essa situação, o capital começou a preparar seu abandono do contrato social do pós-guerra, libertando-se de sua passividade, recuperando sua capacidade de ação e realização e fugindo à situação em que estava sujeito ao planejamento e à utilização pela política democrática. A vantagem para o capital estava no fato de, ao contrário dos trabalhadores e seus sindicatos, ter à disposição estratégias alternativas à continuação do capitalismo democrático que consistiam em retirar progressivamente sua "confiança" em relação a ele e, com isso, os meios de investimento necessários para seu funcionamento.

A LONGA TRANSIÇÃO: DO CAPITALISMO DO
PÓS-GUERRA AO NEOLIBERALISMO

Em meados dos *roaring seventies*, como os anos 1970 foram apelidados mais tarde, devido às expectativas exageradas relativas ao bem-estar e à liberdade que dominaram a política e o ambiente público na época, os proprietários e os gestores do capital iniciaram uma longa luta por uma reestruturação profunda da economia política do capitalismo do pós-guerra – eles, não as amplas massas dos "dependentes do salário", como esperado e desejado pela teoria da crise de legitimação. Impressionados pelos acontecimentos de 1968 e assustados com um clima político que se refletia em declarações de intenções políticas como a de querer experimentar os "limites de resistência" da economia[48] e, mais tarde, em títulos de livros como *The Democratic Class Struggle*, de Korpi[49], e *Politics*

---

ideia comum, que se tornou hoje hegemônica, segundo a qual "nós" – portanto, o homem e a mulher comuns – nos tornamos exigentes demais e temos de reaprender a moderar-"nos". A teoria econômica convencional também responsabiliza – como voltarei a citar adiante – a arrogância das massas, da qual se começou a falar naquela época, pela dívida pública – explicação perfeitamente adequada para fazer esquecer o aumento dramático da desigualdade na distribuição daquilo que a economia produz.

[48] Como afirmou Jochen Steffen, político da ala esquerda do Partido Social-Democrata Alemão, num congresso do partido, em 1971, quando falou sobre a política fiscal, o que provocou uma forte indignação pública e, no longo prazo, o fim de sua carreira política.

[49] Walter Korpi, *The Democratic Class Struggle* (Londres, Routledge Kegan & Paul, 1983).

against Markets, de Esping-Andersen[50], os proprietários e os dirigentes da economia começaram a concretizar o abandono de um regime que, após 1945 – apesar das experiências do período entre as guerras –, lhes tinha permitido regressar às posições de comando da sociedade industrial.

Subsequentemente, foram cada vez mais as empresas, as indústrias e as associações que se converteram a um novo objetivo comum: a liberalização do capitalismo e a expansão interna e externa de seus mercados. Os acontecimentos dos fins da década de 1960 e a crise do petróleo de 1972 haviam tornado menos provável que nunca a eventualidade de "a economia" cumprir, no longo prazo e sob condições aceitáveis para ela, os compromissos que assumira sob pressão política no antigo regime. Já não era possível confiar num crescimento permanentemente elevado enquanto fórmula da paz democrático-capitalista. Desistir de lucros para manter o pleno emprego ou conceber – com elevados custos – a produção e os produtos de forma a garantir emprego seguro, com salários elevados e pouco díspares, teria exigido das empresas, e daqueles que dependiam de seus lucros, sacrifícios que pareciam cada vez mais inaceitáveis. Uma vez que não se podia confiar no Estado, que caía quase por todo lado em mãos mais ou menos social-democratas[51], a única solução que restou foi a fuga para o mercado: a libertação da economia capitalista dos controles burocrático-políticos e corporativistas dos anos da reconstrução e o restabelecimento de margens de lucro adequadas, por meio de mercados livres, bem como a desregulamentação[52], em vez da política estatal, associada ao risco de obrigações sociais.

A estratégia de liberalização – a redução do Estado intervencionista e o regresso ao mercado enquanto mecanismo econômico primário de alocação –, vista da perspectiva atual, foi extremamente bem-sucedida e não surpreendeu apenas a teoria crítica[53]. A

---

[50] Gosta Esping-Andersen, *Politics against Markets. The Social-Democratic Road to Power* (Princeton, Princeton University Press, 1985).

[51] Os anos 1970 foram a era da ascensão da chamada teoria "*Public Choice*" [da escolha pública] nas ciências econômicas. Segundo essa teoria, os agentes e os órgãos estatais são maximizadores de lucros autointeressados que, ao contrário do capital, contam com a vantagem de poder utilizar o poder público para enriquecer. Ver James M. Buchanan e Gordon Tullock, *The Calculus of Consent. Logical Foundations of Constitutional Democracy* (Ann Arbor, Library Fund, 1962). Buchanan, um dos fundadores dessa teoria, caracteriza retrospectivamente *public choice* como "*politics without romance*". James M. Buchanan, *Public Choice. The Origins and Development of a Research Program* (Fairfax, 2003).

[52] Para a ascensão do movimento de desregulamentação nos Estados Unidos, ver Eduardo Canedo, *The Rise of the Deregulation Movement in Modern America, 1957-1980 Department of Economics* (Nova York, Columbia University, 2008).

[53] Weber, Schumpeter e Keynes, embora de perspectivas e com avaliações diferentes, previam um fim mais ou menos suave do capitalismo de mercado livre na segunda metade do século XX. Também vale a pena recordar que Polanyi, em *The Great Transformation*, publicado em 1944, partiu do

partir do início da década de 1980, os elementos centrais do contrato social do capitalismo do pós-guerra começaram a ser denunciados progressivamente ou questionados nas sociedades ocidentais: políticas de emprego, formação setorial dos salários por meio de negociações com sindicatos livres, participação dos trabalhadores nas decisões no local de trabalho e nas empresas, controle estatal sobre indústrias-chave, um amplo setor público com emprego seguro enquanto exemplo para a economia privada, direitos sociais universais, proteção contra a concorrência, desigualdade social controlada por políticas salariais e fiscais e política conjuntural e industrial do Estado para evitar crises de crescimento. Por volta de 1979, ano da "segunda crise do petróleo", começou em todas as democracias ocidentais uma marginalização mais ou menos agressiva dos sindicatos. Iniciaram-se, paralelamente, reformas dos mercados de trabalho e dos sistemas de seguridade social num nível mundial – na maior parte das vezes, graduais, mas não menos incisivas. Essas reformas conduziram – sob o manto de uma "flexibilização", alegadamente havia muito necessária, das instituições e da "ativação" do potencial da mão de obra – a uma profunda revisão do Estado de bem-estar social das décadas pós-guerra, justificada, cada vez mais, também, com a expansão dos mercados para além das fronteiras nacionais, com a chamada "globalização". Essas reformas incluíam a diminuição dos direitos à proteção contra o despedimento, a divisão dos mercados de trabalho em áreas nucleares e marginais, com direitos de proteção diferentes, a permissão e a promoção de emprego mal remunerado, a aceitação de uma elevada taxa de desemprego estrutural, a privatização de serviços públicos, a redução da função pública, assim como a descentralização e, se possível, a exclusão dos sindicatos do processo de formação dos salários[54]. Essa evolução – independentemente das diferenças e das particularidades nacionais – resultou num Estado de bem-estar social "modernizado", cada vez mais adaptado ao mercado, "mais magro", e concebido para a "remercantilização", cuja "promoção do emprego" e cujos custos baixos tinham sido adquiridos à custa de uma redução do nível mínimo de subsistência social garantido pelos direitos sociais[55].

---

princípio, considerado óbvio, de que o capitalismo liberal é história passada e nunca regressará. "Assistimos a uma evolução no interior das nações que levará o sistema econômico a deixar de prescrever à sociedade suas leis de funcionamento e a ser garantido o primado da sociedade sobre esse sistema." Karl Polanyi, *The Great Transformation. The Political and Economic Origins of Our Time* (Boston, Beacon, 1957 [1944]), p. 251.

[54] Como exemplo da literatura muito abundante sobre o tema, ver Harry C. Katz e Owen Darbishire, *Converging Divergences. Worldwide Changes in Employment Systems* (Ithaca, NY, Cornell University Press, 2000).

[55] Para um panorama da evolução do Estado de bem-estar social desde os anos 1980, ver Fritz W. Scharpf e Vivien A. Schmidt (orgs.), *Welfare and Work in the Open Economy*, v. 1: *From Vulnerability to Competitiveness* (Oxford, Oxford University Press, 2000) e *Welfare and Work in the Open Economy*, v. 2: *Diverse Responses to Common Challenges* (Oxford, Oxford University Press, 2000),

A desregulamentação a partir do fim dos anos 1970 não atingiu apenas os mercados de trabalho. Atingiu também cada vez mais os mercados de bens, serviços e capitais. Enquanto os governos esperavam que resultasse daí um maior crescimento econômico e, de qualquer modo, uma redução da responsabilidade política, a expansão dos mercados e o aumento da subsequente pressão da concorrência serviram aos empregadores como justificativa para piorar ou diferenciar cada vez mais os salários e as condições de trabalho[56]. Os mercados de capitais transformaram-se, simultaneamente, em mercados para controle das empresas, tornando o aumento do *shareholder value* [valor do acionista] o critério máximo de uma boa gestão empresarial[57]. Em muitos países, inclusive na região da Escandinávia, foi recomendado aos cidadãos que, como complemento ou até alternativa a serviços de interesse geral, recorressem a mercados privados de ensino e de seguros, com a possibilidade de contrair empréstimos privados para pagá-los. Registrou-se, paralelamente, um aumento generalizado e rápido da desigualdade econômica (Figura 1.3)[58]. Os Estados do capitalismo desenvolvido livraram-se dessas ou de outras maneiras e, mais ou menos no mesmo ritmo, cada vez mais – sob pressão dos proprietários e dos dirigentes de sua "economia" –, da responsabilidade pelo crescimento, pelo pleno emprego, pela segurança e pela coesão social,

---

assim como a introdução dos editores Francis G. Castles et al. – "Introduction", p. 1-15 – e os artigos de Kautto –"The Nordic Countries", p. 586-600 – e Palier – "Continental Western Europe", p. 601-15 – no *Oxfort Handbook of the Welfare State* (Oxford, Oxford University Press, 2010).

[56] Ver, entre muitos outros, Patrick Emmenegger et al. (orgs.), *The Age of Dualization. The Changing Face of Inequality in Deindustrializing Countries* (Oxford, Oxford University Press, 2012); John Goldthorpe (org.), *Order and Conflict in Contemporary Capitalism* (Oxford, Oxford University Press, 1984); e Bruno Palier e Kathleen Thelen, "Institutionalizing Dualism. Complementarities and Change in France and Germany", *Politics and Society*, n. 38, 2010, p. 119-48.

[57] Martin Höpner, *Wer beherrscht die Unternehmen? Shareholder Value, Managerherrschaft und Mitbestimmung in Deutschland* (Frankfurt/Nova York, Campus, 2003).

[58] A Figura 1.3 mostra a evolução do coeficiente de Gini, o critério mais habitual de desigualdade na distribuição dos rendimentos, nos sete países apresentados como exemplo (ver nota 15 neste capítulo). O coeficiente de Gini mede o desvio da distribuição real em relação a uma distribuição igualitária. Outro critério para medir a desigualdade é a cota salarial, portanto a proporção dos assalariados em relação aos beneficiários dos lucros no rendimento de uma economia nacional. Nesse aspecto, a imagem que reflete o período de 1960-2005 nos dezesseis países mais importantes da OCDE é tão impressionante e devastadora como no caso do coeficiente de Gini: "A cota salarial aumentou quando o poder negocial do capital foi ameaçado pelo avanço dos projetos social-democratas no período posterior à Segunda Guerra Mundial. Nas últimas duas décadas, assistiu-se a um novo desvio do pêndulo no sentido de um restabelecimento do poder negocial da classe capitalista. [...] O neoliberalismo constitui [...] uma tentativa de restabelecer a porcentagem de rendimentos da classe capitalista ao nível do período anterior à guerra". Tali Kristal, "Good Times, Bad Times. Postwar Labor's Share", *American Sociological Review*, n. 75, 2010, p. 758 e seg.

que haviam assumido em meados do século, entregando, mais que nunca, a seguridade social dos cidadãos aos mercados.

É notável como a longa transição para o neoliberalismo encontrou resistência tão fraca nas sociedades ricas do Ocidente. Uma das causas para isso está no elevado desemprego estrutural, que se tornou "normal". A transformação de mercados de distribuição em mercados de clientes e as artes do marketing em desenvolvimento garantiam uma ampla lealdade à comercialização de áreas cada vez mais vastas da vida social e estabilizavam a motivação para o trabalho e o desempenho da população[59].

Figura 1.3

Evolução da desigualdade de rendimento: coeficientes de Gini, sete países, 1985-2005

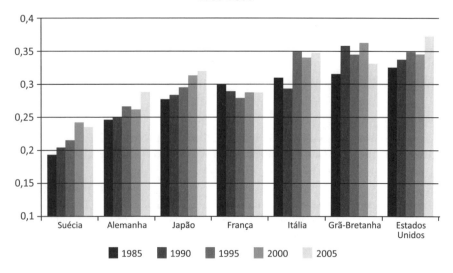

OECD Database on Household Income Distribution and Poverty; OECD Factbook 2008: Economic, Environmental and Social Statistics 2008, OECD Factbook 2010: Country Indicators, OECD Factbook Statistics

Além disso, segundo Boltanski e Chiapello[60], o projeto de autorrealização de 1968 foi cooptado pelas novas formas de emprego e de organização do trabalho próprias da evolução da "sociedade do conhecimento". Os novos mercados de trabalho também tinham seus adeptos – por exemplo, entre as mulheres, para as quais o trabalho assalariado representava liberdade pessoal, mas também entre as gerações de jovens, que

---

[59] Wolfgang Streeck, "The Politics of Consumption", cit.
[60] Luc Boltanski e Ève Chiapello, *The New Spirit of Capitalism*, cit.

consideravam a flexibilidade das condições de trabalho e a ausência de vínculos tradicionais um reflexo da flexibilidade de sua vida social individual. De qualquer modo, não precisavam ter receio de que o pesadelo de ganhar um relógio de ouro após cinquenta anos de trabalho na mesma empresa se tornasse realidade. Os múltiplos esforços dos empregadores e dos políticos no sentido de disfarçar, por artifícios retóricos, a diferença entre a mobilidade escolhida pela própria pessoa e a mobilidade forçada, entre trabalho independente e precariedade, entre demitir-se e ser demitido, foram um sucesso numa geração à qual foi ensinado, desde tenra idade, que o mundo é uma meritocracia e o mercado de trabalho, um desafio esportivo equivalente ao ciclismo de montanha ou à maratona. Em todo o caso, a tolerância cultural em relação à incerteza do mercado aumentou consideravelmente nas duas últimas décadas do século XX em comparação com os anos 1940, quando Polanyi identificou como ponto de Arquimedes para a "reação" da sociedade ao projeto liberal a necessidade que as pessoas sentem de ter segurança e estabilidade nas condições sociais[61].

TEMPO COMPRADO

Mesmo assim, a revolução neoliberal necessitava de cobertura política. A fórmula de paz capitalista tornou-se irrealista no fim dos longos anos 1960: o crescimento econômico resultante do trabalho e do capital – que poderia ter sido utilizado para empregos seguros, aumento de salários, condições de trabalho cada vez melhores e progresso social no sentido de um desenvolvimento constante dos direitos de proteção social – deixou de ser elevado e permanente. No início dos anos 1970, já existia o risco de os investimentos de capital produtivos ficarem aquém daquilo que, nas condições de uma militância salarial crescente e de uma política social pública em expansão, seria necessário para assegurar o pleno emprego. Era, porém, convicção generalizada que o pleno emprego constituía a pedra angular do contrato social do capitalismo do pós-guerra. Portanto, teria surgido uma crise de legitimação – senão da economia capitalista, pelo menos da democracia parlamentar. Esse problema foi enfrentado com sucesso nos anos seguintes, mas não da maneira esperada pela teoria crítica da crise: recorreu-se, nomeadamente, a uma política monetária que acomodou os aumentos salariais que excediam o crescimento da produtividade, o que levou a taxas de inflação elevadas em todo o mundo, em especial na segunda metade dos anos 1970[62].

---

[61] Karl Polanyi, *The Great Transformation*, cit.

[62] As tentativas de evitar a inflação, recorrendo à chamada "política salarial", tiveram êxito desigual. Foram mais bem-sucedidas nos países em que os sindicatos e os empregadores foram integrados numa política estatal de estabilidade sob a forma de corporações – os últimos, por uma moderação

80 Tempo comprado

A política monetária inflacionista da década posterior à onda de greves de 1968 garantiu a paz social numa sociedade de consumo em rápido desenvolvimento, substituindo um crescimento econômico insuficiente e garantindo pleno emprego[63]. Nesse sentido, constituiu o equivalente a uma reparação temporária da fórmula de paz neocapitalista, que deixara de funcionar. O truque foi reduzir o conflito iminente na distribuição entre trabalho e capital, introduzindo recursos adicionais, que, no entanto, não estavam disponíveis senão sob a forma de dinheiro, não – ou ainda não – como algo real. A inflação causou um aumento aparente, mas não real, do bolo a distribuir, mas isso, no curto prazo, não fez, necessariamente, diferença; criou a ilusão, tanto junto de trabalhadores como de empregadores – "ilusão monetária", em termos keynesianos –, de aumento da prosperidade que permitia um novo consumismo. Essa ilusão, contudo, haveria de desaparecer com o tempo, acabando, no mais tardar, quando a queda do valor do dinheiro levou novamente

---

salarial negociada; os primeiros, por compensações, inicialmente não monetárias, como direitos de organização ou melhores direitos de pensão para os trabalhadores de então. A política salarial foi um dos temas mais relevantes da ciência política comparativa e da economia institucional da década de 1970; para uma introdução sobre o assunto, ver Robert J. Flanagan e Lloyd Ulman, *Wage Restraint. A Study of Incomes Policy in Western Europe* (Berkeley, University of California Press, 1971), assim como Robert J. Flanagan, David Soskice e Lloyd Ulman, *Unionism, Economic Stabilization, and Incomes Policies: European Experience* (Washington D.C., Brookings, 1983). Tal como ficou demonstrado por uma vasta literatura da época, as taxas de inflação variavam em função da estrutura institucional das economias nacionais não só em função da forma de estabelecer os salários, mas também em função do estatuto do banco central. A política monetária menos inflacionária foi a da Alemanha, com um sistema de negociação de salários de fato altamente centralizado e um banco central independente do governo, que, em meados dos anos 1970, já havia antecipado a posterior política econômica monetarista dos Estados Unidos e da Grã-Bretanha. Fritz W. Scharpf, *Crisis and Choice in European Social Democracy* (Ithaca, Cornell University Press, 1991). Apesar desse ponto de partida – ou precisamente por causa dele –, Helmut Schmidt pôde fazer a campanha eleitoral de 1976 com o *slogan*: "Antes 5% de inflação que 5% de desemprego". Pela elevada estabilidade monetária, o endividamento público na Alemanha, por sua vez, começou mais tarde que noutros países. Voltarei a esse assunto. O Banco Central Alemão independente, que impediu o acesso do governo federal à massa monetária, obrigando-o, assim, indiretamente, a utilizar instrumentos da política fiscal para manter o emprego e impedir a perda de legitimação tanto da política estatal como da economia de mercado, tornou-se, nos anos seguintes, o modelo para os bancos centrais dos outros países europeus, incluindo para a França liderada por Mitterrand e, mais tarde, para o Banco Central Europeu (BCE). As diferenças institucionais em nível nacional, evidentes nos anos 1970, constituíram o ponto de partida, primeiro, para a literatura do corporativismo e, depois, para a literatura das "variedades do capitalismo". Wolfgang Streeck, "The Study of Interest Groups. Before 'The Century' and After", em Colin Crouch et al. (orgs.), *The Diversity of Democracy. Corporatism, Social Order and Political Conflict* (Londres, Edward Elgar, 2006), p. 3-45.

[63] Sobre essa questão, ver idem, "The Crisis of Democratic Capitalism", *New Left Review*, n. 71, 2011, p. 1-25.

Os proprietários dos recursos monetários à moderação nos investimentos ou até mesmo à fuga para outras moedas[64].

Os Estados que introduzem recursos não existentes ou ainda não existentes na economia por meio do inflacionamento da moeda e que o fazem procurando pacificar os conflitos de distribuição podem recorrer à magia da moeda fiduciária (*fiat money*), cuja quantidade pode ser determinada pela política, enquanto poder público. No entanto, pelo menos desde o início da estagflação na segunda metade dos anos 1970 – início de uma diminuição do crescimento, apesar da inflação acelerada –, a magia da substituição do crescimento real pelo crescimento nominal esgotou-se e foram tomadas medidas de estabilização drásticas sob a liderança dos Estados Unidos e de seu banco central, a Reserva Federal, como o aumento temporário das taxas diretoras americanas acima de 20%, o que acabou, muito rapidamente, e até hoje, com a inflação (Figura 1.4). No entanto, essas medidas, a grave recessão e o desemprego constante (Figura 1.5), que acabou por surgir em nível mundial, devido à deflação das economias capitalistas, levaram à volta do problema de legitimação do antigo capitalismo do pós-guerra, bem como do capitalismo tardio ainda existente e, com ele, à tentação de, no mínimo, novamente apaziguar esse problema com a ajuda do dinheiro que aparece por magia. Assim, iniciou-se ou prosseguiu-se um caminho que encontrou seu ponto alto, até o momento, na atual crise financeira e fiscal mundial.

A estabilização monetária da economia mundial no início dos anos 1980 constituiu um *tour de force* político altamente arriscado; ela só podia ter sido levada a cabo por governos como o de Reagan e o de Thatcher, que estavam dispostos a aceitar desemprego em massa para restabelecer a moeda estável (*sound money*) e para quebrar a todo custo a resistência esperada dos sindicatos[65]. Na realidade, a deflação das economias capitalistas, acompanhada por um desemprego estrutural permanente e por reformas

---

[64] Na década de 1970, havia consenso quanto à tese de que a inflação prejudica sobretudo os proprietários dos recursos monetários, sendo, no entanto, útil para a classe operária, uma vez que melhora sua posição de distribuição, pelo menos enquanto não afeta a disponibilidade das empresas para investir. Isso, porém, só acontece quando a insegurança provocada pela inflação no que diz respeito aos preços futuros e às relações de preços se torna muito elevada para os investidores. Friedrich A. Hayek, "Full Employment, Planning and Inflation", em *Studies in Philosophy, Politics, and Economics* (Chicago, University of Chicago Press, 1967 [1950]), p. 270-9. Com isso, a solução de um problema de legitimação torna-se a causa de um problema de reprodução – ou, em outras palavras, a integração social provoca uma crise de integração sistêmica (no sentido de David Lockwood – "Social Integration and System Integration", cit.), que pode transformar-se numa nova crise de integração social e levantar, novamente, os velhos problemas de legitimação.

[65] A destruição do sindicato dos controladores de tráfego aéreo por Ronald Reagan, em 1981, e a vitória de Margaret Thatcher sobre o sindicato dos mineiros, em 1984, constituem pontos de transição dramáticos e simbolicamente importantes.

neoliberais dos mercados de trabalho e do direito laboral, levaram a um retrocesso mundial da organização sindical (Figura 1.6), que tornou a greve enquanto arma em conflitos laborais e em conflitos de distribuição algo praticamente inútil; por conseguinte, a frequência de greves nos anos seguintes basicamente se anulou em quase todos os países, continuando assim até hoje (Figura 1.7)[66]. Ao mesmo tempo, o abismo entre as promessas do capitalismo e as expectativas de sua clientela, por um lado, e aquilo que os mercados cada vez mais poderosos estavam dispostos a oferecer, por outro, não só se manteve, como aumentou, tendo de voltar a ser transposto politicamente, ainda que de modo provisório, em condições diferentes e por novos meios. *Foi aqui que começou a era do endividamento público.*

O endividamento público, tal como a inflação, permite a um governo utilizar recursos financeiros para a pacificação de conflitos sociais que, na realidade, ainda não existem – no caso, os recursos que ainda têm de ser criados pelos cidadãos e retirados dos mesmos pelo Estado, sob a forma de impostos. Recorre-se outra vez ao sistema monetário; no caso, não à impressão de dinheiro, mas às instituições privadas de crédito, que pré-financiam as futuras receitas fiscais do Estado. No início dos anos 1980, os créditos sobre os sistemas de seguridade social aumentaram, sobretudo devido à elevada taxa de desemprego e ao fato de os cidadãos começarem a ter efetivamente direito a cada vez mais prestações que lhes haviam sido prometidas nas décadas anteriores, com frequência em troca de moderação salarial. Embora logo tenham sido introduzidas "reformas" para cortar os direitos às prestações, não foi possível revogar de uma só vez todas as promessas subjacentes à política social ou todos os acordos implícitos a ela. Além disso, o fim da inflação implicou também o fim da desvalorização da dívida pública existente, pelo que a dívida dos Estados em relação ao produto nacional aumentou. Uma vez que o aumento dos impostos teria sido tão arriscado em termos políticos como uma redução ainda mais rápida do Estado social, os governos encontraram salvação no endividamento. Krippner demonstrou que, nos Estados Unidos, esse processo já havia coincidido, durante a presidência de Reagan, com a primeira onda de liberalização dos mercados financeiros para atrair o capital necessário também do estrangeiro e permitir aos bancos multiplicá-lo mais rápida e frequentemente que até então, a fim de satisfazer a necessidade crescente do Estado em termos de dinheiro emprestado[67].

---

[66] Na Figura 1.7, não incluí a Itália, que teve taxas de greves muito elevadas nos anos 1970, pois estas tornariam praticamente invisível a evolução nos outros países. Após 1980, a atividade grevista na Itália também diminuiu de forma drástica, como em todas as outras nações.

[67] Greta R. Krippner, *Capitalizing on Crisis. The Political Origins of the Rise of Finance* (Cambridge, MA, Harvard University Press, 2011).

Figuras 1.4 e 1.5

Taxas de inflação, sete países, 1970-2010

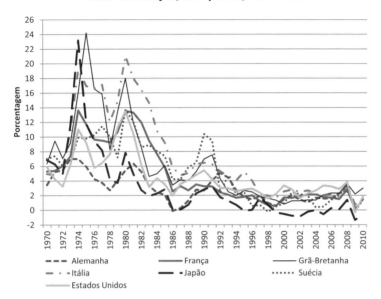

Taxa de desemprego, sete países, 1970-2010

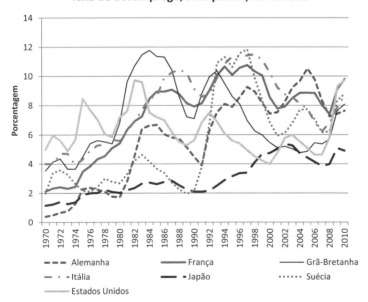

OECD Economic Outlook: Statistics and Projections

84 TEMPO COMPRADO

Isso, contudo, só permitiu prolongar a paz capitalista durante algum tempo, não de forma duradoura. Nos anos 1990, os governos começaram a se preocupar com o peso crescente do serviço da dívida nos orçamentos, enquanto seus credores começaram a duvidar da capacidade de os Estados pagarem as dívidas. Foram novamente os Estados Unidos que tiveram a iniciativa, começando, durante a presidência de Clinton, a equilibrar seu orçamento público sobretudo por meio de cortes nas despesas sociais[68]. A maioria dos outros países do mundo ocidental aderiu e colaborou[69], tendo sido colocados na linha por organizações internacionais como a Organização para a Cooperação e Desenvolvimento Econômico (OCDE) e o Fundo Monetário Internacional (FMI)[70]. Apesar de terem se passado duas décadas desde a saída do capitalismo do casulo do pós-guerra, sua via de desenvolvimento neoliberal ainda necessitava de uma cobertura legitimadora sob a forma de uma mobilização de recursos adicionais que reduzissem os conflitos – *porém, desta vez, foi possível harmonizar o que era necessário do ponto de vista político com o desejável na perspectiva neoliberal*. Sobretudo nos Estados Unidos e na Grã-Bretanha, mas também na Escandinávia[71], existia o risco de a consolidação dos orçamentos públicos causar uma diminuição da procura, perigosa em termos conjunturais, assim como perdas de rendimentos dos agregados familiares, prejudiciais em termos de legitimação. A resposta consistiu numa nova injeção de solvência antecipada, por meio de uma segunda onda de liberalização dos mercados de capitais que permitiu e desencadeou um aumento rápido do endividamento privado. Colin Crouch designou essa fase da evolução capitalista como "keynesianismo privatizado"[72].

---

[68] Clinton ganhou a disputa eleitoral de 1991 com uma campanha contra o duplo déficit – na balança comercial e no orçamento federal –, herdado de seus antecessores Reagan e Bush I.

[69] A Figura 1.1 mostra que aquilo que eu considero a primeira fase da consolidação orçamental não foi, de maneira alguma, malsucedido. A Alemanha constituiu exceção, uma vez que teve de financiar sua reunificação nessa época, nomeadamente – tal como prometido por Kohl –, sem aumento dos impostos.

[70] Nos anos 1990, surgiu uma vasta literatura sobre instituições econômicas, inspirada e financiada pela política, sobre a possibilidade de travar ou eliminar a alegada tendência de endividamento das democracias ricas por meio de "reformas" das instituições democráticas. Per Molander, "Reforming Budgetary Institutions. Swedish Experiences", em Rolf R. Strauch et al. (orgs.), *Institutions, Politics and Fiscal Policy* (Boston u. a., Springer, 2000), p. 191-212; James M. Poterba e Jürgen von Hagen (orgs.), *Institutions, Politics and Fiscal Policy* (Chicago, Springer, 1999); Rolf R. Strauch e Jürgen von Hagen (orgs.), *Institutions, Politics and Fiscal Policy* (Boston u. a., Springer, 2000).

[71] Sobre a situação na Suécia, ver Philip Mehrtens, *Staatsentschuldung und Staatstätigkeit. Zur Transformation der schwedischen politischen Ökonomie. Universität Köln und Max-Planck-Institut für Gesellschaftsforschung* (Colônia, 2013).

[72] Colin Crouch, "Privatised Keynesianism. An Unacknowledged Policy Regime", *British Journal of Politics and International Relations*, n. 11, 2009, p. 382-99.

Figuras 1.6 e 1.7

Graus de organização sindical, sete países, 1970-2010

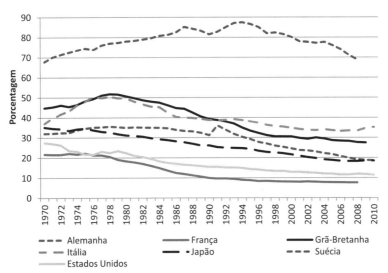

Amsterdam Institute for Advanced Labour Studies: ICTWSS Database 3, maio 2011

Greves, seis países, 1971-2007

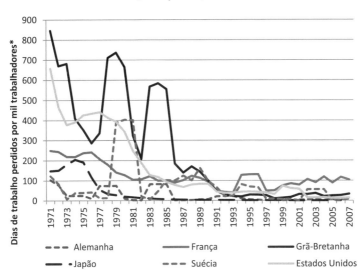

* Médias móveis (três anos)

ILO Labour Statistics, US Bureau of Labor Statistics

O keynesianismo privatizado substitui o endividamento público pelo endividamento privado como mecanismo de aumento da reserva da economia política no que diz respeito a recursos distribuíveis[73]. Trata-se da terceira e, até esta data, última versão do preenchimento da lacuna das promessas do capitalismo tardio do pós-guerra por meio de uma antecipação do poder de compra. Nessa versão, o Estado – por meio da política reguladora correspondente – limita-se a permitir aos agregados familiares que se endividem por sua conta e risco para compensar as perdas dos rendimentos provenientes da atividade remunerada e das prestações sociais do Estado. Também aqui podemos encontrar paralelos entre países que, normalmente, são classificados como pertencendo a "modalidades" de capitalismo diferentes ou até opostas. Assim, o endividamento privado aumentou tanto – não só nos Estados Unidos e na Grã-Bretanha, mas também na Suécia (e, podemos acrescentar, noutros países escandinavos) – que não só a redução do endividamento público, mais ou menos temporária, em consequência da política de consolidação, foi compensada, como o endividamento global aumentou fortemente mesmo nos países em que havia sido relativamente constante até aquela altura – porém, desta vez, não impulsionado pelo setor público, e sim pelo privado (Figura 1.8)[74].

A substituição do endividamento público pelo endividamento privado teve a cobertura política de uma nova teoria dos mercados de capitais, segundo a qual estes regulam a si próprios, não necessitando de regulação estatal, uma vez que os participantes dispõem, por definição, de todas as informações necessárias para evitar o surgimento de desequilíbrios sistémicos[75]. Isso parecia tornar exequível uma privatização dos serviços de interesse geral graças à contração de empréstimos – privatização essa que permitiria ao Estado abandonar definitivamente a responsabilidade pelo crescimento

---

[73] Os países em questão se beneficiaram igualmente de um crescimento da indústria financeira desregulamentada na sequência da "mudança estrutural" para a "sociedade de serviços". Nos Estados Unidos e na Grã-Bretanha, Wall Street e a City de Londres tornaram-se os setores econômicos nacionais e contribuintes mais importantes. Antes da crise de 2008, cerca de 45% dos lucros das empresas nos Estados Unidos provinham do setor financeiro; no início dos anos 1980, esse valor situava-se a cerca de meros 20% (Greta R. Krippner, *Capitalizing on Crisis*, cit., p. 33). Sobre a dimensão da redistribuição a favor do setor financeiro ou sobre a extração dos recursos por parte dela, ver Donald Tomaskovic-Devey e Ken-Hou Lin, "Income Dynamics, Economic Rents and the Financialization of the US Economy", *American Sociological Review*, n. 76, 2011, p. 538-59.

[74] A Figura 1.8 mostra quatro países em que o efeito de compensação foi particularmente forte. Vale notar que a Suécia (juntamente com outras nações escandinavas) também pertence ao grupo.

[75] Autores pertinentes para essa questão: sobretudo Eugen Fama, pai da *efficient market hypothesis*; Merton H. Miller, coinventor do chamado "teorema de Modigliani e Miller"; Harry Markowitz, Robert Merton, Myron Scholes, Fischer Black; entre outros. A maioria dá ou deu aulas na Universidade de Chicago e aparece na lista de vencedores do Prêmio Nobel de Economia, atribuído pelo Banco Central da Suécia.

DA CRISE DE LEGITIMIDADE À CRISE FISCAL 87

e pela proteção social, assumida depois da guerra e da qual o capitalismo sempre suspeitou, e devolver essa responsabilidade ao mercado e aos participantes dele, os quais se presumia serem racionais do ponto de vista axiomático. Então, a lógica da reforma neoliberal teria chegado ao fim.

É sabido que, à primeira vista, essa perspectiva se revelou enganadora. A atual crise tripla é consequência da derrocada da pirâmide de dívidas constituída pelas promessas capitalizadas de um capitalismo de crescimento que havia muito tinha deixado de o ser, pelo menos, para uma vasta massa da população, de cuja cooperação ou tolerância ele depende mais do que gostaria. Por isso, a liberalização também chegou a um ponto crítico. O colapso iminente do sistema bancário internacional no ano de crise de 2008 forçou o poder público, que pretendia retirar-se da economia, a reentrar em cena, apesar de todas as privatizações e de todas as desregulamentações, o que levou à perda simultânea de todos os sucessos na consolidação dos orçamentos públicos alcançados sob elevados riscos políticos. Os Estados enfrentam, desde 2008, com maior ou menor perplexidade, a tarefa de limpar as ruínas da crise financeira e de restabelecer alguma ordem – tarefa que não pode ser, obviamente, privatizada. É cada vez mais inútil fazer distinção entre dinheiro público e privado, sobretudo nas medidas tomadas pelos governos e por seus bancos centrais para salvar o sistema bancário privado: depois de os Estados terem assumido o crédito podre, tornou-se imediatamente evidente a interligação entre o dinheiro público e o privado. Atualmente, é quase impossível distinguir o que é Estado e o que é mercado e se os Estados nacionalizaram os bancos ou os bancos privatizaram o Estado[76].

Em resumo: houve tempo comprado sob três formas e em três níveis sucessivos. O processo nos Estados Unidos, país líder do capitalismo moderno, é paradigmático (Figura 1.9). No início dos anos 1970, a *inflação* disparou, situando-se, em 1980, após fortes oscilações, em cerca de 14%. Atingiu-se, assim, o primeiro ponto de transição: a inflação foi suprimida e substituída pelo *endividamento público*, que aumentou rapidamente até 1993. Em poucos anos, a política de consolidação orçamental do governo de Clinton conseguiu baixar esse endividamento em mais de 10%; em compensação, isso acelerou a subida do *endividamento privado*. A primeira fase de desendividamento privado, graças, sobretudo, à insolvência, começou pouco antes do colapso da indústria financeira. Essa fase foi acompanhada de uma nova subida do endividamento público, com uma taxa de inflação que se aproximava de zero.

---

[76] Isso ficou óbvio, por exemplo, no verão de 2012, com o debate sobre o pacote de resgate europeu para os bancos espanhóis. A dupla natureza do dinheiro como propriedade privada e como instituição pública é, naturalmente, muito mais antiga – Geoffrey Ingham, *The Nature of Money* (Cambridge, Polity, 2004); ela está na base da natureza enigmática do capitalismo – David Graeber, *Debt. The First 5,000 Years* (Nova York, Melville House, 2001) – e no fato de, em última análise, este ser incompreensível, mesmo para os dependentes do lucro.

Figura 1.8
Endividamento público e endividamento privado, quatro países, 1995-2008

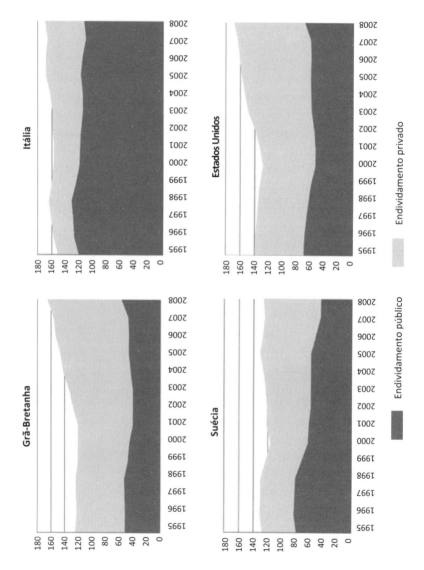

OECD National Accounts Statistics; OECD Economic Outlook: Statistics and Projections

Na Alemanha, a sequência da crise foi um pouco diferente, dada a existência de condições institucionais e de acontecimentos históricos específicos, mas, em geral, seguiu a mesma lógica (Figura 1.10). Como referido, na década de 1970, o intervalo em que a Alemanha registrou uma elevada taxa da inflação foi muito reduzido; em princípio, a inflação já tinha terminado em 1974, com a demissão de Willy Brandt do cargo de chanceler, após um acordo salarial de dois dígitos nos serviços públicos. Pelo contrário, o endividamento público aumentou rapidamente, razão pela qual as eleições parlamentares de 1980 ficaram marcadas pelo debate sobre esse tema, embora a dívida pública não ultrapassasse 30% do produto nacional. Após a reunificação alemã, no início dos anos 1990, o endividamento público continuou aumentando, agora acompanhado pelos níveis elevados de endividamento privado. Este último baixou, no início deste milênio, enquanto o endividamento público não parou de aumentar, seguindo a tendência internacional. Nos primeiros anos da coalizão CDU-SPD (2005-2009), no entanto, quando a política de consolidação fiscal não foi de modo algum totalmente fracassada, a dívida pública continuou a diminuir[77]. Em seguida, porém, como nos Estados Unidos, ela voltou a crescer na esteira da crise financeira.

Figura 1.9

A sequência da crise: Estados Unidos

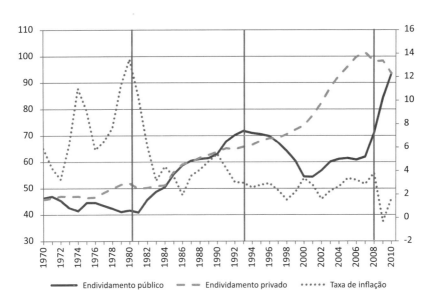

OECD National Accounts Statistics; OECD Economic Outlook: Statistics and Projections

---

[77] Sobre as particularidades da evolução do endividamento privado na Alemanha, ver Daniel Mertens, *Erst sparen, dann kaufen? Privatverschuldung in Deutschland* (Frankfurt, Campus, 2015).

90 TEMPO COMPRADO

Na Suécia, a inflação, o endividamento público e o privado também evoluíram como vasos comunicantes ao longo de quatro décadas (Figura 1.11). A diminuição da inflação após 1980 coincidiu com um aumento do endividamento público que culminou, em meados da década, na primeira das duas graves crises financeiras do país após o fim do pós-guerra. A rápida redução da dívida pública em mais de 20%, alcançada pelo governo conservador, reanimou a inflação – aliás, foi possível graças a ela. No fim dos anos 1980, voltou a atingir-se um ponto de transformação, quando a diminuição das taxas de inflação foi acompanhada de um novo aumento rápido da dívida pública. A segunda crise financeira, surgida em 1994, conduziu a uma longa fase de consolidação orçamental sustentável, acompanhada por taxas de inflação constantemente baixas. A Suécia tornou-se o modelo internacional da consolidação[78]. Em compensação, iniciou-se simultaneamente um aumento prolongado do endividamento privado.

Os três métodos utilizados sucessivamente para criar ilusões de crescimento e de prosperidade – inflação, endividamento público e endividamento privado – só funcionaram durante algum tempo. Depois, tiveram de ser abandonados, porque começaram a impedir o processo de acumulação, em vez de promovê-lo[79]. Entretanto, a revolução neoliberal seguiu seu curso e determinou as condições das tentativas seguintes de reparação da fórmula da paz capitalista. Cada vez que uma tentativa desse tipo terminava, os danos eram consideráveis e as medidas necessárias para sua eliminação se mostravam mais exigentes. Hoje, como discutiremos adiante, a solução da crise financeira e fiscal persistente parece exigir nada menos que uma redefinição radical da relação entre política e economia, por meio de uma reforma total do sistema estatal, especialmente na Europa, no coração do Estado de bem-estar social moderno, sendo que não é, de

---

[78] Finansdepartementet, *An Account of Fiscal and Monetary Policy in the 1990s* (Stockholm, 2001); Stephanie Guichard et al., *What Affects Fiscal Consolidation? Some Evidence from OECD Countries.* 9th Banca d'Italia Workshop on Public Finances, Roma, 2007, p. 223-45; Jens Henriksson, *Ten Lessons about Budget Consolidation. Bruegel Essay and Lecture Series* (Bruxelas, 2007); Per Molander, "Reforming Budgetary Institutions", cit., e "Budgeting Procedures and Democratic Ideals. An Evaluation of Swedish Reforms", *Journal of Public Policy*, n. 21, 2001, p. 23-52.

[79] A inflação, assim como o endividamento público e o privado, não tem necessariamente de levar a crises. O aumento nominal de salários em antecipação a futuros aumentos de produtividade pode acelerá-la; a dívida pública pode financiar investimentos no crescimento, o que permite, simultaneamente, seu pagamento e sua desvalorização; e o crédito pode antecipar a prosperidade gerada em seguida. Nesses três casos, o resultado depende da reação dos detentores do capital de investimento: a inflação pode começar a acelerar e, depois, provocar medo de perdas patrimoniais e, por conseguinte, fuga de capitais; o endividamento público pode atingir um ponto em que o serviço da dívida se torna duvidoso; e o mesmo se diga do endividamento privado. De qualquer modo, o que é decisivo é a "confiança" dos investidores na "racionalidade" dos agentes – portanto, na capacidade destes últimos de compreender a "psicologia" dos primeiros e suas expectativas de lucro.

DA CRISE DE LEGITIMIDADE À CRISE FISCAL 91

Figuras 1.10 e 1.11

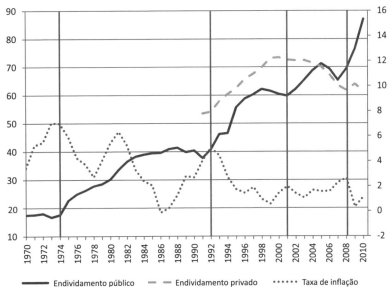

OECD National Accounts Statistics; OECD Economic Outlook: Statistics and Projections

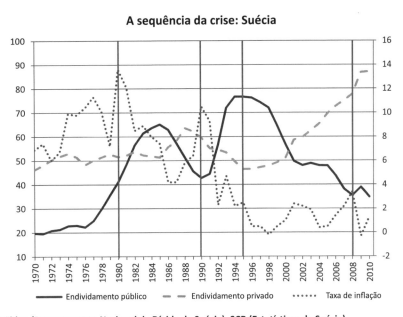

Riksgälden (Departamento Nacional da Dívida da Suécia), SCB (Estatísticas da Suécia)

todo, certo que alterações tão profundas sejam realizáveis no curto espaço de tempo disponível para solucionar a crise.

Se nos lembrarmos da evolução do capitalismo do pós-guerra desde o fim dos *trente glorieuses*, poderemos ter uma ideia aproximada da próxima etapa. Cada uma das três transições para um novo modo de criação de legitimidade foi acompanhada por derrotas da população dependente dos salários que permitiram levar adiante o processo de liberalização: o fim da inflação foi acompanhado de um enfraquecimento secular dos sindicatos, com o fim de sua capacidade de greve e o início de um desemprego estrutural de longa duração que persiste até hoje; a consolidação das finanças públicas nos anos 1990 foi acompanhada de cortes profundos em direitos sociais, com a privatização dos serviços públicos e diversas formas de comercialização dos serviços de interesse geral, tendo sido os partidos políticos e os governos, enquanto garantidores da seguridade social, substituídos pelas companhias de seguros privadas; e o fim do "capitalismo a crédito"[80] foi acompanhado de uma perda de poupanças e de rendimentos de capital planejados cuja extensão não se consegue prever, nem sequer aproximadamente, assim como de desemprego, subemprego e outros cortes nas prestações estatais, na sequência de uma nova onda de consolidação dos orçamentos públicos. Além disso, a arena do conflito de distribuição político-econômico foi transferida para cada vez mais longe do mundo das experiência e das possibilidades de intervenção política das mulheres e dos homens "da rua": essa arena passou do conflito salarial anual na empresa para eleições periódicas de parlamentos e governos; depois, para mercados privados de créditos e de seguros; e, por fim, para uma diplomacia financeira internacional, totalmente afastada da vida cotidiana, cujos objetos e estratégias constituem um livro fechado a sete chaves para todos, à exceção dos diretamente envolvidos – ou, talvez, até mesmo para eles.

Seguir o caminho dos últimos cerca de quarenta anos levará, como demonstrarei adiante, a uma tentativa de libertação definitiva da economia capitalista e de seus mercados – não dos Estados, uma vez que os primeiros continuarão a ser dependentes da proteção dos últimos em muitos aspectos, mas da democracia enquanto democracia de massas, de acordo com a forma que esta assumia no regime do capitalismo democrático. Hoje, os meios para dominar as crises de legitimação por meio da criação de ilusões de crescimento parecem esgotados. Em especial, a magia do dinheiro produzida nas últimas décadas com a ajuda de uma indústria financeira desenfreada tornou-se, ao que parece, definitivamente muito perigosa para que se volte a tentar comprar tempo recorrendo a ela. Se não surgir outro milagre de crescimento, o capitalismo do futuro se verá obrigado a viver sem a fórmula de paz de um consumismo financiado a crédito. A utopia da gestão atual da

---

[80] Ralf Dahrendorf, "Vom Sparkapitalismus zum Pumpkapitalismus", *Cicero Online*, 23 jul. 2009.

crise também consiste na conclusão – por meios políticos – da já muito avançada despolitização da economia política, cimentada em Estados nacionais reorganizados sob o controle de uma diplomacia governamental e financeira internacional isolada da participação democrática, com uma população que, nos longos anos de uma reeducação hegemônica, teve de aprender a considerar justos ou sem alternativa os resultados de distribuição dos mercados entregues a si mesmos.

II.
REFORMA NEOLIBERAL: TRANSFORMAÇÃO DO ESTADO FISCAL EM ESTADO ENDIVIDADO

A teoria da política nos termos da economia convencional, que não deve ser confundida com a teoria política da economia na tradição marxista, justifica a crise das finanças públicas com o fracasso da democracia. Trata-se de uma versão mais ou menos formalizada da variante conservadora da teoria da crise de legitimação baseada na ideia de sobrecarga ou de ingovernabilidade. Sua narrativa preferida é a do *common pool* sobrecarregado: a propriedade fundiária comum esgotada pelo cultivo[1]. Essa imagem é antiga, ainda que talvez não seja venerável. Foi inventada no século XIX para defender a privatização, via de regra violenta, da propriedade comum medieval, na sequência da transição para o capitalismo moderno que Marx descreve como "acumulação original"[2] e para a qual constitui uma justificativa do ponto de vista da teoria da eficiência[3].

---

[1] Alberto F. Alesina e Roberto Perotti, "Budget Deficits and Budget Institutions", em James M. Poterba e Jürgen von Hagen (orgs.), *Fiscal Institutions and Fiscal Performance* (Chicago, University of Chicago Press, 1999), p. 13-36; James M. Poterba e Jürgen von Hagen (orgs.), *Institutions, Politics and Fiscal Policy* (Chicago, Springer, 1999).

[2] Karl Marx, *Das Kapital. Kritik der Politischen Ökonomie*, v. 1 (Berlim, Dietz, 1966 [1867]), cap. 24 [ed. bras.: *O capital: crítica da economia política*, Livro I: *O processo de produção do capital*, trad. Rubens Enderle, São Paulo, Boitempo, 2011].

[3] Douglass C. North e Robert Paul Thomas, *The Rise of the Western World. A New Economic History* (Cambridge, Cambridge University Press, 1973).

CRISE FINANCEIRA DEVIDO AO FRACASSO DA DEMOCRACIA?

Dito de forma muito resumida, as numerosas versões da história infinita daquilo que também é designado como *tragedy of the commons*[4], a "tragédia dos comuns", pretendem demonstrar que um recurso que não é propriedade privada de ninguém e ao qual todos os membros de uma comunidade têm livre acesso se esgotará muito rapidamente – devido à pastagem, à pesca excessiva, à pilhagem por indivíduos que atuam de forma racional e que não resistem à tentação de tirar mais da reserva comum do que nela colocam e mais do que ela pode oferecer no longo prazo. As finanças públicas, segundo essa perspectiva, são vistas como *common pool* [bem comum], e a democracia, como licença para os cidadãos a explorarem livremente. Como tanto os políticos, que são eleitos, quanto os eleitores agem racionalmente no sentido da economia convencional – portanto, de forma egoísta –, aqueles cedem à pressão da maioria e satisfazem suas exigências sem se preocupar com o caráter limitado dos recursos disponíveis. Na luta por votos, preferem cultivar a ilusão de que as reservas comuns são inesgotáveis. Uma vez que assumem o cargo, o desejo de ser reeleitos os leva a gastar mais que aquilo que o Estado arrecada. Como consequência, os déficits orçamentais crônicos acumulam-se em montes de dívidas cada vez mais altos.

A crise das finanças públicas, na perspectiva da teoria da economia convencional, resulta de relações de propriedade – e, portanto, de responsabilidade – não esclarecidas. Estas, por sua vez, devem-se a um fracasso da democracia; mais concretamente, ao alargamento dos direitos democráticos de decisão a respeito de problemas a que eles não são adequados. Por isso, segundo essa teoria, a resolução da crise fiscal exige a proteção das finanças públicas contra exigências geradas num processo democrático e, por fim, uma redução do bem comum criado pela tributação. Essa doutrina dominante conta com uma força material significativa, como ficará demonstrado adiante. Gostaria de contrariá-la desenvolvendo uma história causal alternativa e, em minha opinião, mais próxima da realidade do atual endividamento público. Ela também desemboca numa espécie de teoria do *common pool* e numa teoria do fracasso da democracia; contudo, ambas serão completamente invertidas, por assim dizer.

Será que as finanças públicas do capitalismo democrático sofrem de excesso de democracia? A análise retrospectiva da evolução da crise fiscal nos permite verificar que o salto mais dramático no endividamento, registrado após a Segunda Guerra Mundial – portanto, o de 2008 e dos anos seguintes (Figura 2.1) –, não tem manifestamente qualquer relação com uma inflação de reivindicações legitimadas de forma democrática pelos cidadãos eleitores. Se houve reivindicações acrescidas, elas partiram dos grandes bancos em situação difícil. Eles conseguiram se apresentar como *"too big to fail"* – como "relevantes para o sistema" – e, por isso, dignos de resgate, sobretudo com a ajuda de numerosos e influentes agentes seus nos aparelhos dos Estados, como Hank Paulsen, antigo chefe do

---

[4] Garrett Hardin, "The Tragedy of the Commons", *Science*, n. 162, 1968, p. 1.243-8.

Goldman Sachs e ministro das Finanças de George W. Bush[5]. Os bancos aproveitaram-se do medo que os cidadãos e os governos têm de uma possível derrocada da economia real – esse medo, aliás, abriu o caminho a um keynesianismo de resgate dispendioso no qual o que estava em jogo não era um autoenriquecimento frívolo das massas de eleitores por meio da distribuição de propriedade sem dono, mas o impedimento do empobrecimento coletivo. As perdas de crescimento surgidas apesar disso aumentaram a taxa de endividamento de muitos Estados para além das despesas adicionais destinadas a programas de relançamento da economia e ao resgate de bancos. Aliás, os estudos quantitativos que encontraram relação positiva entre a dimensão do setor financeiro de um país e a extensão do novo endividamento depois da crise mostram que o agravamento da crise fiscal após 2008 não se deve à demasiada democracia, mas à crise financeira[6].

O crescimento exponencial do setor financeiro no último terço do século XX esteve relacionado, de diversas formas, à crise fiscal das democracias ricas, como vimos. A desregulamentação e o crescimento exponencial do setor financeiro nos Estados Unidos começaram nos anos 1980, quando o governo Reagan se viu confrontado com a necessidade de resolver o problema da diminuição do crescimento econômico e dos impactos fiscais da redução dos impostos que implementara[7]. Pretendia-se que a liberalização da indústria monetária, por um lado, assegurasse a importação dos capitais estrangeiros e equilibrasse o déficit da balança corrente dos Estados Unidos, já então crônico, garantindo, assim, o nível de vida da população financiado a crédito[8] e, por outro, permitisse ao Estado financiar seus próprios déficits. Estes, por sua vez, estavam associados, em parte, ao fim da inflação no início dos anos 1980, resultante da política de elevadas taxas de juros do Banco Central estadunidense. Essa política havia dado fim à desvalorização constante da dívida pública, aumentando, simultaneamente, os encargos dos sistemas de seguridade social, em consequência da crise econômica e de

---

[5] Para a "inflação das reivindicações do sistema econômico", ver Jens Beckert, *Die Anspruchsinflation des Wirtschaftssystems* (Colônia, 2009). Entretanto, há prateleiras inteiras de literatura sobre o banco Goldman Sachs. Baseado em boa investigação jornalística, consultar o artigo de Matt Taibbi, "The Great American Bubble Machine", *Rolling Stone*, 9 jul. 2009. Ver também Wolfgang Streeck, "Wissen als Macht, Macht als Wissen. Kapitalversteher im Krisenkapitalismus", *Merkur*, n. 66, 2012, p. 776-87.

[6] Moritz Schularick, *Public Debt and Financial Crises in the Twentieth Century. Discussion Paper* (Berlim, 2012).

[7] Greta R. Krippner, *Capitalizing on Crisis. The Political Origins of the Rise of Finance* (Cambridge, MA, Harvard University Press, 2011).

[8] Esse processo começou no tempo de Richard Nixon sob a forma dos esforços do governo norte-americano para convencer países como a Arábia Saudita a aplicar nos Estados Unidos os excedentes de seus negócios do petróleo. David E. Spiro, *The Hidden Hand of American Hegemony. Petrodollar Recycling and International Markets* (Ithaca, Cornell University Press, 1999).

emprego que havia desencadeado. De resto, esperava-se que a desregulamentação do setor financeiro assumisse um papel de liderança na "mudança estrutural" para uma "sociedade de serviços" e "do conhecimento", associada ao crescimento da economia em geral e, sobretudo, das receitas fiscais.

O governo Clinton e suas medidas de consolidação das finanças públicas espetacularmente bem-sucedidas continuaram a promover a financialização[9]. O fato de, no fim do século, o orçamento federal estadunidense ter realmente apresentado um excedente durante um curto período deveu-se, entre outras coisas, a cortes radicais nas despesas sociais. A aceleração da desregulamentação financeira permitiu preencher as lacunas abertas pela política pública de consolidação por meio de um alargamento rápido das possibilidades de endividamento, sobretudo de endividamento privado, quando a diminuição ou a estagnação dos rendimentos de trabalho e dos subsídios, assim como o aumento de despesas em sistemas de previdência privada "responsáveis", poderia ter posto em questão a aceitação da liberalização da economia por parte da população. Essa transição na história da economia do capitalismo democrático seguiu seu rumo no governo Bush II, na política de dinheiro fácil, posterior ao 11 de Setembro, e na política de promoção da compra de casa própria também pelos pobres, por meio da concessão de *subprime mortages* – concessão de crédito imobiliário a pessoas que, muito provavelmente, não conseguiriam pagá-lo.

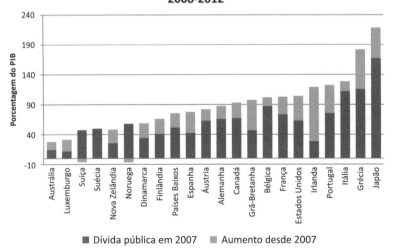

Figura 2.1
Crescimento do endividamento público durante a crise financeira 2008-2012

OECD Economic Outlook: Statistics and Projections

---

[9] Joseph E. Stiglitz, *The Roaring Nineties. A New History of the World's Most Prosperous Decade* (Nova York/Londres, W. W. Norton & Company, 2003).

Capitalismo e democracia na revolução neoliberal

Levando em conta os fatos citados, é difícil considerar o crescimento do endividamento das democracias ocidentais, registrado desde a segunda metade dos anos 1970, como resultado da pressão democrática sobre partidos e governos, como é sugerido pela teoria do *common pool*. Na realidade, fica demonstrada a existência de uma estreita relação entre o crescimento, a diminuição e o novo crescimento do endividamento público e a vitória do neoliberalismo sobre o capitalismo do pós-guerra, coincidente com uma *perda de poder* político da democracia de massas. Os primeiros déficits orçamentais graves nos anos 1980 seguiram-se ao disciplinamento da militância salarial dos sindicados e à imposição de uma elevada taxa de desemprego. Esta última, por sua vez, legitimou reformas profundas dos mercados laborais e dos sistemas de seguridade social. Tais reformas conduziram a uma revisão profunda do contrato social das décadas do pós-guerra, sob o signo de uma "flexibilização" – alegadamente, havia muito necessária – das instituições reguladoras do mercado. A primeira parte deste livro esboçou os contornos da evolução aqui referida.

A expressão mais visível do sucesso retumbante da revolução neoliberal consiste no aumento constante da desigualdade de rendimento e patrimônio nos países do capitalismo democrático. Se o crescimento do endividamento público resultasse de uma legitimação pela democracia de massas, não haveria explicação para a ocorrência simultânea de uma redistribuição radical da prosperidade e das oportunidades de prosperidade da base para o topo. A distribuição dos rendimentos, por exemplo, tornou-se progressivamente mais desigual ao longo dos anos – não só em países com desigualdade relativamente elevada, como a Itália, a Grã-Bretanha e os Estados Unidos, mas também em países relativamente igualitários, como a Suécia e a Alemanha (ver Figura 1.3)[10]. Quanto à Alemanha, procurei demonstrar que é plausível a existência de uma ligação estreita entre essa evolução e a desintegração progressiva do sistema de formação de salários em nível supraempresarial, bem como a perda de poder dos sindicatos associada a ela[11]. Bruce Western e Jake Rosenfeld demonstraram de forma muito mais exata do que eu o nexo negativo existente, no caso estadunidense, entre o poder negocial dos sindicatos e a desigualdade de renda[12].

---

[10] A França foi o único país que registrou uma evolução diferente. O coeficiente de Gini baixou ligeiramente entre 1985 e 1995, mantendo-se, depois, num nível ligeirissimamente mais elevado. É de esperar, porém, que as "reformas" em preparação, resultantes da pressão dos "mercados", levem, em breve, a uma normalização da situação também lá, independentemente da origem partidária do presidente e do governo.

[11] Wolfgang Streeck, *Re-Forming Capitalism. Institutional Change in the German Political Economy* (Oxford, Oxford University Press, 2009), p. 41 e seg.

[12] Bruce Western e Jake Rosenfeld, "Unions, Norms, and the Rise in U. S. Wage Inequality", *American Sociological Review*, n. 76, 2011, p. 513-37.

Thomas Kochan, um dos principais pesquisadores do mercado de trabalho dos Estados Unidos, considera que a evolução dos salários no país desde o fim dos anos 1970 revela a existência de uma ruptura do contrato social estadunidense e chama atenção para o fato de, até aquela época, a produtividade, os rendimentos dos agregados familiares e os salários por hora terem aumentado no mesmo ritmo (em 1945, 100; em 1975, 200). Contudo, a produtividade continuou a aumentar em linha reta, situando-se em 400, em 2010, enquanto os salários médios por hora se mantiveram em cerca de 200; portanto, no nível dos anos 1975 a 1980. De fato, os rendimentos dos agregados familiares subiram para cerca de 250, mas só porque os agregados familiares trabalharam mais horas, devido ao aumento da participação das mulheres no mercado de trabalho e ao prolongamento dos expedientes[13]. Os números mostram que, considerando o aumento da produtividade, os agregados familiares dos trabalhadores nos Estados Unidos não ganharam praticamente nada desde os anos 1980, apesar do aumento do volume e da intensidade de trabalho, das maiores exigências de flexibilidade e de um agravamento constante das condições de trabalho.

A situação é completamente diferente no que diz respeito aos rendimentos residuais dos detentores e dos gestores do grande capital. No dia 26 de março de 2012, Steven Rattner escreveu no jornal *The New York Times* que, no mínimo, 93% do crescimento do produto nacional gerado em 2010 – 288 bilhões de dólares – haviam sido distribuídos por 1% dos contribuintes mais ricos, sendo que 37% do crescimento beneficiou 0,1% dos mais ricos, cujo rendimento aumentou, com isso, 22%. A situação do 1% dos mais ricos também foi sempre "melhorando, em todas as fases do crescimento econômico das últimas duas décadas", devido às numerosas reduções de impostos: "Na fase de crescimento sob o governo Clinton, 45% do crescimento global dos rendimentos beneficiaram 1% dos mais ricos; na era Bush, essa porcentagem aumentou para 65%; atualmente, situa-se em 93%"[14]. Segundo o mesmo jornal, em texto de 12 de junho, em 2010 o patrimônio líquido de uma família estadunidense média, depois de deduzida a inflação, após o colapso do mercado imobiliário, caiu para o nível de 1990.

Sejam quais forem os dados utilizados para descrever a redistribuição da base para o topo ocorrida nos Estados Unidos na sequência da revolução neoliberal, e sem precedentes na história, os resultados são sempre os mesmos. Segundo cálculos de Larry

---

[13] Thomas A. Kochan, "A Jobs Compact for America's Future", *Harvard Business Review*, mar. 2012, p. 64-73, e *Resolving the Human Capital Paradox. A Proposal for a Jobs Compact. Policy Paper* (Kalamazoo, 2012).

[14] Hacker e Pierson apresentam dados um pouco mais antigos, mas igualmente espantosos. Jacob Hacker e Paul Pierson, "Winner-Take-All Politics. Public Policy, Political Organization, and the Precipitous Rise of Top Incomes in the United States", *Politics and Society*, n. 38, 2010, p. 152--204, e *Winner-Take-All Politics. How Washington Made the Rich Richer – and Turned Its Back on the Middle Class* (Nova York, Simon & Schuster, 2011).

Mishel, do Economic Policy Institute, entre 1983 e 2009 81,7% do crescimento do patrimônio nos Estados Unidos beneficiaram os 5% mais ricos, enquanto os 60% mais pobres *perderam* um patrimônio equivalente a 7,5% do crescimento do mesmo. Quanto à remuneração dos administradores das empresas, segundo o jornal *The New York Times* em 7 de abril de 2012, a "compensação" média dos cem gestores mais bem pagos dos Estados Unidos, em 2011, ano de crise, situava-se em 14,4 milhões de dólares, o que correspondia a 320 vezes o salário médio no país. Não é fácil conseguir dados comparativos com os anos 1970; no entanto, não há dúvida de que, nas últimas duas ou três décadas, os salários de topo nas empresas cresceram vertiginosamente, por assim dizer – e isso não só nos Estados Unidos[15].

A diminuição contínua e, em parte, dramática da participação dos cidadãos em eleições democráticas – sobretudo daqueles que deveriam ser os mais interessados em prestações do Estado e numa redistribuição econômica do topo para a base imposta pelo Estado –, que se registra paralelamente ao avanço do capitalismo reformado pelo neoliberalismo, é reveladora da forma radical como este suplanta o capitalismo democrático do Estado social dos anos 1960 e 1970[16]. Nos anos 1950 e 1960, a participação nas eleições aumentou em todas as democracias ocidentais, diminuindo, até hoje, em média, em nada menos que 12% (Figura 2.2). A tendência é universal e não existem quaisquer indícios de transformação iminente. Mais da metade das eleições nacionais com participação mais baixa depois da guerra se realizou após 2000. Quanto mais recentes as eleições, tanto mais provável é que a participação nelas tenha sido a mais baixa de todo o período pós-guerra. A participação em eleições regionais e locais é, via de regra, ainda mais baixa do que em eleições nacionais – e, pelo menos na Alemanha (Figura 2.3), caiu ainda mais. A participação mais baixa registra-se nas eleições para o Parlamento europeu.

Ao contrário daquilo que se continua a afirmar, invocando a teoria revisionista da democracia dos anos 1960[17], a diminuição da participação nas eleições não significa que os cidadãos estejam satisfeitos com a situação e, por isso, desistam de intervir. Tal como mostrou Armin Schäfer[18], os eleitores que participam menos das eleições são aqueles que

---

[15] Ver os dados em Wolfgang Streeck, "German Capitalism. Does it Exist? Can it Survive?", *New Political Economy*, n. 2, 1997, p. 237-56. O caso do presidente do conselho de administração da Volkswagen, Martin Winterkorn, que, em 2011, conseguiu aprovar um salário para si próprio de 18,3 milhões de euros, mostra que a Alemanha está no caminho para se juntar aos Estados Unidos.

[16] Armin Schäfer, "Die Folgen sozialer Ungleichheit für die Demokratie in Westeuropa", *Zeitschrift für vergleichende Politikwissenschaft*, n. 4, 2010, p. 131-56; Armin Schäfer e Wolfgang Streeck, "Introduction", em Armin Schäfer et al. (orgs.), *Politics in the Age of Austerity* (Cambridge, Anchor, 2013).

[17] Seymour Martin Lipset, *Political Man. The Social Bases of Politics* (Garden City, The Johns Hopkins University Press, 1963 [1960]).

[18] Armin Schäfer, "Die Folgen sozialer Ungleichheit für die Demokratie in Westeuropa", cit., e *Republican Liberty and Compulsory Voting*. MPIfG Discussion Paper 11/17 (Colônia, 2011).

têm rendimentos baixos e que pertencem às camadas sociais mais baixas. A diminuição da participação deles é a mais acentuada. Por conseguinte, registra-se em todas as regiões uma forte correlação negativa entre a participação nas eleições e a taxa regional de desemprego e de beneficiários de assistência social. A dispersão da participação nas eleições entre bairros das grandes cidades alemãs tem aumentado continuamente em todas as eleições desde os anos 1970, sendo, entretanto, tão baixa em bairros desfavorecidos do ponto de vista socioeconômico (com elevada porcentagem de imigrantes e de desempregados, rendimentos baixos etc.) que os partidos praticamente já desistiram de fazer propaganda eleitoral nesses locais[19] – o que diminui ainda mais a participação da margem inferior da sociedade nas eleições e desloca as plataformas eleitorais dos partidos ainda mais "para o centro".

Tudo indica que a diminuição da participação eleitoral nas democracias capitalistas não se explica com a satisfação, mas, sim, com a resignação: os perdedores da transição neoliberal já não veem o que esperar de uma mudança de partido no governo. A política da falta de alternativa – conhecida como Tina (*There Is No Alternative*) – na "globalização" há muito bateu no fundo da sociedade: as eleições deixaram de fazer diferença, sobretudo aos olhos daqueles que necessitariam de mudanças políticas. Quanto menos esperança eles depositam em eleições, menos perturbações resultantes de intervenção política têm de recear aqueles que podem se dar ao luxo de depositar sua esperança nos mercados. A resignação política das camadas desfavorecidas protege o capitalismo contra a democracia e estabiliza a transição neoliberal que lhe dá origem.

Figuras 2.2 e 2.3

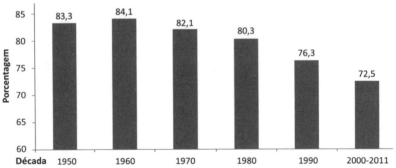

Participação em eleições parlamentares nacionais entre 1950 e 2011

Países: Alemanha, Austrália, Áustria, Bélgica, Canadá, Dinamarca, Espanha, Estados Unidos, Finlândia, França, Grã-Bretanha, Grécia, Irlanda, Itália, Japão, Luxemburgo, Noruega, Nova Zelândia, Países Baixos, Portugal, Suécia e Suíça

International Institute for Democracy and Electoral Assistance (Idea), Voter Turnout Database (banco de dados de comparecimento às urnas)

---

[19] Para uma apresentação jornalística desse contexto, ver Michael Schlieben, "Die wählen sowieso nicht", *Zeit On-line*, 13 maio 2012.

Participação em eleições parlamentares nacionais na Alemanha entre 1950 e 2011

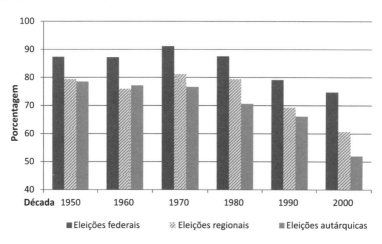

Armin Schäfer, "Demokratie im Zeitalter wirtschaftlicher Liberalisierung", www.mpifg.de/projects/demokratie/Daten/Wahldaten

Excurso: capitalismo e democracia

Gostaria de introduzir aqui algumas reflexões gerais sobre a relação entre capitalismo e democracia, sobre mercados e política democrática e, ainda, sobre neoliberalismo e poder estatal. Já ficou várias vezes demonstrado que o neoliberalismo necessita de um Estado *forte* que trave as exigências sociais e, em especial, sindicais de interferência no jogo livre das forças de mercado. Andrew Gamble mostrou isso de forma convincente no livro *The Free Economy and the Strong State*[20], no qual ele dá o exemplo do governo Thatcher. O neoliberalismo, contudo, não é compatível com um Estado *democrático*, se entendermos por democracia um regime que intervém, em nome de seus cidadãos e por meio do poder público, na distribuição dos bens econômicos resultante do funcionamento do mercado – portanto, um regime que também é encarado criticamente pela teoria do *common pool* relativa ao fracasso fiscal do Estado.

O que está em causa, em última análise, é uma relação muito antiga de tensão entre capitalismo e democracia. Nos tempos da Guerra Fria, era lugar-comum do discurso político oficial afirmar que a democracia não era possível sem capitalismo – ou sem progresso econômico, o que era considerado equivalente –, tal como o capitalismo

---

[20] Basingstoke, Duke University Press, 1988.

não era possível sem democracia[21]. No entreguerras, as coisas eram vistas de outra forma: enquanto a burguesia, como minoria natural, receava ser expropriada por um governo da maioria eleito democraticamente e que não podia ser outra coisa senão um governo dos trabalhadores, a esquerda radical contava a todo instante com um golpe antidemocrático vindo de uma coligação constituída pelo capital, os militares e a aristocracia e considerava o regime fascista dos anos 1920 e 1930 prova da incompatibilidade fundamental entre uma política democrática e uma economia capitalista. Isso levou, em termos práticos – simetricamente à solução "burguesa" do problema por meio de uma ditadura de direita –, à necessidade de uma democracia dos conselhos ou dos sovietes, uma "ditadura do proletariado" ou uma "democracia popular", sendo que as designações foram mudando ao sabor da conjuntura teórica e política. Por isso, no pós-guerra, os países ocidentais terem conseguido associar uma economia capitalista a um sistema político democrático, nomeadamente, a um sistema que fazia derivar sua legitimidade de uma intervenção direta e permanente no funcionamento da economia de mercado, em prol da maioria dos cidadãos dependentes do salário e em prol de objetivos coletivos, aprovados de forma democrática, parece tudo menos óbvio.

A economia política do capitalismo democrático do período pós-guerra se caracterizou pela institucionalização simultânea de dois princípios de distribuição concorrentes que eu gostaria de designar como *justiça de mercado* e *justiça social*. Por *justiça de mercado* entendo a distribuição do resultado da produção de acordo com a avaliação pelo mercado dos desempenhos individuais dos envolvidos, expressa por meio de seus preços relativos. O critério de remuneração que corresponde à justiça de mercado é a produtividade-limite; portanto, o valor de mercado da última unidade de produção extraído de acordo com as condições da concorrência[22]. A *justiça social*, pelo contrário, rege-se por normas culturais e baseia-se no direito estatutário, não no direito contratual. Rege-se por concepções coletivas de honestidade, equidade e reciprocidade, concede direitos a um nível mínimo de vida, independentemente do desempenho econômico e da capacidade de desempenho, e reconhece direitos civis e humanos, como o direito à saúde, à seguridade social, à participação na vida da comunidade, à proteção do emprego, à organização sindical etc.

Essas duas formas de justiça – de mercado e social – são controversas. Émile Durkheim já havia se debruçado sobre as condições a cumprir para uma concorrência justa e com resultados justos[23]. No entanto, na prática, a teoria da economia

---

[21] Seymour Martin Lipset – *Political Man*, cit. – foi um destacado representante desta posição, estreitamente associada à teoria da "modernização". O Chile depois de Allende, assim como a China a partir de Deng Xiaoping, é exemplo atual que prova o contrário.

[22] Eugen von Böhm-Bawerk, "Macht oder ökonomisches Gesetz?", em Franz X. Weiss (org.), *Gesammelte Schriften von Eugen von Böhm-Bawerk* (Frankfurt, Topos, 1968 [1914]), p. 230-300.

[23] Émile Durkheim, *Über soziale Arbeitsteilung* (Frankfurt, Suhrkamp, 1977 [1893]).

REFORMA NEOLIBERAL **105**

convencional supõe que a maioria dos mercados é suficientemente "perfeita" para que aquilo que resulta deles seja considerado tão justo quanto eficiente. A questão é mais difícil no que diz respeito à justiça social, cuja substância é "socialmente construída", podendo, portanto, ser contestada em discursos culturais e políticos e mutável no decorrer da história. O mercado decide o que é justo em termos de mercado, exprimindo isso em preços; aquilo que é socialmente justo decide-se na ponderação do poder e da mobilização, própria dos processos políticos, e exprime-se em instituições formais e informais. No limite, uma sociedade que vê a si própria através das lentes da teoria da economia convencional, ou que se deixa convencer por esta, pode aceitar a justiça de mercado como justiça social, anulando a tensão entre ambas[24]. Uma variante dessa solução consiste em declarar o conceito de justiça social impraticável, tal como Friedrich von Hayek fez[25], e organizar as instituições políticas e econômicas de forma a excluir, de saída, quaisquer perturbações da justiça de mercado por exigências de justiça social.

Seja como for, do ponto de vista da justiça de mercado, a possibilidade de as concepções de justiça social conquistarem o poder do Estado por meio de uma maioria democrática e, depois, distorcerem permanentemente o funcionamento do mercado, recorrendo a esse poder, constitui um perigo iminente. A justiça social é de natureza material, não formal; por isso, do ponto de vista da racionalidade formal do mercado, só pode ser considerada irracional, imprevisível e arbitrária – ideia que já se encontra no pensamento de Max Weber[26]. Por conseguinte, a política movida por exigências de justiça

---

[24] A teoria econômica ensinada nas universidades é extraordinariamente eficaz, em nível individual, na proteção desse efeito na maioria de seus adeptos. "A economia", com sua exigência de "aulas da economia" nas escolas, visa ao mesmo: uma reeducação moral passível de ser examinada e premiada com notas, encenada como iniciação a uma teoria positiva, "sem valores". Ver também a reportagem no *Frankfurter Allgemeine Zeitung*, 9 ago. 2012, sobre uma palestra intitulada "Os mercados são fabulosos", proferida por Ben Bernanke, chefe do Banco Central americano, perante um grupo de professores selecionados.

[25] "No caso da justiça social, estamos pura e simplesmente perante uma superstição quase religiosa que deveríamos deixar em paz enquanto fizer felizes seus adeptos, mas que temos de combater quando transformada em pretexto para pressionar outras pessoas. Hoje, a fé dominante na justiça social representa, provavelmente, a ameaça mais grave à maioria dos outros valores de uma civilização livre." Friedrich A. Hayek, *Recht, Gesetzgebung und Freiheit*, v. 2 (Landsberg am Lech, Verlag Moderne Industrie, 1981), p. 98.

[26] "Pelo contrário, o conceito de racionalidade material é completamente equívoco. Significa apenas este conjunto de coisas: que a consideração não se satisfaz com o fato inequívoco (relativamente) e puramente formal de que se proceda e calcule de modo 'racional' com os meios exequíveis tecnicamente mais adequados, mas que se colocam exigências éticas, políticas, utilitaristas, hedonistas, estamentais, igualitárias ou de qualquer outro tipo e que dessa forma se medem as consequências da gestão econômica, ainda que isso seja plenamente racional do ponto de vista formal, quer dizer, calculável com vista a valores ou fins materiais. Os pontos de vista valorativos, nesse sentido racionais, em princípio, são ilimitados; e, entre eles, comunistas e socialistas, de modo algum,

106 Tempo comprado

social provoca turbulência no funcionamento do mercado, contamina seus resultados, cria falsos incentivos e *moral hazards* [riscos morais], mina o princípio do desempenho e é, em geral, "alheia à economia". Por outro lado, do ponto de vista da justiça social, a "luta de classes democrática"[27] representa uma correção imprescindível a um sistema que se baseia em contratos desiguais entre dependentes do salário e dependentes do lucro e que, por isso, produz permanentemente vantagens cumulativas segundo o chamado princípio de Mateus: "Porque ao que tem será dado e terá em abundância; mas do que não tem até o que tem lhe será tirado" (Mateus 25, 29). Para a prática capitalista, as correções do mercado segundo as concepções políticas de justiça são perturbadoras, mas têm de ser toleradas como inevitáveis enquanto existir a possibilidade de os perdedores natos do mercado se recusarem a continuar no jogo: sem perdedores, não há vencedores; sem perdedores permanentes, não há vencedores permanentes[28].

De resto, como vimos, o capital sempre teve possibilidade de reagir com crises às interferências sociais no mercado que lhes pareceram excessivas. As crises surgem quando aqueles que controlam os meios de produção imprescindíveis acreditam que existe perigo de não serem remunerados de acordo com suas concepções de justiça de mercado. Nesses momentos, sua "confiança" desce abaixo do mínimo necessário para os investimentos. Os detentores de capital podem deslocar seu capital para o estrangeiro ou depositá-lo na economia monetária, retirando-o para sempre ou temporariamente do circuito econômico de uma jurisdição política que deixou de ser digna de confiança – gerando desemprego e baixo crescimento. Hoje, nas condições dos mercados capitais liberalizados, isso se aplica mais que nunca.

A justiça de mercado também obedece a padrões normativos, embora sejam os padrões dos proprietários e dos gestores do capital, e é justiça social, apesar de, auxiliada pela teoria da economia convencional, se apresentar como uma legalidade natural, não

---

congruentes entre si e sempre éticos e igualitários de alguma forma, constituem apenas um grupo entre os muitos possíveis." Max Weber, *Wirtschaft und Gesellschaft. Erster Halbband* (Colônia, Kiepenheuer & Witsch, 1956), p. 60.

[27] Walter Korpi, *The Democratic Class Struggle* (Londres, Routledge Kegan & Paul, 1983).

[28] A correção política da justiça de mercado pela justiça social, para assegurar a coesão social, tem precursores interessantes. A doutrina jurídica inglesa na Idade Média distinguia *justice* de *equity*. A produção da *justice* cabia aos tribunais da *common law*. Contudo, suas sentenças, embora fossem inatacáveis do ponto de vista formal, podiam entrar em contradição com concepções materiais de justiça. Nesses casos, os afetados podiam apelar à *court of equity*, sedeada na chancelaria da corte real, e anular ou alterar as sentenças dos tribunais da *common law*. Os defensores da *common law* consideraram sistematicamente incorretas essas intervenções, até a *law of equity*, séculos mais tarde, ter sido integrada na *common law*. Martin Illmer, "Equity", em Jürgen Basedow et al. (orgs.), *Handbuch des Europäischen Privatrechts*, v. 1 (Tübingen, Beck, 2009), p. 400-4. O Estado social desempenha, hoje, o papel de *court of equity* em relação ao regime contratual do mercado livre ou fez isso no pós-guerra, quando se aspirava à desmercantilização.

social. O fato de a confiança *"psicológica"* do capital nas condições políticas constituir a condição *técnica* mais importante para o funcionamento de uma economia capitalista limita, de saída, fortemente a possibilidade de complementar a justiça de mercado com uma justiça social com mandato democrático. A assimetria fundamental da economia política capitalista consiste no fato de as reivindicações de remuneração do "capital" serem consideradas condições empíricas de funcionamento de todo o sistema, enquanto as correspondentes reivindicações do "trabalho" são tidas como fatores de perturbação.

É sabido que Max Weber, tal como, depois dele, Schumpeter e outros, receava que a justiça material, substancial, promovida pela "burocracia" e seus ajudantes políticos – os socialistas e os sociais-democratas –, se sobrepusesse progressivamente à justiça de mercado formal. Isso faria com que o capitalismo desmoronasse e, com ele, também a liberdade do indivíduo burguês[29]. No entanto, a transição neoliberal a que assistimos desde os anos 1970 eliminou esse perigo. Atualmente, a liberalização do capitalismo moderno atingiu um ponto em que a libertação definitiva – ou, pelo menos, garantida no longo prazo – ou a nova libertação do princípio da justiça de mercado de sua transformação histórica pela justiça social se aproxima cada vez mais, forçada pelo provável fim da possibilidade de simular justiça social por meio da infusão de recursos fictícios no conflito de distribuição, o que permite, ao mesmo tempo, o predomínio da justiça de mercado. Voltarei a debruçar-me mais pormenorizadamente sobre essa questão.

É possível uma imunização do mercado a correções democráticas por meio de uma reeducação neoliberal dos cidadãos ou da abolição da democracia segundo o modelo chileno dos anos 1970; a reeducação é obtida por uma doutrinação pública permanente por parte da teoria da economia convencional. A outra opção não está disponível atualmente. Por isso, a eliminação da tensão entre capitalismo e democracia, assim como a consagração de um primado duradouro do mercado sobre a política, tem de ser levada a cabo, antes, por meio de "reformas" incrementais das instituições político-econômicas[30]: pela transição para uma política econômica baseada num conjunto de regras, para bancos centrais independentes e para uma política fiscal imune aos resultados eleitorais; pela transferência das decisões político-econômicas para autoridades reguladoras e para grupos dos chamados "peritos"; e por impedimentos aos endividamentos consagrados nas constituições aos quais os Estados e suas políticas devem se vincular juridicamente durante décadas, senão para sempre. Os Estados do capitalismo avançado devem ser reestruturados de forma a merecer a confiança dos detentores e dos gestores do capital, garantindo, de modo crível, por programas políticos consagrados institucionalmente,

---

[29] Claus Offe, *Reflections on America. Tocqueville, Weber & Adorno in the United States* (Cambridge, Polity, 2006).

[30] Wolfgang Streeck e Kathleen Thelen, "Introduction. Institutional Change in Advanced Political Economies", em idem et al. (orgs.), *Beyond Continuity. Institutional Change in Advanced Political Economies* (Oxford, Oxford University Press, 2005), p. 1-39.

que não vão intervir na "economia" – ou, caso intervenham, que só vão fazê-lo para impor e defender a justiça de mercado sob a forma de remuneração adequada dos investimentos de capitais. Para isso, é necessário neutralizar a democracia, entendida no sentido da democracia social do capitalismo democrático do período pós-guerra, assim como levar adiante e concluir a liberalização no sentido da *liberalização hayekiana*, isto é, como imunização do capitalismo contra intervenções da democracia de massas.

Os proponentes da justiça de mercado procuraram impor-se em termos retóricos e ideológicos denunciando a justiça social como "política", no sentido particularista da palavra, e, portanto, como contaminada ou até corrupta. No entanto, considera-se que a justiça de mercado, dados seu caráter aparentemente impessoal e a alegada calculabilidade em termos de teoria de preços, funciona independentemente da política – portanto, de acordo com princípios universalistas –, sendo, assim, "pura"; isto é, apolítica. Esse tipo de distinções e equiparações há muito penetrou na linguagem comum: é frequente a afirmação de que algo foi decidido "politicamente" ser suficiente para fazer parecer que a decisão favoreceu um determinado grupo de interesses[31]. Os mercados, de acordo com a suposição promovida incansavelmente pelas relações públicas capitalistas, distribuem segundo regras universais, enquanto a política, pelo contrário, distribui segundo o poder e as relações. Ao que parece, é mais fácil ignorar que os mercados, na avaliação do desempenho e na atribuição de remunerações, não consideram a posição inicial desigual de seus participantes – uma vez que tudo isso se baseia na ausência da decisão – do que ignorar as medidas de uma política redistributiva, as quais precisam ser discutidas num processo controverso e implementadas ativamente. Além disso, as *decisões políticas* podem ser atribuídas a determinados decisores ou instituições que podem ser responsabilizadas pelas mesmas, enquanto, aparentemente, as *decisões do mercado* caem do céu, sem intervenção humana – sobretudo quando o mercado se supõe como um estado natural –, e têm de ser – manifestamente, também podem ser – aceitas como destino por trás do qual se esconde um sentido superior, possivelmente acessível apenas a peritos.

MATAR O MONSTRO DE FOME!

A que se deve, então, o crescimento da dívida pública, quando ele não está relacionado a um aumento da mobilização democrática das massas, e sim à transição neoliberal e ao retrocesso simultâneo da participação política? Penso que a atual crise financeira dos Estados constitui a concretização, nesta época, de um problema de funcionamento

---

[31] Para os adeptos da mundivisão "*public choice*", isso é praticamente óbvio, uma vez que é correto do ponto de vista axiomático.

do Estado moderno, diagnosticado já no início do século XX, e que reside no fato de sua capacidade de extrair de uma sociedade de proprietários privados os meios de que necessita para o cumprimento de suas – crescentes – tarefas tender a ficar aquém do necessário. Segundo essa perspectiva, o endividamento público não se deve a *despesas elevadas demais*, mas a *receitas baixas demais*, resultantes do fato de a economia e a sociedade, organizadas segundo o princípio individualista da propriedade privada, restringirem sua tributabilidade ao mesmo tempo que exigem cada vez mais do Estado.

De fato, constata-se que o início do endividamento das democracias ricas nos anos 1970 coincidiu com uma defasagem entre o aumento das receitas fiscais e o aumento das despesas do Estado. Enquanto, até aí, tanto as receitas como as despesas haviam crescido, em geral, no mesmo ritmo, pelo menos desde meados dos anos 1980 o nível global de tributação, em essência, manteve-se constante (Figura 2.4) – sendo que, nos primeiros tempos, as despesas continuaram a crescer e, no fim do século, com o avanço do neoliberalismo, até baixaram numa série de países, como Suécia, França, Alemanha e Estados Unidos (Figura 2.5)[32]. Nesse caso, a evolução também foi, em geral, uniforme, e as causas, semelhantes. O fim da fase de crescimento deu fim à chamada "progressão fria", que levou os contribuintes a pagar impostos cada vez mais elevados sobre o rendimento. Esse efeito para os cofres de Estado foi parcialmente compensado pela inflação nos anos 1970; no entanto, as perdas reais de rendimentos daí resultantes provocaram aumento da resistência à tributação, sobretudo por parte da classe média[33], assim como exigências de reformas fiscais, por exemplo sob a forma de indexação de impostos. Como consequência disso, assim como de uma estabilização monetária bem-sucedida, deixou de ser possível aumentar as receitas do Estado por

---

[32] O Japão havia registrado tendência de aumento num nível muito baixo, nos últimos anos. Na Grã-Bretanha, também se registrou aumento pouco significativo da carga fiscal, sob o governo trabalhista; no entanto, o país atualmente faz grande esforço para inverter tal tendência. Quanto à União Monetária Europeia, nos anos seguintes a 2000, até a crise, verificou-se uma relação entre a maior abertura a investimentos estrangeiros diretos e o retrocesso da tributação tanto dos rendimentos do capital como do trabalho, estes últimos em consequência do decréscimo dos salários no escalão mais baixo do mercado de trabalho. Os limites ao déficit consagrados no Pacto de Estabilidade levaram a uma redução das despesas públicas. Inga Rademacher, *National Tax Policy in the EMU. Some Empirical Evidence on the Effects of Common Monetary Policy on the Distribution of Tax Burdens* (dissertação, Fachbereich Gesellschaftswissenschaften, Frankfurt, 2012).

[33] Fred Block, "Read Their Lips. Taxation and the Right-Wing Agenda", em Isaac William Martin et al. (orgs.), *The New Fiscal Sociology. Taxation in Comparative and Historical Perspective* (Cambridge, Cambrigde University Press, 2009), p. 68-85; Jack Citrin, "Do People Want Something for Nothing. Public Opinion on Taxes and Government Spending", *National Tax Journal*, n. 32, 1979, p. 113-29, e "Proposition 13 and the Transformation of California Government", *The California Journal of Politics and Policy*, n. 1, 2009, p. 1-9; C. Eugene Steuerle, *The Tax Decade. How Taxes Came to Dominate the Public Agenda* (Washington, Urban Institute, 1992).

meio do aumento dos impostos invisíveis – politicamente menos arriscados –, restando como única opção fazê-lo com o aumento dos impostos visíveis.

Figura 2.4

Despesas públicas e receitas fiscais, desde 1970, em porcentagem do produto interno bruto, sete países

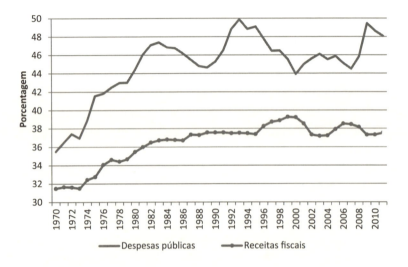

OECD Economic Outlook: Statistics and Projections

Nos anos 1990, houve outros fatores que contribuíram com a situação. O rápido aumento da internacionalização da economia abriu possibilidades até então inimagináveis para as grandes empresas transferirem suas sedes fiscais para países menos exigentes. Essa situação, mesmo nos casos em que não ocorreu, em última análise, deslocalização das unidades de produção, sujeitou os Estados nacionais do capitalismo democrático a uma concorrência fiscal crescente e levou os governos a reduzirem os escalões mais elevados de impostos sobre as empresas[34]. Isso foi acompanhado, frequentemente, pelo chamado alargamento da base tributária por meio da eliminação de isenções fiscais, o que era suposto garantir "neutralidade em termos de receitas"; contudo, nessas condições, já era impensável um *aumento* da tributação. Além disso, registrou-se uma proliferação da doutrina neoliberal da necessidade de melhorar os

---

[34] Steffen Ganghof, *Wer regiert in der Steuerpolitik? Einkommensteuerreform zwischen internationalem Wettbewerb und nationalen Verteilungskonflikten* (Frankfurt, Campus, 2004); Steffen Ganghof e Philip Genschel, "*Taxation and Democracy in the EU*", *Journal of European Public Policy*, n. 15, 2008, p. 58-77; Philip Genschel e Peter Schwarz, "Tax Competition and Fiscal Democracy", em Armin Schäfer et al. (orgs.), *Politics in the Age of Austerity* (Cambridge, John Wiley & Sons, 2013)

REFORMA NEOLIBERAL 111

Figura 2.5

Receitas fiscais em porcentagem do produto interno bruto, sete países, 1989-2011

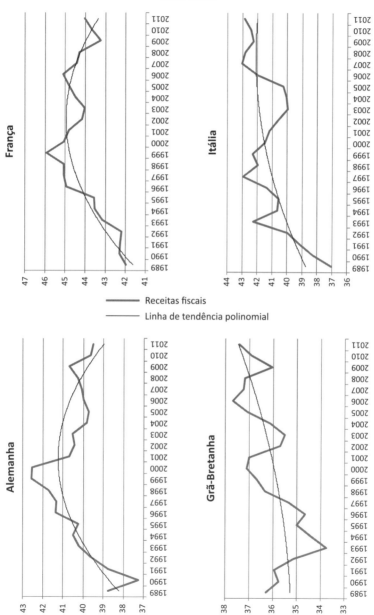

OECD Economic Outlook: Statistics and Projections

112 TEMPO COMPRADO

Figura 2.5 (cont.)

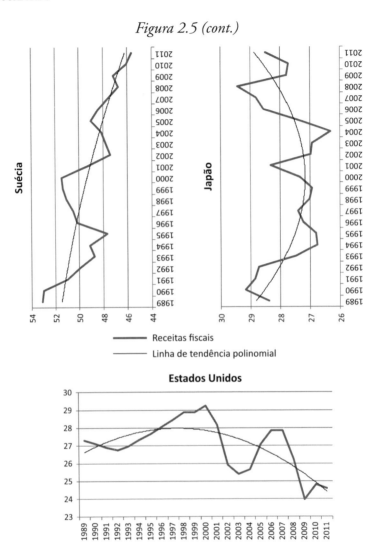

OECD Economic Outlook: Statistics and Projections

"incentivos ao desempenho" para reanimar o crescimento econômico – nos escalões mais baixos da distribuição dos rendimentos, por meio da redução dos salários e das prestações sociais; no topo, pelo aumento dos salários e pela redução das taxas dos impostos. Este é outro aspecto em que as diversas "modalidades" do capitalismo só se distinguem em grau: a combinação entre a reforma do mercado de trabalho (Hartz IV*!)

---

* Hartz IV é o quarto e último estágio de uma série de recomendações apresentadas por uma comissão de reformas do mercado de trabalho alemão fundada pelo governo Gerhard Schröder em

Reforma neoliberal 113

e a reforma fiscal[35], implementada na Alemanha pelo governo social-democrata e dos Verdes, do chanceler Schröder, correspondeu, nos Estados Unidos, à abolição do *welfare as we know it* [Estado de bem-estar como o conhecemos], levada a cabo por Clinton, em combinação com os mal-afamados *tax cuts* [cortes de impostos] do governo Bush, após 2001[36].

O caso estadunidense constitui prova impressionante de que as causas da crise financeira do Estado devem ser procuradas tanto do lado das receitas como do lado das despesas públicas. A exigência popular de redução dos impostos serviu aos estrategistas da resistência organizada aos impostos para atingir o objetivo mais abrangente, isto é, impedir o Estado de prosseguir com programas sociais igualmente populares. Essa estratégia remonta a fins dos anos 1970 e registrou seus primeiros êxitos – que perduram, aliás, até hoje – na Califórnia. O *slogan* desse movimento extremamente bem-sucedido, promovido por uma das figuras mais influentes até hoje na política estadunidense, o ativista anti-impostos Grover Norquist[37], era e é *"starving the beast"*: matar o monstro de fome! O fato de o porta-estandarte político desse movimento na primeira década do novo século, George W. Bush, que herdou do antecessor no cargo um excedente orçamental, não ter tido nada mais importante para fazer senão transformar novamente esse excedente num déficit (recorde) por meio de uma redução drástica dos impostos para super-ricos – iniciando, simultaneamente, duas guerras, que aumentaram ainda mais os buracos orçamentais do lado das despesas – mostra que o objetivo primário do movimento não consistia num orçamento de Estado equilibrado, mas, sobretudo, num recuo do Estado de acordo com a doutrina neoliberal[38].

2002. Presidida por Peter Hartz, então vice-presidente de Recursos Humanos da Volkswagen, a comissão propôs um conjunto de mudanças no sistema que, incorporadas à Agenda 2010 de Schröder, foram paulatinamente implementadas (de janeiro de 2003 a janeiro de 2005). No quarto estágio, as recomendações dispõem sobre os benefícios para os desempregados. (N. E.).

[35] Steffen Ganghof, *Wer regiert in der Steuerpolitik?*, cit., em especial p. 98-117.

[36] Jacob Hacker e Paul Pierson apresentam pormenorizadamente o contributo das repetidas reduções dos impostos, nos anos 1990 e na primeira década deste milênio, para a estruturação da economia americana "winner take all", incluindo no que diz respeito a um endividamento público crescente. Jacob Hacker e Paul Pierson, "Winner-Take-All Politics", cit.

[37] Robert Kuttner, *Revolt of the Haves. Tax Rebellions and Hard Times* (Nova York, Simon & Schuster, 1980); Isaac William Martin, *The Permanent Tax Revolt. How the Property Tax Transformed American Politics* (Stanford, Stanford University Press, 2008); Daniel Tarschys, "The Scissors Crisis in Public Finance", *Policy Sciences*, n. 15, 1983, p. 205-24.

[38] A situação alemã é comparável, na medida em que, sem a reforma fiscal levada a cabo pelo governo Schröder, os orçamentos públicos antes de 2008 teriam sido equilibrados. Foi a essa reforma que o recém-nomeado ministro das Finanças da grande coligação, liderada por Angela Merkel (2005--2009), se referiu num discurso proferido na Câmara da Indústria e do Comércio, em Frankfurt, em janeiro de 2006, durante o qual elogiou o governo social-democrata anterior e dos Verdes

O próprio fato de, após os anos 1970, quando as receitas dos Estados começaram a estagnar, as despesas estatais continuarem aumentando até, no fim do século, ter início a primeira onda de consolidação neoliberal não se deve, necessariamente, ao serviço coletivo de massas de eleitores insaciáveis, com mandato democrático. Pelo contrário, existem muitas razões para, de acordo com uma perspectiva bem funcionalista, ver nisso a expressão da necessidade crescente de prestações públicas coincidente com a progressiva evolução capitalista, prestações essas que visavam tanto a fins curativos como de investimento, isto é, uma reparação dos danos causados pela acumulação do capital, por um lado, e a criação de condições para um crescimento futuro, por outro[39]. As prestações com fins curativos incluem, por exemplo, despesas crescentes com subsídios de desemprego e assistência social, associadas ao regresso do desemprego estrutural[40], assim como despesas crescentes com cuidados de saúde públicos e despesas com reparação de danos ambientais, surgidas no último terço do século. As prestações investidoras, pelo contrário, podem incluir despesas públicas, igualmente crescentes em termos globais, destinadas ao desenvolvimento e à manutenção das infraestruturas físicas, à criação de capital humano e à investigação científica e tecnológica – condições consideradas imprescindíveis para uma bem-sucedida acumulação privada do capital. Essas prestações, num sentido amplo, incluem as despesas públicas destinadas à chamada utilização pacífica da energia nuclear – sem as quais a produção privada de eletricidade em centrais nucleares não seria, ao que parece, de todo rentável –, o desenvolvimento dos serviços estatais de

---

por ter implementado "a reforma fiscal mais abrangente na história do país". Peer Steinbrück, "Lobbyisten in die Produktion", *Frankfurter Allgemeine Zeitung*, 12 jan. 2006. Segundo ele, no início de 2005, as taxas dos impostos sobre os rendimentos na Alemanha eram as mais baixas de sempre e a carga fiscal da economia alemã situava-se muito abaixo da média no longo prazo. O ministro das Finanças de então é hoje (2012) candidato do Partido Social-Democrata Alemão (SPD) ao cargo de chanceler.

[39] Existem diversas classificações semelhantes das despesas públicas. O'Connor, por exemplo, distingue entre *social capital expenditures* [despesas de capital social], subdivididas, por sua vez, em *social investment* [investimento social] e *social consumption* [consumo social], e *social expenses of production* [despesas sociais de produção], assim como entre duas funções das despesas públicas: legitimação e acumulação. James O'Connor, *The Fiscal Crisis of the State* (Nova York, St. Martin's, 1973).

[40] A necessidade dessas prestações, assim como de quaisquer outras medidas de justiça social, pode ser contestada discursivamente e tem de ser negociada em nível político. Em princípio, uma sociedade poderia chegar à conclusão neoliberal de que o apoio àqueles que não trabalham é injusto em relação àqueles que trabalham, poupando, assim, muito dinheiro público. No entanto, considera-se também que a política social "compensa", porque e na medida em que mantém a capacidade de trabalho e a "boa vontade" dos dependentes do salário. Nesse caso, essa política deixaria de ser curativa ou até "desmercantilizante" e "consumidora", passando a ser investidora. Existem circunstâncias sociais e culturais, como são cada vez mais aquelas em que vivemos, nas quais só seria possível justificar a política social desse modo.

acolhimento de crianças enquanto condição para a expansão da participação feminina no mercado de trabalho, urgentemente necessária para o crescimento econômico, a manutenção de porta-aviões, assim como o desenvolvimento e a utilização de aviões não tripulados e tecnologias semelhantes para garantir um abastecimento de petróleo comportável ou, ainda, a liberalização – altamente perigosa, como se revelou mais tarde – da economia financeira privada para aumentar o volume de créditos enquanto último meio disponível para produzir um (aparente) crescimento econômico[41].

A crise do Estado fiscal

Face a essa enumeração, é difícil não recordar um tema clássico da economia financeira que caiu em esquecimento depois da substituição da *public finance* [teoria das finanças públicas] por *public choice* [teoria da escolha pública] ou que foi abandonado pela teoria econômica por ser considerado pouco rigoroso. Refiro-me à "lei" de Adolph Wagner relativa ao crescimento da atividade do Estado e das cotas estatais, formulada nas últimas décadas do século XIX[42] e que, nos anos 1950, ainda constituiu uma inspiração importante para Richard Musgrave[43]. Wagner, representante do

---

[41] A política social é investidora quando garante a disponibilidade dos trabalhadores dependentes de continuar atuando como trabalhadores dependentes, comportando-se de acordo com as expectativas associadas a essa situação. O capitalismo não pode funcionar se os trabalhadores se comportarem como é permitido aos empregadores; aliás, como é praticamente esperado deles, isto é, maximizando de forma incondicional e radical as vantagens. (A expectativa de modéstia em termos de política de distribuição contraria o modelo do *homo oeconomicus* e só pode ser conciliada com esta por meio de uma afirmação com validade axiomática na economia do trabalho, a saber, que os trabalhadores são "adversos ao risco".) Sem moderação salarial enquanto contrapartida para a segurança de um salário fixo, haveria, necessariamente, uma ruptura na relação entre empregadores e trabalhadores. Nos anos 1970, a moderação salarial foi conseguida por meio de um contrato tripartido entre o Estado, os empregadores e os sindicatos, sendo que os Estados concediam, muitas vezes, aumento das reformas e das pensões como contrapartida para a moderação salarial por parte dos sindicatos. Philippe C. Schmitter e Gerhard Lehmbruch (orgs.), *Trends towards Corporatist Intermediation* (Londres, Sage, 1979). Os sindicatos só tinham de ser pagos mais tarde, mas, a essa altura, eram pagos dos cofres públicos. Portanto, uma boa parte das despesas sociais que tiveram de ser assumidas na década de 1980 e nos anos seguintes, na realidade, era uma recompensa assumida pelo Estado para aliviar os encargos suportados pelos empregadores, o que explica por que foi tão difícil convencer os sindicatos e os trabalhadores a não insistir nessas despesas.

[42] Para uma versão concisa, ver Adolph Wagner, "Staat in nationalökonomischer Hinsicht", em Ludwig Elster et al. (orgs.), *Handwörterbuch der Staatswissenschaften* (Jena, G. Fischer, 1911), p. 727-39.

[43] Richard Musgrave, *The Theory of Public Finance* (Nova York, McGraw-Hill, 1958).

116 TEMPO COMPRADO

chamado socialismo de cátedra e de Estado, reitor da Universidade de Berlim, um dos conselheiros de Bismarck em assuntos de economia e política social e, a partir de 1910, membro da Câmara dos Senhores da Prússia, pensava que a participação do Estado numa economia moderna em crescimento aumentaria constantemente, tanto para garantir um aumento do nível civilizacional, em geral, como para cobrir aquilo a que, hoje, se chamaria de externalidades dos mercados em expansão e de um modo de produção da economia privada[44]. As reminiscências da concepção marxista de uma socialização do modo de produção capitalista numa organização privada das relações de produção (e apesar dela) não são, de modo algum, acaso, embora a ideia da contradição interna da evolução capitalista e de sua eliminação revolucionária, por meio da adaptação das relações de produção ao modo de produção, que se impõe na agenda política e que era central para Marx, não se encontre na obra de Wagner.

Essa ideia foi ainda mais importante para a disciplina de *sociologia financeira* em desenvolvimento por volta da época da Primeira Guerra Mundial. Rudolf Goldscheid, socialista austríaco e oponente proeminente de Max Weber nos primeiros tempos da Sociedade Alemã de Sociologia, considerava a evolução do Estado feudal para o "Estado fiscal" moderno – que adquire seus recursos pela tributação de uma sociedade de proprietários privados – um fenômeno que acompanha o progresso capitalista[45]. Goldscheid pensava (por assim dizer, como uma reformulação do ponto de vista das ciências das finanças do teorema marxista da contradição crescente entre o modo de produção e as relações de produção) que a capacidade do Estado fiscal de extorquir dos cidadãos – ou, mais precisamente, da sociedade civil dominada pelos burgueses proprietários – os meios de que necessitaria para a prestação dos serviços exigidos, mais cedo ou mais tarde, deixaria de ser suficiente. Segundo Goldscheid, ao atingir esse ponto, o Estado fiscal chegará ao limite, uma vez que, enquanto "Estado expropriado" numa ordem econômica e social capitalista, não disporá de recursos suficientes para o cumprimento de suas tarefas. A essa altura, será necessária uma "recapitalização" do Estado, a fim de se passar do financiamento das necessidades gerais por meio de impostos para o financiamento

---

[44] "Além disso, considerando a experiência histórica dos povos civilizados progressivos, portanto fazendo comparações temporais, assim como dos Estados e das economias em vários níveis de desenvolvimento [...], é possível deduzir a existência de determinada tendência de evolução ou uma 'lei' da evolução das atividades do Estado dos povos civilizados: a lei da expansão das atividades 'públicas' ou do Estado entre os povos civilizados." Adolph Wagner, *Grundlegung der politischen Oekonomie* (3. ed., Leipzig, Wintersche, 1892), p. 883 e seg.; ver também p. 892-908.

[45] Wolfgang Fritz e Gertraude Mikl-Horke, *Rudolf Goldscheid. Finanzsoziologie und ethische Sozialwissenschaft* (Viena, Lit, 2007); Rudolf Goldscheid, "Staat, öffentlicher Haushalt und Gesellschaft", em Wilhelm Gerloff e Franz Meisel (orgs.), *Handbuch der Finanzwissenschaft*, v. 1 (Tübingen, Mohr Siebeck, 1926), p. 146-84, e "Finanzwissenschaft und Soziologie", em Rudolf Hickel (org.), *Die Finanzkrise des Steuerstaats. Beiträge zur politischen Ökonomie der Staatsfinanzen* (Frankfurt, Suhrkamp, 1976 [1917]), p. 317-28.

baseado em receitas do Estado provenientes de sua própria atividade empresarial. De acordo com o resumo das afirmações centrais de Goldscheid apresentado por Wolfgang Fritz e Gertraude Mikl-Horke, não é possível "conseguir por meios fiscais" que o Estado funcione no interesse público, uma vez que os impostos

> através do Estado, enquanto canal de passagem, voltam a beneficiar os detentores de capital mais poderosos. Seu poder continuaria a crescer, mas o poder do Estado, enquanto administrador das necessidades sociais, ficaria enfraquecido. Os poderosos teriam possibilidades de evitar os impostos; a massa do povo, porém, teria de suportar toda a carga fiscal. A própria tributação progressiva dos rendimentos apenas levaria ao desenvolvimento de interesses ocultos do Estado na conservação da desigualdade e na concentração dos lucros.[46]

Goldscheid não estava sozinho em seu pessimismo sobre política fiscal. A possibilidade de uma "crise do Estado fiscal" foi bastante discutida, sobretudo logo após o fim da Primeira Guerra Mundial. Essa discussão assumiu uma forma particularmente proeminente e influente na conferência histórica proferida pelo jovem Joseph Schumpeter na Sociedade Austríaca de Sociologia[47]. Schumpeter concluiu que a instituição histórica do Estado fiscal ainda não chegara ao limite e que seria possível resolver, em especial, o problema das dívidas de guerra da Áustria e da Alemanha, mesmo sem uma socialização geral. No entanto, não excluía *e até esperava* que, no longo prazo, o Estado fiscal e, com ele, as relações de produção capitalistas em sua totalidade caducassem em algum momento[48]. Essa ideia foi banida para as catacumbas da história dos dogmas das ciências econômicas, em especial após 1945, quando um capitalismo domesticado pelo Estado social e keynesianista parecia abrir uma nova era da economia, mas reaparece, de tempos em tempos, numa formulação mais ou menos nova, sobretudo na teoria da crise fiscal do marxista James O'Connor[49] e nas subsequentes reflexões pessimistas de Daniel Bell[50] sobre o futuro do capitalismo nos anos 1970.

---

[46] Wolfgang Fritz e Gertraude Mikl-Horke, *Rudolf Goldscheid*, cit., p. 166.

[47] Joseph A. Schumpeter, "Die Krise des Steuerstaates", em idem (org.), *Aufsätze zur Soziologie* (Tübingen, Mohr Siebeck, 1953 [1918]), p. 1-71.

[48] "O empreendedorismo privado perderá pouco a pouco seu sentido social, em consequência do desenvolvimento da economia e da expansão do círculo de simpatia social que ele leva consigo. Isso já se anunciava e estava implicado na direção tomada pelas tendências da segunda metade do século XIX, cuja última aberração talvez tenha sido tudo aquilo que culminou na guerra mundial. A sociedade cresce para além do empreendedorismo privado e do Estado fiscal – não por causa, mas apesar da guerra: *isso* também é certo." Ibidem, p. 57 e seg.

[49] James O'Connor, *The Fiscal Crisis of the State*, cit.

[50] Daniel Bell, "The Public Household. On 'Fiscal Sociology' and the Liberal Society", em idem, *The Cultural Contradictions of Capitalism* (Nova York, Basic, 1976), p. 220-82.

118 Tempo comprado

Do Estado fiscal ao Estado endividado

Se situarmos a crise fiscal do Estado moderno, prevista, novamente, por O'Connor e Bell, do lado das receitas, não do lado das despesas – portanto, se a definirmos como crise do Estado fiscal, na perspectiva de Goldscheid e Schumpeter –, repararemos em dois desenvolvimentos das últimas décadas cuja importância não foi prevista por ninguém. O primeiro é a transformação do *Estado fiscal* em *Estado endividado*, que cobre grande parte – porventura, uma parte cada vez maior – de suas despesas contraindo empréstimos e não cobrando impostos; acumulando, por conseguinte, uma enorme dívida para cujo financiamento tem de utilizar uma porcentagem cada vez maior de suas receitas. É provável que *essa* resposta possível ao problema do financiamento dos Estados modernos não tenha desempenhado papel significativo em debates anteriores – O'Connor, por exemplo, refere-se a ela apenas de passagem[51] – por, àquela altura, ainda não existir economia financeira suficientemente forte nem ter tido início a "financialização" do capitalismo por meio da desregulamentação dos mercados financeiros. Por sua vez, para satisfazer as necessidades gigantescas de crédito das sociedades industriais ricas – em especial, dos Estados Unidos –, foi necessário proceder à integração dos mercados financeiros em nível internacional. Tal como mencionado, esse processo já estava em curso em nível mundial pelo menos desde os anos 1980.

A formação do Estado endividado pode ser compreendida não só como momento retardador na crise do Estado fiscal, mas também como surgimento de uma configuração política nova, com uma lógica própria. Nas páginas que se seguem, recorrerei, sobretudo, à segunda perspectiva. No entanto, quero observar, desde já, que o surgimento do Estado endividado também foi travado por uma *causa com efeito contrário*: a reforma neoliberal do Estado, levada a cabo nos anos 1990 e na primeira década deste milênio. Tal reforma esforçou-se por consolidar as finanças públicas por meio da *privatização* das tarefas do Estado que haviam sido atribuídas ao longo do século XX, de acordo com a perspectiva de Wagner. Essa foi a outra evolução histórica inimaginável para as teorias da crise dos anos 1970. No fundo, essa evolução consistiu na devolução total ou parcial de cada vez mais funções estatais à sociedade, em especial à economia do mercado – desde os sistemas de pensões, passando pelos cuidados com a saúde e

---

[51] "Normalmente, uma dívida pública crescente não provoca um agravamento da crise fiscal, mas também não a atenua. As dívidas do Estado e dos municípios desaparecem, em parte, por si sós [...]. As dívidas do Estado federal [estadunidense], quando o desempenho econômico real ficou aquém do desempenho possível, aumentando o volume de crédito e o nível da procura agregada, da produção, do emprego e das receitas e, portanto, das receitas fiscais, financiaram-se, em parte, a si próprias." James O'Connor, *The Fiscal Crisis of the State*, cit., p. 179 e seg. Esse texto foi escrito em 1973, quando o keynesianismo ainda estava vivo e o nível da dívida pública dos Estados Unidos ainda era baixo (42,6% do produto nacional, em comparação com 89,6%, em 2010).

pela formação, até a responsabilidade pelo nível de emprego. Tal como citado, a melhor forma de conseguir tudo isso consiste na abertura simultânea de novos espaços de manobra aos agregados familiares para se endividar por conta própria. A *desestatização* de amplas áreas de serviços de interesse geral tornou-se possível e justificou-se, em parte, pelo aumento do nível de bem-estar e de consumo das sociedades ricas. A substituição dos direitos sociais do pós-guerra pela privatização e pela mercantilização ocorreu em paralelo à constituição de uma nova forma de democracia, designada por Crouch como "pós-democracia"[52], na qual a participação política é redefinida como entretenimento e desconectada das decisões políticas, especialmente das decisões político-econômicas[53]. Os esforços atuais em nível nacional e internacional para consolidar de forma duradoura as finanças públicas por meio de cortes das despesas do Estado não são, por essa perspectiva, senão continuação das reformas neoliberais dos anos 1990 e da primeira década deste milênio, com uma caixa de ferramentas aperfeiçoada de forma engenhosa.

Antes de me debruçar sobre a anatomia política do atual Estado endividado, gostaria de resumir o argumento apresentado até aqui. Este consiste na proposta de inverter a chamada explicação *common pool* para o endividamento do Estado, assim como a explicação dele pelo fracasso da democracia, em vez de a rejeitar. No que diz respeito à teoria do *common pool*, gostaria de afirmar que a crise financeira do Estado não se deve ao fato de a massa da população, induzida por um excesso de democracia, ter retirado demasiado para si dos cofres públicos; pelo contrário, os maiores beneficiários da economia capitalista pagaram bem pouco – aliás, cada vez menos – aos cofres públicos. Se houve "inflação de reivindicações" que levou a um déficit estrutural das finanças públicas, ela se registrou nas classes superiores, cujos rendimentos e patrimônio aumentaram rapidamente nos últimos vinte anos, sobretudo devido às reduções de impostos a seu favor, enquanto os salários e as prestações sociais nos estratos inferiores da sociedade estagnavam ou até diminuíam – evolução que, como dito, foi dissimulada, ou, pelo menos, legitimada temporariamente, por meio da inflação, do endividamento do Estado e do "capitalismo a crédito".

Torna-se, assim, evidente o que consistiu o verdadeiro *fracasso da democracia* nas décadas de transição neoliberal. A democracia e a política democrática fracassaram quando não reconheceram a contrarrevolução contra o capitalismo social do período pós-guerra e não se opuseram a ela; fracassaram quando, na prosperidade aparente dos anos 1990, abdicaram da regulamentação de um setor financeiro que crescia descontroladamente; fracassaram quando acreditaram de imediato na conversa da iminente substituição pró-democrática e socialmente aceitável de um *government* "duro" por uma

---

[52] Colin Crouch, *Post-Democracy* (Cambridge, John Wiley & Sons, 2004).

[53] Descreverei no capítulo seguinte essa desconexão como passagem de uma economia política keynesiana para uma economia política hayekiana.

120 Tempo comprado

governance "suave"[54]; fracassaram ao desistir de tributar os beneficiários do crescimento da economia capitalista de forma que eles fossem obrigados a contribuir para o pagamento dos custos sociais de seus lucros[55]; fracassaram ainda quando não só toleraram a desigualdade crescente entre as camadas superiores e inferiores da sociedade, como também a promoveram, em nome do progresso capitalista, por meio de reformas fiscais e do Estado social "compatíveis com incentivos". Além disso, a política democrática contribuiu para a criação do Estado endividado, uma vez que não conseguiu estabilizar a participação política das camadas da população que teriam interesse em impedir reduções de impostos para os mais abastados. Em vez disso, a mudança na composição do eleitorado, que abrange cada vez mais os mais favorecidos, torna o aumento dos impostos cada vez menos exequível.

Deixo em aberto se e com que meios uma política democrática organizada em nível nacional teria conseguido, ao menos, controlar processos como esse numa economia cada vez mais internacional. A crescente mobilidade internacional do capital industrial e financeiro aumentou manifestamente seu lucro de reserva[56], assim como a dependência dos Estados da "confiança" dos potenciais investidores. A política de liberalização, à qual aderiram, pelo menos desde os anos 1990, todos os governos do mundo capitalista, conservadores ou social-democratas, esperava que a adaptação abrangente da sociedade às novas condições de produção, exigidas pelo capital, abrisse um caminho comum para uma prosperidade garantida num futuro próximo. Ignorou que a compatibilidade do capitalismo com a democracia é muito limitada e que só existe quando há regulamentação rigorosa e eficaz. Deste modo, o fracasso estrutural da democracia associou-se ao fracasso ideológico. O resultado é visível desde 2008.

---

[54] Sobre esse tema, ver Claus Offe, "Governance. 'Empty Signifier' oder sozialwissenschaftliches Forschungsprogramm?", em Gunnar Folke Schuppert et al. (orgs.), *Governance in einer sich wandelnden Welt* (Wiesbaden, 2008), p. 61-76.

[55] Na Alemanha, o debate sobre o agravamento dos escalões máximos de imposto sobre o rendimento, o aumento do imposto sucessório e as diversas formas de imposto sobre o património só começou no verão de 2012, após as eleições presidenciais na França e sob pressão do Partido da Esquerda (*Linkspartei*). Como exemplo, ver Stefan Bach, "Vermögensabgaben – ein Beitrag zur Sanierung der Staatsfinanzen in Europa", *DIW Wochenbericht*, 2012, p. 3-11. No entanto, não existia nem existe perspectiva realista de aumento dos impostos para os mais abastados.

[56] Utilizo esse conceito em analogia com o de "salário de reserva", que, na economia do mercado de trabalho, designa o salário abaixo do qual um trabalhador não está disposto a aceitar emprego. O lucro de reserva é, portanto, a taxa de lucro mínima com a qual um empresário quer contar quando decide investir.

Estado endividado e distribuição

O fato de as consequências da transição para o Estado endividado do ponto de vista da política distributiva terem sido praticamente ignoradas no debate público constitui outro fracasso da democracia. No confronto da política cotidiana, os partidos conservadores e burgueses são considerados menos propícios ao endividamento que os social-democratas. Apesar de o dados estatísticos comparativos existentes não confirmarem necessariamente essa ideia[57], são pouco reveladores, por várias razões. É provável que, em termos retóricos, a crítica ao endividamento enquanto *tópos* desempenhe, tradicionalmente, um papel mais importante nos partidos conservadores do que nos de esquerda. Isso deve-se provavelmente ao fato de as camadas da população mais ricas, que dispõem de dinheiro e que são representadas pelos partidos burgueses, estarem menos preocupadas com a inexistência da dívida do que com a capacidade de os Estados assegurarem devidamente o serviço da mesma e pagarem as dívidas contraídas junto a seus cidadãos mais abastados – preocupação que os "mercados" expressam com convicção na atual crise das dívidas.

O nexo político entre o endividamento do Estado e a distribuição da riqueza só se torna patente quando o financiamento das dívidas dos Estados no período de transição neoliberal é encarado como consequência de uma tributação demasiado baixa das camadas da população que têm patrimônio. Quanto menos o sistema fiscal exigir da propriedade dos mais abastados e de seus herdeiros, em prol da comunidade[58], tanto

---

[57] Uwe Wagschal, *Staatsverschuldung. Ursachen im internationalen Vergleich* (Opladen, Verlag für Sozialwissenschaften, 1996) e "Staatsverschuldung", em Dieter Nohlen et al. (orgs.), *Kleines Lexikon der Politik* (Munique, C. H. Beck, 2007), p. 547-52.

[58] Não faltam exemplos grotescos. A Constituição grega, por exemplo, inclui uma disposição que concede isenção de impostos aos armadores, portanto a famílias como Onassis e Niarchos. A isenção de impostos para armadores foi inserida na Constituição adotada imediatamente após o golpe da junta militar, em 1967. Em 1972, os armadores gregos elegeram o ditador Papadopoulos para presidente vitalício da associação de armadores, em sinal de reconhecimento. Sobre a situação atual dos armadores gregos, que possuem cerca de 15% da frota comercial mundial, ver "Insecurity Touches the Tycoons of Greece", na edição do jornal *The New York Times* de 24 de maio de 2012. O periódico afirma que as tentativas de acabar com a isenção de impostos para os armadores apenas levariam à deslocalização de seu patrimônio e seus negócios para o estrangeiro. Não seria possível determinar o valor do patrimônio das famílias gregas ricas, *"because much of the money exists offshore, secreted away in Swiss bank accounts or invested in real estate in London and Monaco"* [porque grande parte do dinheiro está em *offshores*, protegida em contas em bancos suíços ou investida em bens imóveis em Londres e em Mônaco]. É também por causa disso e por causa de suas elevadas participações em bancos gregos que os "oligarcas" gregos têm todas as razões para querer manter-se na união monetária. Em vez de pagar impostos, algumas famílias ricas criam fundações com fins filantrópicos, segundo o modelo estadunidense. Outras teriam ainda *"bolstered their already tight security forces by hiring more bodyguards"* [reforçado suas já reforçadas forças de

122 Tempo comprado

mais desigual será a distribuição da riqueza, o que se manifesta, entre outras coisas, numa taxa de poupança mais elevada na faixa superior da sociedade. Sendo assim, aqueles a quem a política fiscal do Estado permite criar excesso de capital privado começam a debater-se com o problema de encontrar possibilidades de investimento – com isso, a figura do rentista de Keynes, que, na realidade, deveria ter sido vítima de uma eutanásia política[59], regressa, com força, à economia. O rentista, na procura de possibilidades de investimento seguro para suas poupanças, considera muito bem-vindos os Estados que dependem de financiamentos do crédito – sobretudo devido a seu sucesso na resistência aos impostos: a pobreza do Estado não só constitui sua riqueza, como lhe oferece uma oportunidade ideal para investir a riqueza de forma a obter lucro.

Pelo que sei, o único economista que chamou atenção para esse nexo foi Carl Christian von Weizsäcker, apesar de o utilizar na forma afirmativa – ou talvez precisamente por causa disso. Weizsäcker, ao contrário de quase todos os outros economistas alemães, defende um *aumento* da dívida pública, pelo menos em países que apresentam uma balança de transações correntes positiva[60]. Ele fundamenta sua opinião num excesso secular de capital em sociedades ricas, como a Alemanha, resultante, segundo seu ponto de vista, do aumento da "necessidade de previdência" de uma população cada vez mais idosa. O Estado, para evitar que essa população entre numa "situação de emergência em termos de investimento", deveria estar disposto a absorver suas poupanças sob a forma de crédito, tanto que o objetivo da previdência exclui investimentos mais arriscados e as possibilidades de investimento numa economia real em evolução para uma economia do conhecimento não seriam suficientes, devido às alterações no que diz respeito às necessidades do capital. Weizsäcker não aborda a possibilidade de resolver a situação de emergência em termos de investimento transformando as poupanças em excesso – por meio do aumento da tributação ("confiscação") – em receitas regulares do Estado, tampouco se debruça sobre a possibilidade de satisfazer coletivamente as necessidades em termos de previdência, recorrendo ao sistema de repartição em vez de satisfazê-las individualmente, pela poupança do patrimônio privado. Ambas as possibilidades têm consequências tendencialmente igualitárias[61]. No entanto, Weizsäcker não deixa

---

segurança, contratando mais guarda-costas]. O artigo publicado no jornal *The Guardian*, em 13 de junho de 2012, e intitulado "Greece's super-rich maintain lavish lifestyles and low profiles" apresenta descrição semelhante. Mesmo as pessoas de boa vontade deveriam perguntar-se por que faltam quase por completo reportagens desse tipo na imprensa alemã.

[59] John Maynard Keynes, *The General Theory of Employment, Interest and Money* (London, Macmillan, 1967 [1936]), cap. 24.

[60] Ver, por exemplo, seu artigo "Das Janusgesicht der Staatsschulden", *Frankfurter Allgemeine Zeitung*, 5 jun. 2010.

[61] A existência de impostos mais elevados para evitar a dívida pública também tornaria obsoleta a retórica bacoca da consolidação, segundo a qual "nós" não podemos viver à custa de "nossos

qualquer dúvida de que prefere sua solução não por motivos técnicos, mas políticos, uma vez que "o patrimônio privado explícito e implícito é, por razões de previdência e de hereditariedade [...], uma espécie de 'parâmetro estrutural' que não pode ser alterado sem interferências massivas na [...] estrutura social burguesa de nossa sociedade"[62].

A análise de Weizsäcker torna evidente que, enquanto se puder confiar na capacidade de os Estados pagarem aos credores, o financiamento parcial permanente da atividade estatal por meio do endividamento é mesmo do interesse dos proprietários dos recursos monetários. O triunfo dos vencedores na luta pela distribuição no mercado e na luta com a repartição das finanças só será total quando puderem investir de forma segura e lucrativa o capital que ganharam ao Estado e à sociedade. Por isso, eles têm interesse num Estado que não só deixe seu dinheiro em sua posse, mas também o absorva, depois, sob a forma de crédito, que o guarde de forma segura, que, ainda por cima, lhes pague juros pelo montante emprestado (em vez de confiscado) e que, por fim, lhes ofereça a possibilidade de transferir esse dinheiro para a próxima geração de sua família – pagando um imposto sucessório que há muito se tornou insignificante[63]. Deste modo, o Estado, enquanto Estado endividado, contribui significativamente para a perpetuação da estratificação social e da desigualdade social daí decorrentes, ao mesmo tempo que se submete, bem como sua atividade, ao controle por parte de seus credores, que aparecem sob a forma de "mercados". Esse controle se associa ao controle democrático por parte dos cidadãos, podendo sobrepor-se a este ou até mesmo – como se anuncia atualmente, na transição do Estado endividado para o Estado de consolidação – eliminá-lo progressivamente.

A política do Estado endividado

A atual crise fiscal e a transição do Estado fiscal para o Estado endividado abriram uma nova fase na relação entre o capitalismo e a democracia, imprevista nas teorias tradicionais da democracia. A crise pós-2008 fez subir o endividamento das democracias

---

filhos", quando, na realidade, o problema está no fato de "aqueles que ganham melhor" viverem à custa da comunidade, dispensando-se, em grande parte, de uma participação nas despesas gerais resultantes da preservação de suas reservas de caça. De resto, a existência de um salário mínimo adequado para os serviços privados contribuiria para a redução da taxa de poupança da classe média e, por conseguinte, para a eliminação de sua "situação de emergência em termos de investimento", o que – tal como podemos ler na obra de Keynes – promoveria, simultaneamente, o consumo e o crescimento.

[62] Carl Christian von Weizsäcker, "Das Janusgesicht der Staatsschulden", cit.

[63] Sobre o imposto sucessório, ver os trabalhos de Jens Beckert: entre outros, "Der Streit um die Erbschaftssteuer", *Leviathan*, n. 32, 2004, p. 543-57.

124 Tempo comprado

ricas para um nível que não permite aos credores confiar sem reservas que, no futuro, os Estados estarão dispostos e capazes de cumprir suas obrigações de pagamento. Por conseguinte, os credores esforçam-se, mais do que no passado, por influenciar a política estatal, a fim de assegurar seus direitos. Surge, assim, uma segunda classe de titulares de direitos e outorgantes de autoridade no Estado endividado para além dos cidadãos, que, no Estado fiscal democrático e na teoria tradicional da democracia, constituíam o único grupo de referência do Estado moderno.

A ascensão dos credores a uma segunda *constituency*[64] do Estado moderno assemelha--se extraordinariamente à entrada dos acionistas ativistas no mundo das grandes empresas capitalistas dos anos 1980 e 1990, sob o signo da doutrina do *shareholder value*[65]. Àquela altura, os conselhos de administração das sociedades anônimas cotadas na Bolsa viram-se confrontados com os "mercados de controle empresarial". Hoje, os governos dos Estados endividados estão perante os "mercados financeiros", e tanto uns como outros sentem-se obrigados a satisfazer um complexo de interesses adicional, cujas reivindicações aumentaram subitamente devido ao crescimento de sua capacidade de imposição em mercados que se tornaram mais líquidos. A posição dos mercados de capitais na transformação da *corporate governance* [governança corporativa] assemelha-se à dos mercados de crédito na transformação da democracia. Ambos têm inevitavelmente interesse em diminuir – por meio da utilização de seu poder de mercado recém-adquirido, em especial pela possibilidade de saída, vendendo suas participações – a influência de reivindicações rivais sobre o poder executivo em questão: a influência dos trabalhadores sobre os conselhos de administração, num caso, e a influência dos cidadãos sobre os governos por eles eleitos, no outro. Trata-se, em ambos os casos, de um conflito de distribuição: nas empresas, está em jogo a distribuição de lucros pelos acionistas, em vez dos trabalhadores ou de sua retenção para assegurar a gestão; nos Estados endividados, a obtenção daquilo a que se poderia chamar *bondholder value* [valor para os rentistas] das obrigações do Estado. Tal como o aumento do *shareholder value* exige dos conselhos de administração que submetam seus trabalhadores ou, ainda melhor, os integrem no esforço comum pelo aumento do valor no mercado, também a preservação da confiança dos credores exige que os governos convençam ou obriguem os cidadãos a diminuir suas reivindicações em relação ao orçamento de Estado, em prol dos "mercados financeiros".

Gostaria de propor, em seguida, um modelo estilizado do Estado endividado atual como destinatário e mandatário de dois coletivos constituídos de forma diferente e como

---

[64] A tradução da palavra inglesa (extremamente adequada) *constituency* é "círculo eleitoral". No entanto, essa tradução não abrange senão uma pequena parte do conteúdo semântico. *The New Shorter Oxford* define *constituency* como "*a body of customers, supporters etc.*" [um corpo de clientes, apoiadores etc.]. Recorrendo a Hegel, talvez se pudesse designar a *constituency* de um Estado como sua "raiz moral"; o Estado endividado teria, então, duas raízes.

[65] Alfred Rappaport, *Creating Shareholder Value* (Nova York, Free Press, 1986).

um sistema intermediário entre dois submundos em conflito. Estes funcionam segundo lógicas tendencialmente incompatíveis. Contudo, a política estatal tem de responder, tanto quanto possível, simultaneamente, a ambas: a população (o *povo do Estado*), por um lado, e os "mercados" (o *povo do mercado*), por outro (Figura 2.6)[66]. O povo do Estado está organizado em nível nacional e é constituído por cidadãos ligados a um Estado, diante do qual podem fazer valer seus direitos cívicos inalienáveis. Esses direitos incluem a possibilidade de, enquanto eleitores, manifestarem sua vontade em eleições periódicas. Nos intervalos entre eleições, os cidadãos influenciam as decisões dos representantes constitucionais na medida em que, levantando sua voz, participam da criação de uma "opinião pública". Em troca dessa possibilidade, os cidadãos devem lealdade ao Estado democrático, o que inclui o pagamento de impostos, cuja utilização é deixada, por princípio, à livre decisão das autoridades competentes. A lealdade dos cidadãos pode ser considerada uma contrapartida pela contribuição do Estado para a prestação de serviços de interesse geral, em especial pela garantia de direitos sociais, baseados na democracia.

O Estado democrático governado pelos cidadãos e, enquanto *Estado fiscal*, alimentado por eles, transforma-se no *Estado* democrático *endividado* mal sua subsistência deixa de depender exclusivamente das contribuições dos cidadãos para passar a depender, em grande parte, também, da confiança dos credores. Ao contrário do povo do Estado do Estado fiscal, o povo do mercado do Estado endividado está integrado em nível transnacional. A única ligação que existe entre os membros do povo do mercado e os Estados nacionais é a dos contratos: estão ligados como investidores, não como cidadãos. Seus direitos perante o Estado não são públicos, mas privados: não se baseiam numa constituição, e sim no direito civil. Em vez de direitos civis difusos, passíveis de serem expandidos do ponto de vista político, os membros do povo do mercado contam com direitos perante o Estado cuja aplicação pode ser exigida em tribunais cíveis e terminar por meio do cumprimento do contrato. Enquanto credores, não podem eleger outro governo senão aquele que não lhes agrada; podem, porém, vender seus títulos de dívida ou não participar dos leilões de novos títulos de dívida. Os rendimentos desses títulos, que refletem o risco estimado pelos investidores de não recuperação total ou parcial de seus investimentos, constituem a "opinião pública" do povo do mercado – e, uma vez que esta é expressa de forma quantificada, é muito mais precisa e legível do que a do povo do

---

[66] O modelo evoca a descrição de associações de interesses enquanto sistemas sociais que têm de sobreviver simultaneamente em dois submundos com lógicas de ação diferentes: o submundo da base dos membros, regida pela "lógica dos membros", e o submundo do sistema das instituições políticas, com sua "lógica de influência". O que está em causa, tanto num caso como no outro, é que uma organização precisa mobilizar recursos de dois submundos com expectativas contraditórias em relação a seu comportamento. Philippe C. Schmitter e Wolfgang Streeck, *The Organization of Business Interests. Studying the Associative Action of Business in Advanced Industrial Societies*. MPIfG Discussion Paper 99/1 (Colônia, 1999).

126 Tempo comprado

Estado. O Estado endividado pode esperar lealdade de seu povo, enquanto dever cívico, mas, no que diz respeito ao povo do mercado, tem de conquistar sua "confiança", pagando devidamente suas dívidas e provando que poderá e quererá fazer isso também no futuro.

Para perceber o funcionamento do Estado democrático endividado, temos de nos admirar com o fato de que, ao que parece, ninguém saiba realmente quem são os "mercados" tão importantes para ele. A literatura, pelo menos a das ciências sociais, fala pouco sobre a forma como se chega aos preços que os Estados têm de pagar pelos créditos que lhes foram concedidos. A imprensa diária ou semanal não diz quase nada sobre o assunto[67]. O que sabemos é que todos os Estados vendem títulos de dívida várias vezes ao ano, muito frequentemente para refinanciar dívidas antigas; isso significa que, em princípio, está sempre ocorrendo um leilão em alguma parte do mundo. A teoria econômica parece supor como evidente que o mercado de dívidas soberanas seja um mercado perfeito e não quer colocar essa suposição em jogo. Provavelmente por isso, é quase impossível encontrar dados sobre a estrutura do lado da procura. A facilidade de acesso a estatísticas sobre cotas de mercado e taxas de concentração noutros setores da economia, em nível nacional ou global, torna a situação ainda mais surpreendente. Conhecem-se os nomes de alguns grandes fundos ativos no mercado de dívidas soberanas, como a Calpers e a Pimco[68]. Não se sabe, porém, se, neste caso, tal como em outros mercados, também existe um pequeno grupo de grandes empresas que lidere o mercado e regule os preços. Sabe-se que os ministros das Finanças de muitos Estados procuram a Pimco para falar com o presidente do conselho de administração sobre a política orçamental em seus países[69]. Não existe legislação *antitrust* em nível internacional que proíba acordos entre líderes de mercado ou a revelação pública das

---

[67] A grande volatilidade dos prêmios de risco das dívidas soberanas se mostra surpreendente e necessitaria de uma explicação, uma vez que, no curto prazo, os dados fundamentais são os mesmos. É igualmente incompreensível por que países com uma taxa de endividamento elevada, como a Bélgica, o Japão e os Estados Unidos, podem endividar-se em condições relativamente favoráveis, enquanto um país como a Espanha, cuja taxa de endividamento é relativamente baixa, tem de pagar juros elevados para obter crédito.

[68] Pimco é o acrônimo de Pacific Investment Management Company. É possível que a empresa seja a maior gestora de fundos de investimento no mundo, especializada em títulos da dívida pública. Só o fundo de retorno absoluto da Pimco tem um volume de 263 bilhões de dólares. Seu presidente e fundador, William H. Gross, recebeu 200 milhões de dólares em 2011. Seu CEO e sucessor designado, Mohamed A. El-Erian, teve de se contentar com 100 milhões. Nos cinco anos de crise, entre 2007 e 2011, o fundo de retorno absoluto obteve lucro anual médio de cerca de 9,5% ("The Bond Market Discovers a New Leading Man", *The New York Times*, 29 jul. 2012).

[69] Na edição inglesa da revista *Spiegel* do dia 2 de agosto de 2011 foi publicada uma entrevista com o diretor executivo da Pimco El-Erian. Essa entrevista inclui a seguinte passagem: "*Spiegel*: A Pimco tem contatos regulares com governos em todo o mundo. Que conselhos daria, por exemplo, ao ministro das Finanças espanhol?

decisões de compra que estão ou não planejadas; ao contrário do que acontece com os acordos de preços entre fabricantes de cimento ou de roupa íntima, se os principais fundos do mundo revelassem, por exemplo, numa teleconferência, que não participariam do próximo leilão de títulos de dívida franceses, isso não seria punível[70].

Figura 2.6

O Estado democrático endividado e seus dois povos

Povo do Estado	Povo do mercado
Nacional	Internacional
Cidadãos	Investidores
Direitos civis	Exigências
Eleitores	Credores
Eleições (periódicas)	Leilões (permanentes)
Opinião pública	Taxas de juro
Lealdade	"Confiança"
Serviços de interesse público	Serviço de dívida

El-Erian: Penso que meus colegas em Londres se encontraram com ele e com sua delegação e que o fizeram a pedido das autoridades espanholas.

Spiegel: Quantos ministros das Finanças o contataram recentemente?

El-Erian: Alguns, assim como alguns representantes dos Bancos Centrais de todo o mundo. O que nos perguntam normalmente é o seguinte: 'O que é preciso para que a Pimco faça um investimento de longo prazo no nosso país?'. A resposta é sempre a mesma: uma perspectiva de crescimento forte e sustentável.

Spiegel: Então, seus colegas disseram ao ministro das Finanças espanhol: 'Desculpe, mas suas obrigações são demasiado arriscadas para nós'.

El-Erian: Somos muito cautelosos quanto à exposição da Grécia e da Irlanda. O debate em torno da Espanha é mais aceso, sendo que dependerá muito da forma como eles vão lidar com o problema das *cajas* [caixas de poupança".

Disponível em: <http://www.spiegel.de/international/business/spiegel-interview-with-pimco-ceo-el-erian-germany-finds-itself-in-a-very-delicate-situation-a744297.html>; acesso em: 26 nov. 2012.

[70] Também sabemos pouco sobre o papel das agências de notação de risco no mercado das dívidas públicas. Ao contrário dos mercados de titularizações, a notação de risco das obrigações do Estado não é paga por ninguém – certamente não pelos Estados que as emitem. Não é certo se os pagamentos são efetuados pelos compradores das obrigações. Durante algum tempo, as notações de risco das três grandes agências (Standard and Poor's, Fitch e Moody's) eram esperadas impacientemente e, por vezes, em pânico, pelos governos europeus e pelas organizações internacionais envolvidas; "os mercados" reagiam a essas notações como se elas fossem ordens. Parece que a situação mudou recentemente. Hoje, está em aberto se e – em caso de resposta positiva – como as agências de notação de risco coordenam seu comportamento com os credores no mercado internacional de crédito.

Os Estados democráticos endividados têm de se mover entre suas duas classes de *stakeholders* para satisfazer a ambas, pelo menos, até o ponto de elas não lhes negarem totalmente sua lealdade ou sua confiança, conforme o caso. Ao fazer isso, precisam estar atentos para não se deixar dominar demasiadamente por nenhuma das partes, uma vez que talvez se desencadeasse uma crise na relação com a outra parte. Um Estado democrático endividado só pode satisfazer seus credores se os cidadãos continuarem colaborando. Se aparecer aos olhos deles como o braço prolongado de credores, existe o perigo de se recusarem a obedecer. Ao mesmo tempo, um Estado desse tipo só pode afirmar sua legitimidade perante seus cidadãos – e, em especial, perante os contribuintes que lhe restaram, apesar da internacionalização – se seus credores estiverem dispostos a financiar e refinanciar suas dívidas sob condições aceitáveis para ele e para os cidadãos. Essa disponibilidade diminuirá ou desaparecerá se um Estado for demasiado ao encontro dos desejos de seus cidadãos, gastando recursos que poderão faltar no serviço da dívida. A orientação de um Estado endividado por uma das duas partes é decidida pelo poder relativo delas. Este depende, por sua vez, da probabilidade e da gravidade que uma retirada de confiança ou lealdade tem para o Estado e o governo.

O conflito, característico da política do Estado democrático endividado, entre suas duas comunidades de reivindicações, em luta pelo controle deste, é um fenômeno novo, ainda em evolução e praticamente por estudar. Há muitos motivos para considerar que o surgimento do capital financeiro como um segundo povo – um povo do mercado, que rivaliza com o povo do Estado – constitui uma nova fase da relação entre o capitalismo e a democracia na qual o capital deixou de influenciar a política apenas indiretamente – por meio do investimento ou não em economias nacionais – e passou a influenciá-la diretamente – pelo financiamento ou não do próprio Estado. A investigação crítica da democracia dos anos 1960 e 1970 analisou a forma como os Estados democráticos do período pós-guerra conseguiram garantir, em maior ou menor grau, sua legitimidade democrática, apesar da posição realmente de exceção dos cidadãos que dispunham de meios de produção e de investimento. O retrocesso, rápido e fortemente dominado por uma classe política, da organização e da participação democrática no processo de liberalização, assim como a restrição crescente do espaço político de manobra ao longo da sequência de crises das quatro últimas décadas, poderia significar que não é fácil conseguir algo semelhante após a transição do Estado fiscal para o Estado endividado.

Gostaria de resumir algumas observações estilizadas sobre a política do Estado endividado e sobre as constelações de interesses nele atuantes, embora estas não representem, atualmente, senão impressões com base na leitura de jornais, dada a quase inexistência de investigação sobre o assunto.

1. O aumento do endividamento no longo prazo das democracias ricas começou, já há algum tempo, a reduzir sua soberania de fato, submetendo cada vez mais a política

dos governos à disciplina dos mercados financeiros. Em abril de 2000, Rolf Breuer, então chefe do Deutsche Bank, já havia escrito um artigo muito notado no semanário *Die Zeit* no qual afirmava que a política do século XXI teria de "ser formulada, mais que nunca, considerando também os mercados financeiros". "Se quisermos, os mercados financeiros assumiram um papel de vigilância importante, quase com um 'quinto poder', juntamente com os meios de comunicação social." Segundo ele, essa situação não seria necessariamente de lamentar: "Talvez não fosse assim tão ruim a política do século XXI andar a reboque dos mercados financeiros". Afinal,

> foi a política [...] que contribuiu para restrições a ações que ela mesma, por vezes, considera dolorosas. Os governos e os parlamentos utilizaram excessivamente o instrumento do endividamento do Estado. Isso implica – como no caso de outros devedores – a obrigação de prestar contas aos credores. Quanto maior for a dívida pública, tanto mais os Estados estarão expostos ao julgamento dos mercados financeiros. Portanto, se hoje governos e parlamentos se sentem obrigados a considerar mais as necessidades e as preferências dos mercados financeiros internacionais, essa situação também se deve a erros passados.[71]

Poucos anos depois, foi possível referir os mesmos fatos de forma muito mais crua. Em 19 de setembro de 2007, Alan Greenspan, presidente do Banco Central estadunidense na época, deu uma entrevista ao jornal *Tages-Anzeiger*, de Zurique, e respondeu da seguinte maneira quando lhe perguntaram qual dos candidatos à presidência dos Estados Unidos ele apoiava:

> Temos a sorte de, graças à globalização, as decisões políticas nos Estados Unidos terem sido substituídas em grande parte pela economia de mercado mundial. À exceção do tema da segurança nacional, quase não importa quem será o próximo presidente. O mundo é governado pelas forças de mercado.[72]

A restrição à soberania dos Estado nacionais por parte das "forças de mercado" equivale a uma restrição da liberdade de decisão democrática de seus povos e ao aumento correspondente do poder do povo do mercado, cada vez mais imprescindível para seu financiamento. A democracia em nível nacional pressupõe a soberania dos Estados; contudo, os Estados endividados, dependentes dos mercados financeiros, dispõem cada vez menos dessa soberania. A vantagem organizacional dos mercados financeiros integrados em nível global em relação a sociedades organizadas no nível de Estados nacionais, bem como em relação ao poder político daí resultante,

---

[71] Rolf-E. Breuer, "Die fünfte Gewalt". Disponível em: <http://www.zeit.de/2000/18/200018.5._gewalt_.xml>; acesso em: 18 jun. 2018.

[72] Citado segundo Ulrich Thielemann, "Das Ende der Demokratie", *Wirtschaftsdienst – Zeitschrift für Wirtschaftspolitik*, n. 91, 2011, p. 820-3.

tornou-se dramaticamente evidente pela primeira vez quando, em setembro de 1992, o empresário financeiro George Soros conseguiu juntar dinheiro suficiente para ser bem-sucedido num ataque especulativo ao Bank of England, detonando, assim, o sistema monetário europeu de então. O lucro que obteve nessa operação seria de cerca de 1 bilhão de dólares.

2. O principal objetivo dos credores dos Estados no conflito com os cidadãos tem de consistir em garantir que, em caso de crise, seja dada prioridade a seus direitos sobre os direitos do povo do Estado – prioridade do serviço da dívida em relação à prestação de serviços de interesse geral. A melhor maneira de conseguir isso é pela criação de instrumentos – de preferência, consagrados na constituição – como o "impedimento ao endividamento", que restringem a soberania dos eleitores e dos futuros governos no que diz respeito às finanças públicas. A criação de instituições desse tipo pode ser imposta por maiores prêmios de risco ou recompensada por menores prêmios de risco da dívida pública. Em princípio, está em questão um problema central do direito das falências, projetado para a política financeira estatal: que direitos têm prioridade em caso de falência? Na perspectiva dos credores, é preciso garantir que o "*haircut*" necessário não se realize à sua custa, mas à custa dos pensionistas e dos beneficiários de seguros de saúde – portanto, que os Estados exerçam sua soberania apenas em relação aos povos do Estado, não do mercado. Se nos lembrarmos dos debates dos últimos anos, constataremos que esse princípio já se tornou óbvio: virou lugar-comum em todo o espectro político afirmar que é necessário evitar a todo custo uma "inquietação dos mercados" – dos *rentistas*[73] –, assim como que é possível tolerar uma eventual inquietação dos *pensionistas* em nome do bem comum.

3. Ao lutar pela "confiança dos mercados", os Estados endividados têm de tornar credível que se esforçam para estar sempre em posição de cumprir suas obrigações em termos de direitos civis, assim como suas obrigações contratuais. Em tempos de crise, a melhor forma de conquistar essa confiança é pela imposição de medidas de austeridade contra a própria população, de preferência envolvendo a oposição e criando

---

[73] A ilustração dessa situação justifica uma citação mais longa do artigo de Ulrich Thielemann, estudioso da ética na economia. Em setembro de 2011, Philipp Rösler, ministro alemão da Economia, escreveu num artigo publicado no *Welt* que não podiam existir "proibições de pensamento" e que era necessário analisar "a possibilidade de um processo ordenado de insolvência do Estado". Thielemann descreve do seguinte modo o que sucedeu depois: "O ministro das Finanças, Wolfgang Schäuble, reagiu de imediato, afirmando ser 'rigorosamente contra um debate público sobre a insolvência', uma vez que isso poderia desencadear 'reações descontroladas nos mercados financeiros'. Segundo havia dito uns dias antes, 'os mercados não poderiam ter dúvidas quanto à capacidade de ação da Europa' [...]. A oposição aproveitou a oportunidade para marcar pontos na área habitualmente designada como 'competência econômica'. Segundo Jürgen Trittin, chefe do grupo parlamentar dos Verdes, as afirmações de Rösler são de 'amador' e mostram que o 'lugar no Ministério da Economia está ocupado por um estagiário'. As bolsas reagiram". Ibidem, p. 820.

instrumentos que limitam as despesas, com garantias permanentes. É que, enquanto os eleitores tiverem a possibilidade de provocar a substituição de um governo que serve aos interesses do mercado de capitais, o povo do mercado não pode ter certeza absoluta de que seus interesses sejam totalmente salvaguardados. A existência de uma oposição com ideias menos compatíveis com o mercado de capitais e potencialmente capaz de governar já é suficiente para a perda de confiança num Estado e, assim, para a perda de dinheiro. Por isso, o melhor Estado endividado é aquele com uma grande coligação, pelo menos, na política financeira e fiscal, assim como com técnicas comprovadas na exclusão de posições divergentes da casa comum da constituição nacional. A República Federal da Alemanha já se aproxima muito dessa situação.

4. O fato de os cortes excessivos nas despesas para o povo do Estado poderem prejudicar o crescimento da economia nacional constitui um problema grave para "os mercados". O crescimento reduz a taxa de endividamento e facilita o serviço da dívida aos Estados[74]; a estagnação da economia, porém, senão mesmo sua recessão, aumenta a probabilidade de incumprimento. A tarefa de conciliar a austeridade com o crescimento assemelha-se à quadratura do círculo; ninguém sabe realmente como resolvê-la[75]. Essa questão também está na base da infinita polêmica entre diversas escolas de economia em relação ao caminho para resolver a crise financeira do Estado. Enquanto uns apostam no lado da oferta, isto é, na redução dos impostos e em cortes nas atividades do Estado, com o objetivo de reanimar a economia privada, outros exigem reforço da procura pública e privada como condição prévia para novos investimentos na economia real.

5. Há outras complicações que resultam do fato de uma parte cada vez maior do povo do mercado também pertencer a um povo do Estado, enquanto cidadãos normais, e seus interesses não abrangerem apenas o serviço seguro da dívida pública, mas também – e, possivelmente, ainda mais – a prestação regular de serviços de interesse geral. Esse grupo cresceu bastante nos últimos anos, devido à privatização de partes da seguridade social, por exemplo sob a forma de pensões complementares, assim como devido ao aumento das poupanças da classe média. A questão que se apresenta a esse grupo é a de saber o que lhe seria mais prejudicial: um incumprimento do Estado em relação "aos mercados", que reduziria as poupanças investidas, ou um corte de prestações sociais para impedir esse incumprimento. Em termos políticos, esse grupo

---

[74] Ao que parece, isso só se aplica abaixo de determinado nível de endividamento. Segundo a opinião de um grupo influente de peritos, o limite para além do qual o endividamento do Estado *impede* um crescimento futuro situa-se em 80% do produto nacional. Carmen M. Reinhart e Kenneth S. Rogoff, *Growth in a Time of Debt*, NBER Working Paper n. 15.639, 2010. Se fosse verdade – essa lei, tal como todas as outras baseadas no cálculo econométrico, também tem de ser vista com alguma precaução –, muitas das economias nacionais desenvolvidas já não seriam capazes de crescer atualmente.

[75] As observações finais apresentam ideias sobre esse tema.

poderia ser conquistado tanto para uma política de austeridade, protetora de seu capital, como para uma política de recusa da austeridade, protetora do Estado social. Em termos sociológicos, esse grupo poderia ser considerado um novo tipo de intermédio sob pressão de interesses contraditórios.

6. Sabemos pouco sobre as relações de poder entre os povos dos Estados e o povo do mercado e sobre a forma como esses vínculos influenciam a negociação, em curso, dos *terms of trade* [termos de troca] em vigor entre eles. O poder dos investidores alimenta-se, acima de tudo, do avanço de sua integração internacional e da existência de mercados globais eficientes; ambas permitem uma mudança rápida de investimentos ao perderem a "confiança". Além disso, as agências de notação de risco podem ajudá-los eventualmente a coordenar-se e a exercer, enquanto povo do mercado ("os mercados"), uma pressão conjunta sobre os Estados cujos cidadãos ou governos não querem satisfazer seus desejos. Por outro lado, os proprietários dos recursos monetários parecem necessitar da possibilidade de investir pelo menos parte de seu capital em títulos de dívida soberana para proteger suas carteiras. Os Estados também podem obrigar "os mercados" a investir em títulos de dívida soberana recorrendo a medidas de regulamentação; por exemplo, aumentando o nível de provisionamento de riscos prescrito na lei para os bancos e as seguradoras[76]. Além disso, em princípio, podem "reestruturar" suas dívidas segundo os próprios critérios, uma vez que, enquanto devedores "soberanos", continuam não estando sujeitos a qualquer regime de insolvência[77]. Eles podem impor uma redução da dívida aos credores e, em caso extremo, chegar a suspender completamente o serviço da dívida. Na realidade, esse é o pesadelo recorrente dos credores[78]. No entanto, como a cessação de pagamentos prejudicaria a futura solvabilidade de um Estado, os Estados só recorrem

---

[76] Essa medida, associada a juros baixos, controle de movimento de capitais e subida de taxas de inflação, pode constituir uma estratégia para a redução do endividamento público. A expressão técnica para isso é "repressão financeira". Carmen M. Reinhart e M. Belén Sbrancia, *The Liquidation of Government Debt*. NBER Working Paper Series (Cambridge, 2011).

[77] A criação de um regime de insolvência para Estado tem sido proposta com frequência. Os credores esperam que ele limite a liberdade de ação dos Estados endividados, em caso de incumprimento. No entanto, não podem ter a certeza de levar os Estados a comprometer-se neste sentido. Pelo contrário, um regime de insolvência poderia levar à normalização das insolvências dos Estados e, portanto, à sua multiplicação.

[78] Os credores se esforçam para encontrar meios de se proteger contra essa eventualidade. Em janeiro de 2012, o jornal *The New York Times* referiu um fundo de cobertura (*hedge fund*) que analisava a possibilidade de apresentar queixa no Tribunal Europeu dos Direitos Humanos contra a Grécia por violação do direito à propriedade devido ao "envolvimento dos credores" no saneamento financeiro do país, em 2011, considerado, entretanto, insuficiente. É citada uma frase de um investidor: "*What Europe is forgetting is that there needs to be respect for contract rights*" [A Europa esquece que os direitos contratuais têm de ser respeitados]. Ver "Hedge Funds May Sue Greece if it Tries to Force Loss", *The New York Times*, 19 jan. 2012.

a esse meio quando não têm alternativa. Contudo, em princípio, o desendividamento unilateral constitui uma arma perigosa dos Estados devedores para defender os direitos de seus cidadãos à prestação pública de serviços de interesse geral. Enquanto existir essa arma e enquanto a possibilidade de utilização representar uma ameaça, os credores de um Estado endividado podem ter razões para ser comedidos na defesa de seus interesses[79].

7. "Os mercados" podem servir-se da "comunidade dos Estados" e de suas organizações para garantir seus direitos em relação aos Estados endividados. Para tanto, podem aproveitar a vantagem que têm, em termos organizacionais, em comparação com o sistema estatal integrado em mercados globais, mas ainda baseado em nações. Em mercados financeiros com interligações internacionais, o colapso de um Estado endividado tem diversos efeitos externos sobre os outros Estados, efeitos esses de tipo e dimensão imprevisíveis. Por exemplo, as instituições financeiras estrangeiras podem ser afetadas a ponto de necessitarem ser resgatadas por "seus" governos, com elevados custos fiscais[80]. Além disso, as partes privatizadas dos regimes de pensões da população podem sofrer um colapso ou a confiança dos "mercados" em títulos da dívida soberana, como tais, pode ser prejudicada, o que faria subir as taxas de juro que os outros Estados têm de pagar para refinanciar dívidas. Por isso, um Estado em risco ficará exposto à pressão dos outros Estados e das organizações internacionais para cumprir suas obrigações perante os credores, mesmo que seja à custa do não cumprimento de suas obrigações perante seus cidadãos. Ao mesmo tempo, os outros Estados também podem sentir-se pressionados a ajudar o Estado afetado, em nome da "solidariedade internacional", para impedir uma situação de incumprimento do pagamento, por meio de créditos e transferências. É óbvio que, em princípio, os Estados também poderiam fazer uma aliança contra os mercados, por exemplo recusando-se conjuntamente a cumprir as exigências de austeridade. Apresentam-se aqui problemas clássicos de ação coletiva que resultam, entre outras coisas, da existência de interesses e condições prévias

---

[79] Por exemplo, no aumento dos prêmios de risco de dívidas soberanas. Em termos gerais, parece ser consenso que os Estados deixam de servir a sua dívida se for excedida uma taxa de juros de cerca de 7%. No entanto, as dívidas de um Estado só são financiadas ou refinanciadas em parcelas, por isso demora algum tempo até uma subida da taxa de juro se aplicar a parte suficientemente grande da dívida, tornando aguda a possibilidade de insolvência. No fundo, os credores de um Estado, se não querem matar a galinha dos ovos de ouro – a não ser que contem com a substituição da galinha que morreu prematuramente por outra galinha –, não deveriam estar interessados nessa situação. Garantir-lhes tal substituição poderia criar um *moral hazard* perigoso.

[80] Na realidade, não se sabe qual é a interligação exata das instituições financeiras dos diversos países. Como já foi mencionado, os chamados "testes de esforço", realizados por organizações internacionais, também não revelam nada acerca dessa questão – por um lado, porque só podem contar com os dados de que as autoridades de supervisão financeira dispõem e transmitem e, por outro, porque são concebidos de antemão de forma que seus resultados, mesmo no pior dos cenários, não provoquem pânico.

diferentes nos países envolvidos. Por exemplo, é pouco provável que um país como a Grã-Bretanha, que depende como nenhum outro da saúde econômica de seu setor financeiro, aderisse a um acordo de vários Estados para exigir uma redução da dívida aos "mercados financeiros", a não ser que recebesse compensações de outros Estados.

Política de endividamento como
diplomacia financeira internacional

A política do Estado moderno endividado está se tornando, simultaneamente, complicada e esquiva ao controle democrático, uma vez que se concretiza, em grande parte, como política internacional – sob a forma de diplomacia financeira internacional –, sobretudo na Europa. O conflito de distribuição entre os povos dos Estados e o povo do mercado – ele mesmo enquanto versão resultante do conflito de distribuição entre dependentes do salário e dependentes do lucro – é projetado para um novo nível, no qual aparece de tal maneira distorcido que se torna irreconhecível, ao mesmo tempo que se apresenta como mais um palco ideal para representações da pós-democracia. O público dos Estados nacionais europeus há anos assiste, estupefato, a um espetáculo confuso, com mudanças surpreendentes, e que não fica nada atrás das excentricidades da história da pequena Alice no País das Maravilhas.

O que está em causa na política de endividamento, porém, é muito mais sério. O fato de a *governance* internacional ter sido encarregada da supervisão e da regulação fiscal de governos nacionais ameaça fazer com que o conflito entre o capitalismo e a democracia seja decidido durante muito tempo, senão para sempre, a favor do primeiro, dada a expropriação dos meios políticos de produção dos povos dos Estados. Quando os planos aprovados em 2012, relativos à reorganização do sistema estatal europeu por meio de um "pacto fiscal", tiverem sido implementados, os Estados nacionais e suas políticas ficarão vinculados – sob pressão dos mercados financeiros e das organizações internacionais – a respeitar os princípios da justiça de mercado do ponto de vista do direito internacional e constitucional. Além disso, ficarão privados, em grande parte, da possibilidade de a modificar em nome da justiça social[81]. A essa altura, a liberalização do capitalismo moderno, com uma imunização duradoura de seus mercados contra intervenções políticas discricionárias, alcançará seu objetivo.

A internacionalização da crise fiscal e da política de endividamento esconde os agentes políticos e econômicos do capitalismo democrático sob a estrutura de um mundo

---

[81] Para mais informações sobre essa questão, ver, no capítulo 3, o debate sobre a União Europeia enquanto Estado de consolidação internacional.

de nações com interesses comuns, divergentes e contraditórios. Os Estados parecem times de futebol disputando o topo num campeonato de desempenho econômico, competitividade, grau de corrupção, clientelismo político e critérios semelhantes[82], ao mesmo tempo que, nas relações uns com os outros, são transformados em titulares de direitos e deveres coletivos, por exemplo no que diz respeito ao direito a apoio solidário no caso de emergência. A consequência é uma reformulação nacionalista e surpreendentemente popular da política de endividamento, com um elevado potencial demagógico, assim como uma rápida renacionalização e uma moralização nacionalista do discurso político internacional, ao mesmo tempo que o respeito pelo direito à soberania estatal depende do bom comportamento de um país em relação aos mercados financeiros globais e às organizações internacionais ou do cumprimento das regras de comportamento que estes estabeleceram.

A retórica da política internacional em matéria de endividamento apresenta as nações de concepção monista como agentes morais completos, com uma responsabilidade coletiva. As relações de classe e de poder em nível interno são ignoradas, o que permite distinções discursivas entre nações que "têm a casa em ordem" e aquelas que "não fizeram sua lição de casa" e, por isso, não podem se queixar quando são sujeitas a "medidas enérgicas". Os países "preguiçosos" têm de merecer a solidariedade dos países honestos, reformando-se segundo o exemplo destes ou, pelo menos, tentando fazer isso tanto quanto possível. Os países em dificuldades esperam que seus vizinhos com mais sorte e, por isso, mais bem colocados lhes prestem ajuda solidária, por obrigação moral; se não o fazem ou se não o fazem na dimensão desejada, são considerados como coletivamente arrogantes e insensíveis. O livro de Thilo Sarrazin[83] e a apresentação da chanceler alemã como discípula espiritual de Adolf Hitler na imprensa diária em países como a Itália e a Grécia constituem exemplos paradigmáticos desses estereótipos nacionalistas[84].

---

[82] Nas ciências sociais, tal perspectiva é assumida pela investigação política comparada que tem, quase sempre, conotação agônica: qual é o país ou o grupo de países "melhor" no crescimento econômico, na política ambiental, na saúde, na satisfação da população, na dimensão da participação política etc.?

[83] Thilo Sarrazin, *Europa braucht den Euro nicht. Wie uns politisches Wunschdenken in die Krise geführt hat* (Munique, Deutsche Verlags-Anstalt, 2012).

[84] Ver o artigo "Antideutsche Stimmung kocht in Italien hoch", em *Frankfurter Allgemeine Zeitung*, 7 ago. 2012: "Na Itália, o tom do debate sobre o euro é cada vez mais agressivo contra a Alemanha. O ponto alto da campanha até aqui foi atingido na última sexta-feira com a manchete 'Quarto Reich', no *Giornale*, pertencente a Paulo Berlusconi, irmão de Sílvio Berlusconi, e à editora Mondadori, cotada na Bolsa e controlada por Sílvio. O redator-chefe, Alessandro Sallusti, escreveu que os alemães ainda não estão satisfeitos, após duas guerras mundiais, com milhões de mortos. 'Agora voltam não com canhões, mas com o euro. Os alemães pensam que o euro é uma coisa deles, que nós temos de aceitar tudo, submeter-nos ao novo *Kaiser* chamado Angela Merkel, que,

136 Tempo comprado

Numa perspectiva político-econômica, a política internacional em matéria de endividamento aparece, pelo contrário, como cooperação entre governos nacionais para proteger os investidores financeiros de prejuízos, com o objetivo geral de manter baixos os prêmios de risco sobre os empréstimos contraídos pelos Estados e de se proteger contra o risco de ter de indenizar "seus próprios" bancos nacionais pelas perdas ou de salvá-los do colapso. Assim, os Estados protegem seus próprios cidadãos mais abastados que investiram as suas poupanças em títulos de dívida soberana e em instrumentos financeiros semelhantes. Os "mercados", tal como os governos, esforçam-se a todo o custo para impedir que os Estados endividados em perigo utilizem sua soberania e cessem seus pagamentos. A prioridade máxima da comunidade internacional dos Estados endividados consiste no serviço tão completo quanto possível da dívida contraída por todos os seus membros, mesmo os mais fracos.

Faz parte do conflito entre os povos dos Estados e o povo do mercado que os cidadãos dos países em que os mercados financeiros ainda confiam sejam exortados pelos seus governos e os dos outros países, assim como pelas organizações internacionais e pelos próprios investidores financeiros, a ser "solidários" com países ameaçados de insolvência[85]. Como não se trata de salvar nações, mas as carteiras dos credores delas, estabilizando, assim, o mercado global de títulos da dívida soberana, não importa se o rendimento *per capita* de um país doador é ou não inferior ao do país beneficiário[86].

---

agora, também quer mandar aqui em casa.' De acordo com o que escreve Sallusti na primeira página do jornal dos Berlusconi, o que é ruim é que a Itália não reage, tal como as forças aliadas não reagiram contra Hitler em 1938. [...] Mario Monti, o primeiro-ministro italiano, alertou, há pouco, numa entrevista à revista *Spiegel*, para ressentimentos antialemães na Itália, desvalorizando o significado dos parlamentos nacionais. Essas últimas afirmações foram muito criticadas na Alemanha. O jornal *Libero*, da direita populista, foi ainda mais longe nos ataques italianos em sua edição on-line de segunda-feira: 'Os alemães nazis querem dar-nos lições de democracia'".

[85] George Soros, o grande especulador, fez repetidos apelos neste sentido, apelos que encontraram grande eco na opinião pública. Segundo o *Frankfurter Allgemeine Zeitung* de 26 de janeiro de 2012, Soros alertou, no Fórum Econômico Mundial, em Davos, para o "perigo de o euro minar a coesão política da UE [...]. A Alemanha seria a principal responsável [...]. Para diminuir o perigo, Soros recomendou aos europeus uma disciplina financeira rigorosa, bem como reformas estruturais [...]. As euro-obrigações constituiriam um instrumento para isso". Soros gosta de difundir seus apelos por meio de economistas e cientistas sociais que apoia sob a forma de consultadoria político-econômica em questões de unificação europeia. Ver C. Fred Bergsten, William R. Cline, Nicolas Véron e Luis Garicano, "Breaking the Deadlock: A Path Out of the Crisis", Washington D.C., Institute for New Economic Thinking (fundado pelo Soros em 2009)/ Peterson Institute for International Economics, 23 jul. 2012. Disponível em: <https://piie.com/events/breaking--deadlock-path-out-euro-crisis>; acesso em: 31 jul. 2018.

[86] Assim, esperava-se, obviamente, que a Eslováquia participasse da ajuda à Irlanda, embora seu rendimento *per capita* se situe muito abaixo do irlandês (o qual, antes da crise, era superior ao alemão). No que diz respeito à "solidariedade" alemã exigida, por exemplo, com a Grécia, a justificação

Por isso mesmo, não há qualquer contradição no fato de o apoio prestado nem sequer chegar ao país em questão, mas ir diretamente para seus credores estrangeiros[87]. No entanto, os países "resgatados", apesar ou precisamente por causa disso, têm de exigir de seus cidadãos cortes profundos no nível de vida, garantindo a confiança dos mercados financeiros no longo prazo, mas também para acalmar os cidadãos dos Estados doadores, que têm igualmente de aceitar cortes nos orçamentos públicos e nas prestações sociais para financiar a solidariedade da comunidade dos Estados com os "mercados"[88]. Consegue-se, assim, que ambos os lados, tanto "doadores" como

---

moral utilizada é a do maior rendimento *per capita* na Alemanha. No entanto, a retórica pública omite completamente qualquer referência ao fato de existirem muitos gregos bem mais ricos que quase todos os alemães e de existirem cada vez mais alemães cujo nível de vida se situa abaixo do da classe média grega. O contributo desses alemães para a salvação do Estado grego, sob a forma, sobretudo, de cortes de todo tipo nos orçamentos sociais, evita perdas dos bancos que pertencem à classe alta grega e subvenciona a não tributação das maiores fortunas gregas. Em 2005, a receita proveniente dos impostos sobre o rendimento na Grécia atingiu 4% do produto interno bruto, em comparação com 10% nos quinze países da Europa ocidental que pertencem à União Europeia. A totalidade dos impostos constituiu 29,7% do produto nacional; na União Europeia dos Quinze, o valor situava-se em 39,7%; portanto, um terço acima. Herbert Grözinger, "Griechenland. Von den Amerikas lernen, heißt siegen lernen", *Blätter für deutsche und internationale Politik*, 2012, p. 35-9. Em 2001, ano de sua adesão à União Monetária e de início do grande endividamento público com ajuda de créditos baratos, a Grécia baixou a taxa máxima de imposto sobre os lucros de 40% para 20%. Maria Markantonatu, *The Uneasy Course of Democratic Capitalism in Greece. Regulation Modes and Crises from the Post-War Period to the Memoranda*. MPIfG Discussion Paper (Colônia, 2012).

[87] "*Its membership in the euro currency union hanging in the balance, Greece continues to receive billions of euros in emergency assistance from the so-called troika of lenders overseeing its bailout. But almost none of the money is going to the Greek government to pay for vital public services. Instead, it is flowing directly back into the troika's pockets. The European bailout of 130 billion euros that was supposed to buy time for Greece ist mainly servicing only the interest on the country's debt – while the Greek economy continuous to struggle [...]. On the face of it, the situation seems absurd. The European authorities are effectively lending Greece money so Greece can repay the money it borrowed from them*" [A Grécia, com sua entrada na União Monetária em risco, continua a receber bilhões de euros em ajuda de emergência da chamada *troika* de credores que supervisionam seu resgate. No entanto, não vai quase dinheiro nenhum para o governo grego pagar serviços públicos vitais. Pelo contrário, o dinheiro regressa diretamente aos bolsos da *troika*. O resgate europeu de 130 bilhões de euros, que era suposto comprar tempo para a Grécia, serve apenas aos juros da dívida do país, enquanto a economia continua a debater-se [...]. Face a isso, a situação parece absurda. As autoridades europeias efetivamente emprestam dinheiro à Grécia para que a Grécia volte a pagar-lhes o que lhe emprestaram]. Ver "Most Aid to Athens Circles Back to Europe", *The New York Times*, 30 maio 2012.

[88] Na mundivisão holística e nacionalista da diplomacia financeira internacional entre Estados endividados, os trabalhadores gregos, a quem são reduzidas as pensões, na sequência das medidas estrangeiras de resgate, pagam para "seus" bancos. O jogo linguístico, há muito hegemônico, de

"beneficiários", encarem o tributo a pagar aos mercados financeiros como chantagem recíproca de países ou populações com um grau de "riqueza" diferente ou dignos de uma riqueza diferente.

A solidariedade internacional, que, na prática, resulta numa punição, por meio de uma política internacional de austeridade imposta de fora e de cima, atribui aos cidadãos de um Estado insolvente responsabilidade total pelos governos anteriores. Isso é justificado com o argumento de que os cidadãos elegeram democraticamente tais governos. Portanto, a democracia serve para criar uma identidade entre cidadãos e governo, entre o povo eleitor enquanto parte principal e o governo enquanto agente, suficientemente profunda para exigir dos cidadãos que paguem do próprio bolso os empréstimos contraídos em seu nome – independentemente de quem elegeram e de terem ou não recebido algo do dinheiro emprestado. A eles é também negada, enquanto cidadãos de um Estado, uma opção que lhes seria facilmente acessível se, enquanto cidadãos, fossem agentes econômicos, isto é, a possibilidade de exigirem uma restrição da penhora, por exemplo, baseando-se na Convenção Europeia dos Direitos Humanos.

Enquanto o discurso público neonacionalista considera que a causa do sobre--endividamento nacional está no fato de os cidadãos de um país terem construído uma vida cômoda para si à custa dos cidadãos de outros países (o que justifica, então, a imposição da solidariedade como castigo), na realidade, os Estados endividados contraíram dívidas para substituir impostos que não conseguiram ou – no interesse da paz social – não quiseram nem puderam cobrar de seus cidadãos, sobretudo dos mais ricos. Isso transforma a ajuda internacional a um Estado endividado em solidariedade não só com seus credores, mas também com sua classe alta pouco tributada – aliás, no neoliberalismo, cada vez menos tributada; em última análise, a solidariedade subvenciona uma distribuição incorreta dos rendimentos, também porque poupa os cidadãos do Estado apoiado ao esforço de se organizar politicamente em prol da correção dela, assumindo conflitos e riscos associados. De resto, a situação atual em que os "que ganham mais" podem fugir às obrigações fiscais mais facilmente que nunca, chegando, assim, a obrigar seu país natal a contrair dívidas, é uma consequência da liberalização dos mercados de capitais nas últimas décadas. Países como os Estados Unidos, a França, a Grã-Bretanha e a Alemanha se beneficiaram muitíssimo da fuga de capitais de países com uma tributação leve e uma distribuição desigual dos rendimentos, em especial, seus cidadãos mais ricos – e nomeadamente, sob a forma de aumentos

---

um holismo nacional e neoliberal ressuscitado não encontra nenhuma formulação para a ideia de começar por envolver na salvação dos bancos gregos os acionistas que, nos últimos anos, registaram lucros, aumentos do valor, salários e prêmios abundantes no negócio bancário. Isso reflete, sem dúvida, também a impotência de Estados apenas aparentemente soberanos perante os mercados financeiros internacionais, após a transição neoliberal.

dos preços de imóveis de luxo. Os cidadãos dos Estados cujos governos concederam liberdade de circulação ao capital – sob o aplauso dos "mercados financeiros" – ou que foram obrigados a fazer isso por pressão da "comunidade internacional" recebem hoje a conta de tudo isso.

No mundo às avessas de uma diplomacia financeira e fiscal entre os Estados inserida nos mercados financeiros internacionais, a entrega da soberania nacional a instituições e a ajudas internacionais, assim como a regulamentação transfronteiriça, torna-se não só um instrumento para garantir depósitos e cobrar dívidas em nome dos investidores financeiros, como também um instrumento de desdemocratização do capitalismo, por meio da proteção dos "mercados" contra intervenções políticas em nome de uma justiça social que corrige o mercado. A soberania nacional – pressuposto central da democracia nacional – é deslegitimada como oportunidade para fazer dívidas à custa de outros países, muitas vezes com aprovação dos povos dos Estados obrigados à cobertura comunitarizada das dívidas, e abolida em prol de agências de disciplina, surdas à democracia – não só nos Estados sobre-endividados, mas, em geral, invocando-se valores como a solidariedade internacional e a superação pacífica do nacionalismo, por meio da integração supranacional.

III.

A POLÍTICA DO ESTADO DE CONSOLIDAÇÃO: NEOLIBERALISMO NA EUROPA

O Estado endividado, que substituiu o Estado fiscal, está prestes a transformar-se num "Estado de consolidação", graças à crise financeira e fiscal, e a concluir o abandono neoliberal do sistema europeu de Estados, bem como sua economia política, marcada, na fase inicial, pelo keynesianismo. O Estado de consolidação em surgimento constrói-se como regime internacional de vários níveis, o que não acontece por acaso. A possibilidade de existência de um nexo entre internacionalização e desnacionalização, por um lado, e liberalização, por outro, está presente na consciência pública pelo menos desde os debates sobre as consequências políticas da "globalização". No entanto, ninguém verbalizou esse nexo tão cedo e de forma tão clara como Friedrich von Hayek, no artigo "The Economic Conditions of Interstate Federalism", publicado em setembro de 1939 na revista *New Commonwealth Quarterly*[1] – sendo, portanto, contemporâneo ao início da Segunda Guerra Mundial.

INTEGRAÇÃO E LIBERALIZAÇÃO

O artigo de Hayek, refletindo as circunstâncias em que foi escrito, começa apresentando as condições de possibilidade de uma ordem internacional pacífica estável. Segundo ele, isso só pode ser garantido no longo prazo por meio de uma federação de

---

[1] Friedrich A. Hayek, "The Economic Conditions of Interstate Federalism", em idem (org.), *Individualism and Economic Order* (Chicago, University of Chicago Press, 1980 [1939]), p. 255-72.

142 TEMPO COMPRADO

Estados suficientemente forte para arbitrar os conflitos internos entre seus Estados-
-membros e para garantir sua segurança coletiva em nível externo. Para tanto, seria necessária uma política externa e de defesa comum nas mãos de um governo central. Isso,
porém, não seria suficiente; não existe "nenhum exemplo de países com uma política
externa e de defesa comum sem uma ordem econômica comum"[2]. Se fosse permitida
a existência de ordens e políticas econômicas diferentes dentro de uma federação, estas
fariam nascer uma "solidariedade de interesses" de acordo com os Estados que a compõem
e a consequência seria que as linhas de conflito econômico entre os cidadãos da confe-
deração coincidiriam com as fronteiras dos respectivos Estados[3]. Isso levaria os mesmos
grupos a entrar em conflito, não grupos cuja composição estaria em mudança permanente.
No entanto, para a unidade do todo é necessário "que os grupos em conflito não sejam
sempre os mesmos e, sobretudo, que exista sobreposição territorial dos diferentes grupos
de interesses e que estes nunca coincidam com os habitantes de determinada região"[4].

Ora, se a coesão de uma federação exige um regime econômico único para que
a solidariedade não fique ligada a nações, que forma deve assumir esse regime? Os
dois passos que seguem constituem o cerne do argumento de Hayek. Primeiro, ele
demonstra que uma ordem econômica comum, sem direitos aduaneiros nas fronteiras
internas e com liberdade de circulação de pessoas e capital – uma união com "mercado
único"[5] – tem de restringir fortemente o alcance e a profundidade de intervenção
da política econômica de cada Estado-membro. Segundo, considera que as intervenções
políticas no mercado, que teriam de ser excluídas no âmbito estatal, não poderiam ser
transferidas para o nível federal, procedendo-se, por assim dizer, a uma substituição por
intervenções em um nível superior. Portanto, "determinadas competências econômicas
exercidas hoje, em geral, pelos Estados nacionais" não poderiam ser "exercidas pela
federação nem pelos Estados-membros". Isso significa "que, em termos globais, tem
de haver *menos governo para que seja possível uma federação na prática*"[6].

No que diz respeito ao primeiro ponto, Hayek afirma que, se existisse livre
circulação de "pessoas, bens e capitais"[7], as intervenções estatais no mercado, por
exemplo para promover produtos nacionais, teriam consequências tão graves para a
federação na totalidade que não poderiam ser toleradas. Também não seria possível os
Estados-membros terem uma política monetária própria: "De fato, é de duvidar que
numa união com sistema monetário único continuassem existindo bancos centrais

---

[2] Ibidem, p. 256.

[3] Ibidem, p. 257.

[4] Ibidem, p. 258.

[5] Idem.

[6] Ibidem, p. 266; grifo meu.

[7] Ibidem, p. 260.

nacionais independentes. Provavelmente, teriam de se associar numa espécie de sistema de Reserva Federal"[8].

Além disso, a concorrência asseguraria que nenhum dos Estados pudesse sobrecarregar demasiadamente sua economia com regulamentações: "Até a restrição legal ao trabalho infantil ou a regulação do tempo de trabalho seria difícil para os Estados-membros"[9].

Além disso, a livre circulação na união dificultaria aos Estados-membros a tributação dos cidadãos: a existência de impostos indiretos elevados demais levaria as pessoas e o capital a abandonar o país, e a supressão de controles fronteiriços dificultaria a tributação indireta de muitos produtos. As associações industriais e comerciais, assim como os sindicados, estariam sujeitas a restrições semelhantes às dos Estados-membros.

> Uma vez abertas as fronteiras e assegurada a liberdade de circulação, todas as organizações nacionais desse tipo, sejam sindicados, cartéis, sejam associações profissionais, perdem sua posição monopolista e sua capacidade de, enquanto organizações nacionais, controlar a oferta de seus serviços ou de seus produtos.[10]

Em segundo lugar, por que não poderia ser substituído em nível internacional aquilo que em prol da coesão da federação tem de ser abandonado no âmbito nacional? Pelo seguinte: a diversidade de interesses numa federação de Estados nacionais é maior e o sentimento de identidade comum, que poderia superar conflitos de interesses, é mais fraco do que num Estado nacional. Os direitos de salvaguarda para indústrias específicas, por exemplo, exigem sacrifícios por parte da comunidade econômica no todo sob a forma de preços mais elevados. Estes podem ser aceitáveis entre compatriotas; numa federação, no entanto, a situação é diferente.

> Será provável que o agricultor francês esteja disposto a pagar um preço mais elevado pelo adubo para ajudar a indústria química britânica? O trabalhador sueco pagará mais pelas laranjas para ajudar os produtores na Califórnia? Ou o empregado no bairro bancário de Londres pagará mais por seus sapatos ou por sua bicicleta em sinal de solidariedade para com o trabalhador americano ou belga? Ou o mineiro sul-africano pagará mais pelas sardinhas a fim de ajudar os pescadores noruegueses?[11]

O mesmo se diga de muitas outras intervenções da política econômica.

Até as leis para limitar o tempo de trabalho ou um seguro obrigatório contra desemprego, ou a proteção de qualquer outra comodidade serão vistos sob uma luz

---

[8] Ibidem, p. 259.

[9] Ibidem, p. 260.

[10] Ibidem, p. 261.

[11] Ibidem, p. 262 e seg.

144 TEMPO COMPRADO

diferente em regiões pobres e regiões ricas; nas regiões pobres, até poderão prejudicar precisamente o mesmo grupo que, em regiões ricas, exige medidas desse tipo e se beneficia, provocando sua resistência feroz.[12]

A homogeneidade estrutural resultante de uma dimensão reduzida, assim como as tradições e as identidades nacionais comuns, permitem intervenções na vida social e econômica cuja profundidade não seria aceita em unidades políticas maiores e, já por isso, mais heterogêneas. *Como tal, federação significa, inevitavelmente, liberalização.*

> É possível imaginar que os ingleses ou os franceses confiem a proteção de sua vida, de sua liberdade e de seus bens – em resumo, as funções de um Estado liberal – a uma organização supraestatal. Não é provável nem desejável, porém, que estejam dispostos a transferir ao governo de uma federação o poder de regular sua vida econômica – de decidir o que devem produzir ou consumir. Ao mesmo tempo, numa federação, os Estados nacionais não podem manter quaisquer competências desse tipo. Portanto, a federação significa que nenhum desses governos pode ter o direito de planejar a vida econômica em termos socialistas.[13]

O argumento desenvolvido por Hayek começa com uma apresentação das condições econômicas para uma ordem internacional pacífica e termina com a demonstração da razão pela qual uma federação de Estados tem de ser, necessariamente, liberal em termos de política econômica, se quiser manter sua coesão[14]. Os Estados nacionais que desejam a paz têm de se reunir numa federação; isso, contudo, exige deles não só a liberalização das ordens econômicas, como também que concebam, de antemão, a ordem econômica da federação como ordem liberal. É necessário superar simultaneamente o nacionalismo e o socialismo, assim como a ligação entre ambos, tão ameaçadora para a democracia e o Estado de direito[15]. No entanto, o único tipo de democracia viável é aquela rigorosamente liberal, que respeita a liberdade dos mercados, uma vez que só esta consegue preservar a paz interna e externa dentro de uma federação de Estados.

> Caso se revelasse que a democracia em nível internacional só é possível se as tarefas do governo internacional ficarem limitadas essencialmente a um programa liberal, isso apenas confirmaria a experiência em nível nacional, nível em que se torna cotidianamente mais óbvio que a democracia só pode funcionar se não lhe exigirmos demais e se as maiorias não utilizarem abusivamente suas capacidades para interferir na

---

[12] Ibidem, p. 263.

[13] Ibidem, p. 263 e seg.

[14] E com a apresentação da razão pela qual "a renúncia à soberania nacional e a criação de uma ordem jurídica internacional eficaz constituem um complemento necessário e a conclusão lógica do programa liberal". Ibidem, p. 269.

[15] Ibidem, p. 271.

A política do Estado de consolidação 145

liberdade do indivíduo. Se o preço que temos de pagar por um governo democrático internacional, porém, consistir na limitação de seu poder e de seu alcance, então esse preço não é, certamente, elevado demais.[16]

Não é só no que diz respeito à utilização retórica do tema da paz que o artigo de Hayek, datado de 1939, parece um plano de construção para a União Europeia. É certo que a política de integração do pós-guerra concebeu inicialmente o processo de unificação europeia como a construção de uma *mixed economy* transnacional[17]. Além disso, naquele tempo, os argumentos de Hayek a favor de um liberalismo – segundo seu ponto de vista, felizmente inevitável – concebido como uma economia política integrada de forma supranacional pareceriam, provavelmente, absurdos à maioria das pessoas[18]. Com o tempo, porém, à medida que o processo de integração avançou e ficou no centro da economia política europeia, as ilusões keynesianas e planificadoras foram abandonadas, dando lugar, cada vez mais, às intuições de Hayek em 1939. Essas intuições referiam-se à necessidade de neutralização econômica das instituições democráticas numa federação e de cessão das decisões de alocação aos mercados livres, bem como à inevitabilidade de uma proibição de intervenções estatais nos Estados--membros que distorcem o mercado, incluindo a abolição das moedas nacionais, e ainda aos obstáculos políticos que impedem – do ponto de vista de Hayek, felizmente – uma integração federal que vá além da criação e da libertação do mercado.

De fato, a federação de Estados surgida na Europa depois da Segunda Guerra Mundial, sobretudo para garantir a paz, revelou-se – devido à lógica política e econômica que lhe era inerente e que foi descrita antecipadamente por Hayek – um motor seguro e, ao longo do tempo, cada vez mais potente de transformação liberal das economias nacionais a ela associadas, bem como de redução dos diversos projetos nacionais de uma democracia orientada para a implementação da justiça social contra a justiça de mercado. É como se o artigo de Hayek tivesse calculado as linhas de força ao longo das quais as instituições da unificação europeia se posicionariam,

---

[16] Idem.

[17] Andrew Shonfield e Suzanna Shonfield, *In Defense of the Mixed Economy* (Oxford, Oxford University Press, 1984).

[18] À exceção dos chamados ordoliberais em torno do ministro da Economia da Alemanha Ocidental, Ludwig Erhard, que, desde muito cedo, viram na CEE de então uma oportunidade para levar também para a Alemanha, por Bruxelas, uma política de concorrência e uma política econômica satisfatória. Ver David J. Gerber, "Constitutionalizing the Economy. German Neo-Liberalism, Competition Law and the 'New Europe'", *American Journal of Comparative Law*, n. 42, 1988, p. 25-84, e "The Transformation of European Community Competition Law", *Harvard International Law Journal*, n. 35, 1994, p. 97-147. Mesmo que não tenham lido os artigos de Hayek sobre o federalismo, de 1939 – o que é improvável, uma vez que, àquela altura, Hayek era professor na Universidade de Freiburg –, tinham compreendido perfeitamente a temática por ele analisada.

com o tempo, apesar de os planos iniciais serem completamente diferentes. Isso tornou-se particularmente evidente na sequência da transição neoliberal iniciada após o fim dos anos 1970 e ainda mais óbvio ao longo da institucionalização, atualmente em curso, daquilo que chamo de "Estado de consolidação". Hoje – mais que nunca, desde a transferência do conflito de distribuição capitalista e democrático para o nível da diplomacia financeira internacional –, as forças do "mercado", cujo objetivo consiste em fazer escapar o processo de acumulação capitalista a correções políticas, apoiam-se, sobretudo, na dinâmica institucional prevista por Hayek em 1939. A transformação da União Europeia no veículo de liberalização do capitalismo europeu não começou em 2008; ela é a essência e o resultado de um processo de transformação contínuo que constitui a versão e a concretização europeia do processo de liberalização global em curso desde os anos 1980. Esse processo – a *desdemocratização da economia*, que avança, hoje, rapidamente, a par da *deseconomização da democracia*, com o objetivo de criar uma *hegemonia* institucionalizada *da justiça de mercado sobre a justiça social* – poderia designar-se por *heyekização* do capitalismo europeu, em memória a seu precursor teórico, há muito esquecido, mas redescoberto, com consequências tanto mais gravosas[19].

---

[19] Hayek, ao transformar-se no ideólogo global da luta contra a democracia no capitalismo democrático, desenvolveu ideias precisas sobre a forma de organizar uma democracia política que, ao contrário "da forma da democracia que é praticada hoje", não fosse um "sinônimo de processo de compra de votos e de suborno e recompensa de interesses particulares ilícitos" nem um "sistema de leilão, no qual o poder da legislação é periodicamente confiado àqueles que prometem a seus seguidores as maiores vantagens especiais". Friedrich A. Hayek, *Recht, Gesetzgebung und Freiheit*, v. 1 (Landsberg am Lech, Moderne Industrie, 1980). Segundo Hayek, a democracia só é compatível com a liberdade, sobretudo, a liberdade econômica, se a ação do Estado, antes de tudo, no domínio da política econômica, estiver rigorosamente subordinada a regras gerais e se for garantido que ela não é "arbitrária". Primeiro, seria necessário impedir que a democracia cedesse à constante tentação de interferir nos resultados dos mercados, corrigindo-os, o que deveria ser garantido por uma constituição adequada. Idem, *Die Verfassung der Freiheit* (Tübingen, Mohr Siebeck, 1971). Hayek propôs, concretamente, a transferência da legislação para uma "assembleia legislativa", cujos membros seriam eleitos de quinze em quinze anos. Cada cidadão deveria poder votar uma única vez na vida, nomeadamente, quando tivesse 45 anos, sendo que os cidadãos nascidos em determinado ano elegeriam a décima quinta parte dos membros da Assembleia Legislativa. Os representantes dos partidos e dos interesses (funcionários dos sindicatos!) deveriam ser excluídos do direito de voto passivo; a independência dos deputados deveria ser reforçada por meio de um regime de pensões generoso. Os meios utilizados hoje para imunizar o mercado capitalista contra a política democrática e intervencionista são, obviamente, diferentes, embora a Comissão Europeia e a direção do BCE ainda estejam menos sujeitas a eleições que a assembleia concebida por Hayek.

A União Europeia como máquina de liberalização

A existência de um "déficit democrático", assim como de uma falta de "dimensão social" na União Europeia, foi diagnosticada desde muito cedo[20]. O déficit democrático também foi atribuído ao fato de o Parlamento europeu ter poucas competências, o que reflete, em termos políticos, a inexistência, pelo menos até agora, de um povo do Estado europeu. No entanto, provavelmente o que era e continua sendo mais importante é o reforço dos executivos nacionais por meio de um regime internacional em vários níveis, o que permite aos governos dos Estados-membros receber, em Bruxelas, mandatos vinculativos em nível internacional, ficando, assim, imunes à oposição política no âmbito interno e, também, a interesses organizados, como os dos trabalhadores[21]. Foi possível, portanto, contornar repetidamente o jogo de forças democrático nos Estados-membros, como aconteceu, por exemplo, na privatização de empresas estatais.

No que diz respeito à "dimensão social", também se pode falar, retrospectivamente, de uma desvalorização das instituições nacionais, sem que isso tivesse sido compensado pela correspondente valorização das instituições internacionais. O objetivo proclamado pela Comunidade Europeia nos anos 1980, ainda sob a impressão das agitações dos trabalhadores de 1968, consistia na construção de um Estado de bem-estar social supranacional, essencialmente de acordo com o modelo então existente na Alemanha Ocidental. O processo de integração começou a estagnar com o fim da predominância social-democrata nos Estados-membros e sob os ataques perpetrados pelo governo britânico liderado por Margaret Thatcher contra o resto do programa social-democrata, ainda existente nos órgãos comunitários de Bruxelas, mas há muito obsoleto. Além disso, as organizações patronais, entretanto orientadas para o liberalismo, ameaçavam perder o interesse na comunidade. A transformação coube às duas comissões lideradas por Jacques Delors e foi alcançada pelo programa do mercado interno, que proporcionou às empresas a expansão de mercado desejada, sob a forma das "quatro liberdades", ao mesmo tempo que oferecia aos trabalhadores uma perspectiva de integração social do mercado interno como algo que resultaria inevitavelmente de sua concretização. Porém, a oposição permanente das entidades patronais e do governo britânico[22] não permitiu

---

[20] Commission of the European Communities et al., *Social Europe. The Social Dimension of the Internal Market. Interim Report of the Interdepartmental Working Party* (Luxemburgo, European Commission, 1988).

[21] Andrew Moravcsik, "Warum die Europäische Union die Exekutive stärkt. Innenpolitik und internationale Kooperation", em Klaus Dieter Wolf (org.), *Projekt Europa im Übergang?* (Baden-Baden, Nomos, 1997), p. 211-70.

[22] Wolfgang Streeck, "From Market-Making to State-Building? Reflections on the Political Economy of European Social Policy", em Stephan Leibfried et al. (orgs.), *European Social Policy. Between Fragmentation and Integration* (Washington, Brookings Institute, 1995), p. 389-431.

148 Tempo comprado

que isso acontecesse – embora os "estudos europeus", financiados pela Comissão de Bruxelas e transformados, entretanto, numa subdisciplina das ciências políticas, procurem afirmar que a "dimensão social" existe, contra todos os dados empíricos.

O que surgiu foi um modelo, que se mantém até hoje, de integração "negativa", sem integração "positiva"[23], com uma sobreposição e uma suspensão crescentes de ordens jurídicas, das relações políticas de poder e da formação da vontade democrática dos Estados nacionais pelos mercados e pelas liberdades dos mercados transfronteiriços. O principal agente da *integração por meio da liberalização supranacional* ou da *liberalização por meio da integração internacional* é o Tribunal de Justiça Europeu, cujas decisões se tornaram inquestionáveis para os Estados individuais e seus cidadãos, tanto que a heterogeneidade crescente dos Estados-membros, na sequência da adesão dos países da Europa oriental, impediu a obtenção de maiorias para as normas de proteção social[24]. Enquanto nos anos 1990 foi, sobretudo, a Comissão que levou adiante a privatização de vastas áreas do setor público, recorrendo ao direito da concorrência[25], na década seguinte foram as decisões do Tribunal de Justiça Europeu que puseram em questão, por exemplo, o direito à greve e à participação dos trabalhadores nas decisões, tudo em nome de uma liberdade de circulação de serviços e capitais ilimitada. A União Europeia tornou-se, assim, em termos gerais, a máquina de liberalização do capitalismo europeu que permitiu aos governos implementar – quando não foram as próprias autoridades europeias a obrigá-los a fazê-lo – as mais diversas reformas correspondentes às pretensões do mercado, contra a resistência de seus cidadãos.

---

[23] Fritz W. Scharpf, "Negative and Positive Integration in the Political Economy of European Welfare States", em Gary Marks et al. (orgs.), *Governance in the European Union* (Londres, Sage, 1996), p. 15-39.

[24] Martin Höpner e Armin Schäfer, "A New Phase of European Integration. Organized Capitalism in Post-Ricardian Europe", *West European Politics*, n. 33, 2010, p. 344-68.

[25] Os primeiros a descobrir a possibilidade de interferir na economia dos Estados nacionais europeus, transformando-a, por meio do direito da concorrência europeu, foram os conselheiros de Ludwig Erhard, que pretendiam revogar, assim, sua derrota na luta pela lei alemã relativa aos cartéis. Cinquenta anos depois, a máquina institucional então criada estava realmente em posição de desmantelar – com seu instrumentário do direito da concorrência e sob a liderança de Mario Monti, comissário europeu – o sistema dos bancos públicos alemão, que desde sempre havia estorvado os bancos privados. Daniel Seikel, *Der Kampf um öffentlich-rechtliche Banken. Wie die Europäische Kommission Liberalisierung durchsetzt* (tese de doutorado, Faculdade de Economia e Ciências Sociais, Universidade de Colônia, 2012). O ataque da Comissão contra a forte posição do governo do Estado federado de Niedersachsen e dos trabalhadores no grupo VW, baseado na livre circulação de capitais, ainda não terminou. Benjamin Werner, *Die Stärke der judikativen Integration. Wie Kommission und Europäischer Gerichtshof die Unternehmenskontrolle liberalisieren* (tese de doutorado, Faculdade de Economia e Ciências Sociais, Universidade de Colônia, 2012).

A UNIÃO Monetária Europeia constitui, até hoje, o ponto alto de uma transformação – em curso há vários anos – da federação europeia, em formação, num mecanismo que permite a libertação da economia capitalista da distorção democrática do mercado. Vale a pena recordar que a união monetária foi aprovada no momento em que as democracias ricas do Ocidente conduziam a primeira tentativa de consolidação de suas finanças públicas. A disciplina orçamental nacional fez parte do pacote desde o início: todos os Estados-membros foram obrigados a respeitar o limite de 3% de déficit orçamental e de 60% de endividamento. A União Monetária excluiu simultaneamente, de modo definitivo, a possibilidade de os países com economias nacionais menos competitivas reajustarem politicamente, pela desvalorização, o regime de concorrência do mercado comum – descrito com eufemismo como *level playing field* [campo nivelado] –, para, por exemplo, evitar ou pacificar conflitos internos relacionados à distribuição. Seria garantido, assim, o direito à justiça de mercado dos países mais produtivos, dependentes da exportação, protegendo-os de possíveis prejuízos causados pelo aproveitamento da soberania dos Estados nacionais para fins da justiça social nacional e particular. Para que as nações que ficaram economicamente para trás na União Monetária se adaptassem, só restava a chamada *desvalorização interna* – redução de salários, cortes nas prestações sociais "compatíveis com incentivos" e "flexibilização" dos mercados de trabalho; em outras palavras, implementação generalizada, no âmbito da política interna, do programa de liberalização associado à moeda comum.

Nenhum desses objetivos foi alcançado de primeira. As regras previstas na União Monetária não eram suficientemente inequívocas nem estavam suficientemente associadas a sanções para garantir a implementação de uma política orçamental assentada em normas; os Estados nacionais ainda tinham espaço de manobra para ceder às reivindicações populares que não correspondiam às pretensões do mercado. As ideias francesas de flexibilizar a aplicação do regime por meio da constituição de um "governo econômico" e de criar um novo espaço, em nível europeu, para uma intervenção política discricionária fracassaram sobretudo devido aos interesses e à política interna do parceiro alemão. Por isso, as regras que a França e a Alemanha, entre outros países, acreditavam ser o único caminho possível foram desrespeitadas várias vezes sem quaisquer sanções. Ao mesmo tempo, os Estados que não estavam preparados para as novas condições de uma moeda forte[26] revelaram incapacidade ou falta de vontade de "modernizar" sua sociedade e as exigências dela em matéria de justiça social. Para não serem levados à ruína, serviram-se de fontes de crédito que se tornaram abundantes e acessíveis após a mudança de moeda e que lhes foram disponibilizadas, de bom grado,

---

[26] Wolfgang Streeck, "Pay Restraint without Incomes Policy. Constitutionalized Monetarism and Industrial Unionism in Germany", em Robert Boyer et al. (orgs.), *The Return to Incomes Policy* (Londres, Pinter, 1994), p. 114-40.

150 Tempo comprado

pela indústria monetária internacional[27]. Voltou a ser comprado tempo – talvez pela última vez –, até que a crise financeira e fiscal pôs um fim temporário a isso.

As polêmicas atuais em torno de um novo pacto europeu de estabilidade vêm na sequência da evolução registrada na Europa desde os anos 1990, prolongando-a, e podem ser consideradas uma tentativa de reforçar instituições político-econômicas novas ou reformadas de modo que estas, de fato, concluam e garantam uma liberalização duradoura do capitalismo europeu. O pacto fiscal deve-se, em termos imediatos, à crise, mas, em termos programáticos, é muito mais antigo e há muito faz parte da estratégia fundamental da transição neoliberal na Europa. Isso fica evidente também no fato de ser apresentado como uma solução política para a tripla crise financeira e fiscal, embora seja inútil, precisamente porque, tendo efeitos, estes serão, quanto muito, de longo prazo.

É impossível e inútil debruçarmo-nos aqui pormenorizadamente sobre os inúmeros novos quadros regulamentares, instituições e instrumentos discutidos e aprovados às pressas pelo Conselho Europeu desde o início da crise. Passaram menos de três meses entre a entrada em vigor do chamado *"sixpack"* – seis leis europeias que visam a reformar o Pacto de Estabilidade e Crescimento de Maastricht –, no dia 13 de dezembro de 2011, e a assinatura do Pacto Fiscal Europeu, no dia 2 de março de 2012. No verão de 2012, estavam em preparação alterações às regras, sempre extravasando aquilo que, segundo os tratados, compete aos organismos europeus[28]. Há muito a tendência é a mesma:

1. As normas a serem observadas pela política fiscal dos Estados-membros são cada vez mais detalhadas. Seu cumprimento é exigido como contrapartida para eventuais medidas de resgate da "comunidade de Estados" europeia e, em especial, por sua disponibilidade, forçada por ameaças dos "mercados", para comunitarizar os riscos de créditos públicos e privados.

2. Os governos nacionais são submetidos a obrigações cada vez mais rigorosas de remodelação mais e mais abrangente de suas respectivas ordens econômicas, sociais e jurídicas. Assim, segundo o exemplo alemão, têm de introduzir um teto da dívida pública nas constituições. Além disso, precisam encontrar formas de adaptar seus sistemas de formação de salário aos objetivos de estabilidade macroeconômicos definidos pela União Europeia, devendo, para tanto, colocar-se em posição de intervir "de modo reformador" nas próprias instituições nacionais, caso haja necessidade, mesmo que seja com oposição da população e ignorando tanto a autonomia dos parceiros sociais na negociação salarial como a repartição de competências em nível europeu.

3. É igualmente importante ver quais são as áreas em que a nova regulamentação europeia não interfere na autonomia dos Estados-membros. Assim, falta a definição

---

[27] Sobre essa questão, ver adiante.

[28] Martin Höpner e Florian Rödl, "Illegitim und rechtswidrig. Das neue makroökonomische Regime im Euroraum", *Wirtschaftsdienst – Zeitschrift für Wirtschaftspolitik*, n. 92, 2012, p. 219-22.

de um mínimo de tributação que possa levar à diminuição da concorrência fiscal no mercado interno e na União Monetária[29]. Isso segue a tradição da União Monetária Europeia, cujos critérios de convergência e de adesão não dizem nada, por exemplo, sobre o nível máximo de desemprego ou de desigualdade social ainda tolerável.

4. As instituições europeias, quer as existentes, quer as novas, criadas para esse efeito, obtêm direitos cada vez mais amplos para supervisionar e avaliar a política econômica, social e financeira dos Estados-membros, incluindo a dos parlamentos nacionais. E isso mesmo antes de serem tomadas as decisões. Na maior parte das vezes, é a Comissão que conta com competências no âmbito europeu. O Conselho, enquanto representante dos Estados-membros com legitimidade democrática, vem em segundo lugar, com uma espécie de direito de veto.

5. Podem ser aplicadas multas cada vez maiores aos Estados-membros que não cumprem as regras impostas. Os processos necessários para isso são concebidos cada vez mais como judiciais, abertos automaticamente, com cada vez menos margem para decisões políticas discricionárias.

6. As regulamentações nacionais e europeias que supostamente devem determinar a política econômica e fiscal dos Estados-membros são concebidas de forma a ter caráter definitivo, não podendo, a princípio, ser alteradas por novas maiorias políticas.

7. Por fim, são exigidos, com frequência cada vez maior, regulamentos que permitam à central de Bruxelas, preferencialmente à Comissão ou ao Tribunal de Justiça, agir em nome de Estados que não cumprem as regras estabelecidas ou tomar decisões, por eles, que correspondam às pretensões do mercado.

O discurso proferido por Jens Weidmann, presidente do Deutsche Bundsbank [Banco Federal Alemão], em Mannheim, no dia 14 de junho de 2012, mostra aonde leva esse caminho. Weidmann foi até pouco tempo conselheiro muito próximo da chanceler em questões de política econômica. Há uma passagem decisiva no discurso, que diz o seguinte:

---

[29] Nesse sentido, quando as condições para o "resgate" da Grécia foram determinadas, não se ponderou sequer marginalmente condicionar a ajuda à revogação, no próprio país, da isenção fiscal para companhias de navegação e com a proibição da fuga de capitais de suas famílias ricas. Como escreve Hebert Grözinger – "Griechenland. Von den Amerikas lernen, heißt siegen lernen", *Blätter für deutsche und internationale Politik*, 2012, p. 35-9 –, a Grécia poderia, por exemplo "adaptar seu direito civil e fiscal" ao direito norte-americano, obrigando seus cidadãos em todo o mundo a pagar impostos, assim como exigir um "imposto de saída" dos emigrantes ricos. Além disso, poderia "denunciar todas as convenções sobre dupla tributação que impeçam as medidas já referidas, conseguindo, assim, o acesso a patrimônio – proveniente, alegadamente, em grande parte da fuga fiscal – e a rendimentos de cidadãos gregos que vivem no estrangeiro". Nunca foi exigido nada de semelhante da Grécia, nem sequer pelos partidos alemães da "oposição", o SPD e os Verdes, enquanto contrapartida pelo apoio inabalável à política europeia do governo Merkel em matéria de crise.

> Se um país não respeitasse as regras orçamentais, a soberania nacional seria transferida automaticamente para o nível europeu, se tal transferência pudesse garantir o cumprimento dos objetivos [...]. Seria admissível, por exemplo, o direito de realizar – e não só exigir – aumentos de impostos ou cortes proporcionais na despesa. [...] Nesse quadro, os caminhos de consolidação poderiam ser garantidos, pelo nível europeu, mesmo que não houvesse maioria para tanto no Parlamento nacional em questão.[30]

No fim do verão de 2012, o pacto fiscal – acordo até então mais importante no âmbito das negociações para a salvação da moeda comum – ainda não havia sido ratificado por todos os países. Além disso, houve protestos em vários Estados-membros contra uma política que espera reconquistar a "confiança" dos "mercados" por meio de compromissos vinculativos internacionais para um equilíbrio dos orçamentos nacionais no longo prazo. Nem o chefe de governo na Grécia nem o chefe de governo na Itália, ambos colocados por Bruxelas e apresentados como "tecnocratas", foram capazes de quebrar a resistência de suas populações aos programas de austeridade que lhes foram impostos. Na Grécia existiu até, durante algum tempo, a possibilidade de vitória eleitoral de um partido de esquerda que ameaçava os outros países com a bancarrota e com o regresso a uma moeda nacional, passo que não está previsto no tratado sobre a União Monetária Europeia, assim como não está prevista a exclusão de um Estado-membro. A substituição de Sarkozy por Hollande abriu um debate europeu sobre programas para a promoção do "crescimento" econômico, em especial nos países endividados, mas também em geral. No entanto, não ficou claro como esses programas funcionariam. Frente à natureza vaga e à insignificância financeira das propostas apresentadas nesse contexto, é fácil considerar a crescente adesão retórica a uma nova política de crescimento como invocação de um *deus ex machina* cujo aparecimento seria satisfatório de igual forma a todos os envolvidos, desde a indústria financeira, que exige pagamentos dos empréstimos, passando pela classe média grega e espanhola, até os cidadãos dos Estados credores, que temem pela manutenção de seu nível de vida. No entanto, também é imaginável que os novos programas de crescimento, caso passem alguma vez de retórica pura, se transformem em subsídios perdidos aos Estados-membros setentrionais aos quais é necessário pagar um preço para que, apesar de estarem presos numa economia de baixa produtividade, continuem desempenhando o papel de perdedores permanentes perante os beneficiários da expansão do mercado. Nesse caso, seria uma espécie de indenização pela implementação de um regime de mercado hayekiano, a pagar àqueles a quem este não acarreta qualquer benefício.

---

[30] O discurso encontra-se na página do Banco Federal Alemão. Disponível em: <http://www.bundesbank.de/Redaktion/DE/Reden/2012/2012_06_14_weidmann_rolle_geldpolitik.html>; acesso em: 26 nov. 2012.

Transição institucional: de Keynes a Hayek

A importância histórica da transição de uma economia política keynesiana para uma economia política hayekiana, em curso desde os anos 1970, torna-se mais óbvia se nos lembrarmos do início da transição neoliberal. Hoje, uma vez que as fronteiras estão abertas, Estados antes soberanos, com bancos centrais independentes, são obrigados a comprometer-se com uma política econômica regulamentada segundo os princípios teóricos de eficiência. A *mixed economy* keynesiana das décadas do pós-guerra dispunha de um instrumentário institucional para intervenções estatais discricionárias nas economias nacionais, em especial para aquelas de motivação política na distribuição dos resultados da produção e das oportunidades de vida. No "liberalismo do contexto" internacional[31] dos anos 1950 e 1960, os Estados nacionais do Ocidente capitalista tinham moedas próprias que podiam se desvalorizar dentro de certos limites quando precisavam compensar inevitáveis perdas em matéria de "competitividade" externa por razões de política interna, sobretudo na sequência de concessões a sindicatos e partidos comunistas fortes. Os Estados e os governos podiam distorcer os mercados e ceder às exigências de justiça social sem serem punidos por isso no âmbito da economia externa. A fuga de capitais podia ser impedida ou, pelo menos, reduzida pelo controle da circulação de capital, o que enfraquecia o poder de negociação dos investidores na luta pelos lucros mínimos exigíveis da sociedade como contrapartida pela aplicação de seu capital.

Os organismos centrais da economia política da época keynesiana eram as associações de interesses relacionados com o trabalho e o capital, institucionalizadas e corporativistas, assim como os sistemas de negociação entre elas[32]. A política estatal, apoiada nessas instituições, procurava garantir o pleno emprego e uma aceitável distribuição de rendimentos e patrimônios para os trabalhadores – por meio de uma política salarial e, se possível, também de uma política de preços, ambas negociadas de modo tripartidário. A moderação salarial resultava de uma "troca política": o Estado fiscal poderoso, em contrapartida pela cooperação sindical no nível macroeconômico, contribuía, com uma política social ativa, para a proteção daqueles cujos salários dependiam das incertezas do mercado. Traduzindo para os conceitos da teoria das crises: o Estado contribuía para evitar a mudança de humor daqueles que dependem do lucro, assim como para estabilizar a demanda efetiva. Para isso, o Estado keynesiano necessitava de sindicatos fortes, bem estruturados, para cuja organização contribuía. Eram igualmente desejadas associações patronais e industriais com estrutura forte, e por isso as empresas e os empresários estavam sob pressão tanto dos sindicatos como

---

[31] John Gerard Ruggie, "International Regimes, Transactions and Change. Embedded Liberalism in the Postwar Economic Order", *International Organization*, n. 36, 1982, p. 379-99.

[32] Philippe C. Schmitter e Gerhard Lehmbruch (orgs.), *Trends towards Corporatist Intermediation* (Londres, Sage, 1979).

dos Estados para criarem organizações representativas e operacionais, de modo a poderem participar ativamente da orientação da economia capitalista, dentro dos limites impostos pela política democrática[33].

A revolução neoliberal praticamente acabou com tudo isso. Seu objetivo era diminuir, tanto quanto possível, os Estados do capitalismo do pós-guerra, reduzir suas funções de modo que eles apenas garantissem a existência e a expansão dos mercados e fossem institucionalmente incapazes de intervir na implementação autorreguladora da justiça de mercado, corrigindo-a. Para uma vitória total, eram necessárias uma internacionalização da economia política europeia e a transformação do sistema estatal europeu num regime de vários níveis, restringindo a democracia ao âmbito nacional e organizando os mercados financeiros e as autoridades de supervisão no patamar multinacional – uma configuração que havia muito gerara os resultados desejados, enquanto veículo ideal de neutralização da pressão política vinda da base, por meio do aumento da liberdade contratual privada em relação ao controle estatal vindo de cima. A fase mais recente dessa evolução consiste na transição do Estado endividado nacional para o Estado de consolidação internacional. Com essa transição, o projeto de Hayek de uma economia de mercado capitalista liberalizada, imune à pressão política, está a caminho de uma concretização cada vez mais plena[34].

O Estado de consolidação enquanto
regime europeu de vários níveis

A política de consolidação dos orçamentos públicos e de redução do endividamento dos Estados deve garantir à segunda *constituency* do Estado moderno – os mercados financeiros – que, em caso de dúvida, será e poderá ser atribuída prioridade à satisfação de suas reivindicações em relação à satisfação das reivindicações dos cidadãos. Na perspectiva dos "mercados", um orçamento público é estruturalmente saudável quando conta com reservas e flexibilidade institucional suficientes. A questão de saber onde e quando se atinge esse ponto fica em aberto; os mercados, quanto mais clareza

---

[33] Para uma apresentação resumida do funcionamento da economia política neocorporativista, ver Wolfgang Streeck, "The Study of Interest Groups. Before 'The Century' and After", em Colin Crouch et al. (orgs.), *The Diversity of Democracy. Corporatism, Social Order and Political Conflict* (Londres, Edward Elgar, 2006), p. 3-45.

[34] Para a apresentação dessa evolução enquanto utopia concreta na perspectiva da política alemã, ver Jürgen Matthes e Berthold Busch, *Governance-Reformen im Euroraum. Eine Regelunion gegen Politikversagen. IW-Positionen. Beiträge zur Ordnungspolitik aus dem Institut der deutschen Wirtschaft* (Colônia, 2012).

exigem dos Estados, menos estão dispostos a proporcioná-la aos mesmos. O fato de os Estados só assumirem os esforços de consolidação orçamental por terem a esperança de, a qualquer momento, serem recompensados com juros baixos para o refinanciamento da dívida restante ou para a contração de créditos para projetos específicos faz parte do adestramento político; os Estados não têm qualquer direito garantido nesse quesito – aliás, esse direito não pode existir num "mercado livre"[35].

Os principais concorrentes dos *rentistas* reunidos no povo do mercado são os *pensionistas* pertencentes ao povo do Estado, assim como aqueles que trabalham para o Estado. Uma política de consolidação credível para os mercados tem de limitar seu número e reduzir seus direitos. Sobretudo, precisa intervir naquilo que foi designado como *policy legacies* dos anos 1960 e 1970; portanto, os direitos sociais históricos que excedem aquilo que é financiável após o fracasso do Estado fiscal[36]. A redução do setor público significa também a privatização de serviços públicos, em geral, com efeitos anti-igualitários em termos de distribuição. Os cortes nas despesas sociais levam, sobretudo, a aposentadorias mais baixas e períodos mais longos de trabalho; na medida em que as primeiras são compensadas por seguros complementares privados, elas ampliam, associadas à privatização dos serviços públicos, de forma desejável, o campo de ação das empresas capitalistas.

Esse tipo de "reforma" constitui uma operação difícil do ponto de vista político, também porque, como já mencionado, as prestações estatais a reduzir são, em parte, adiamentos dos salários dos trabalhadores de um período em que eles e os sindicatos, por insistência dos governos social-democratas, aceitaram a moderação salarial para garantir a estabilidade da economia. A ruptura desses contratos implícitos foi considerada durante muito tempo arriscada demais para os governos eleitos e depostos democraticamente; até Reagan e Thatcher consideravam os programas sociais que herdaram de seus antecessores "objetivos imóveis"[37]. Umas das razões da admiração

---

[35] É sempre *a posteriori* que os Estados sabem – ou que os mercados informam – se as medidas destinadas a restaurar a confiança, negociadas e implementadas com tanto esforço, criam de fato confiança nos mercados. O sucesso e o insucesso das ações políticas cujo objetivo é acalmar e apaziguar só podem ser avaliados pelo efeito delas nas Bolsas ou nos prêmios de risco da dívida soberana. É muito frequente a fome de dinheiro e de boas palavras dos mercados voltar após um sucesso inicial e apesar de todos os "sinais" dos analistas e dos gestores de fundos.

[36] Richard Rose, "Inheritance before Choice in Public Policy", *Journal of Theoretical Politics*, n. 2, 1990, p. 263-91; Richard Rose e Phillip L. Davies, *Inheritance in Public Policy. Change without Choice in Britain* (New Haven, Yale University Press, 1994).

[37] Paul Pierson, *Dismantling the Welfare State? Reagan, Thatcher, and the Politics of Retrenchment* (Cambridge, Cambridge University Press, 1994); "The New Politics of the Welfare State", *World Politics*, n. 48, 1996, p. 143-79; e "Irresistible Forces, Immovable Objects. Post-Industrial Welfare States Confront Permanent Austerity, *Journal of European Public Policy*, n. 5, 1998, p. 539-60.

de que Gerhard Schröder gozava entre os políticos de consolidação atuais reside no fato de ele ter insistido – apesar de toda a oposição e, em última análise, à custa de seu mandato – na "política de reformas" e de tê-la implementado parcialmente.

Apesar desses exemplos, do ponto de vista dos mercados, não se pode confiar suficientemente na política interna dos Estados democráticos enquanto garante da consolidação estrutural. Uma vez que, na Europa, ainda não é possível abolir, de um dia para o outro e em nome da razão econômica, os restos de democracia nos Estados nacionais, em especial a possibilidade de substituir os governos nacionais por meio de eleições, a solução consiste em integrar essa democracia num regime supranacional não democrático – uma espécie de super-Estado internacional sem democracia – e deixar que este regule a primeira. A União Europeia tem sido transformada num regime desse tipo desde os anos 1990. Hoje, a integração dos Estados-membros num sistema institucional supranacional, isolado da pressão eleitoral, e, sobretudo, a vinculação a uma moeda comum servem para eliminar a soberania nacional enquanto um dos últimos bastiões da aleatoriedade política numa sociedade de mercado integrada internacionalmente. A abolição da desvalorização no âmbito da União Monetária Europeia garantiu que os investidores, em especial os investidores financeiros, já não precisem ter medo de que os Estados que não se sustentam na concorrência internacional recorram a ajustamentos cambiais súbitos para se defender; portanto, a moeda única também serve à justiça de mercado[38].

A política de vários níveis no Estado de consolidação internacional leva à midiatização e à neutralização da política interna dos Estados nacionais envolvidos, por meio de sua vinculação a acordos e quadros regulamentares supranacionais que limitam sua soberania. As reuniões regulares dos chefes de governo, nas quais, após muita hesitação, são adotados e tornados públicos acordos que incluem um compromisso dos envolvidos no sentido da implementação contra qualquer resistência em seus países, constituem um meio comprovado de atingir esse fim. Os governos que não conseguem cumprir tal tarefa perdem o respeito internacional. Uma vez que os governos podem utilizar precisamente esse argumento e que é fácil apresentar a renegociação de acordos conseguidos em reuniões como algo inútil, os encontros institucionalizados reforçam os executivos nacionais diante de seus parlamentos e de grupos de interesses no nível da política interna – efeito que desde muito cedo se revelou eficaz na União Europeia. Esse efeito é reforçado por reuniões de crise realizadas sob pressão dos "mercados", uma vez que qualquer resistência que diminua a perspectiva de implementação de suas decisões poderia desencadear "reações" perigosas; pelo menos isso pode ser apresentado como mau agouro, tanto pelos governos como pelos próprios "mercados".

No entanto, parece que os parlamentos nacionais e os partidos de oposição não ficam totalmente indefesos perante a pressão dos acordos alcançados. Os esforços

---

[38] Sobre a desvalorização, ver reflexão mais exaustiva na parte final.

A POLÍTICA DO ESTADO DE CONSOLIDAÇÃO   157

empreendidos nos Estados-membros nos últimos anos no sentido de envolver mais os parlamentos nacionais nas decisões europeias, ao contrário do chamado Parlamento europeu, não foram totalmente infrutíferos nem no coletivo nem no nível nacional. Surgiu resistência em alguns países, inclusive na Alemanha, sobretudo desde que começou a crise e que se exige, com frequência cada vez maior, dos parlamentos dos Estados--membros a aprovação, sem alterações, de extensas propostas de decisões e propostas legislativas acordadas entre governos. O Tribunal Constitucional alemão, em especial, tem-se esforçado para refutar a doutrina difundida tanto pela tecnocracia de Bruxelas como pelos "mercados" e pelos adeptos de um Estado federal europeu; segundo essa doutrina, as instituições democráticas nacionais não teriam outra escolha, perante a diplomacia das reuniões internacionais, senão obedecer sem contestação. Além disso, a posição de negociação de um governo pode melhorar quando ele demonstra aos parceiros que não seria possível implementar determinadas decisões no país[39]. O aviso que Mario Monti, primeiro-ministro italiano [de 2011 a 2013], fez à chanceler alemã em agosto de 2012, de que seria obrigação dos governos mostrar a seus parlamentos que os acordos fechados no nível dos governos europeus devem ser respeitados[40], revela que se está levando a sério a resistência parlamentar e judicial que entrementes se avivou contra uma encampação da política interna pela política europeia[41]. Outra questão, porém, é saber se essa oposição pode ter sucesso no longo prazo e, sobretudo, se pode desacelerar ou travar a marcha para o Estado de consolidação internacional.

O Estado de consolidação europeu do início do século XXI não é uma estrutura nacional, mas internacional – um regime supraestatal regulador dos Estados nacionais que aderiram a ele, sem um governo com responsabilidade democrática, mas com regras vinculativas: com *governance* em vez de *government*, com uma democracia domesticada pelos mercados, não mercados domesticados pela democracia. Surgiu, assim, uma estrutura institucional inédita na história e que serve para garantir a conformidade ao

---

[39] Putnam apresenta uma análise formal da lógica complexa de uma diplomacia em vários níveis. Robert D. Putnam, "Diplomacy and Domestic Politics. The Logic of Two-Level Games", em Peter B. Evans (org.), *Double-Edged Diplomacy* (Berkeley, University of California Press, 1993), p. 431-86.

[40] "Cada governo tem também a obrigação de educar o Parlamento. Se eu tivesse obedecido mecanicamente às orientações do meu, não teria podido aprovar as decisões da última reunião de Bruxelas". Entrevista a Mario Monti, *Der Spiegel*, 6 ago. 2012, p. 46.

[41] Monti, ex-comissário de Bruxelas, conhece a lógica do reforço do executivo pela diplomacia internacional, mas também a possibilidade de a oposição política interna ter margem para melhorar a posição negocial internacional de um governo. Os governos podem escolher dentro de certos limites em que sentido querem aproveitar sua posição intermédia num sistema internacional de vários níveis. Uma vez que a Itália, via de regra e mesmo em períodos de estabilidade, é governada por decretos presidenciais, ignorando o Parlamento, as referências de Monti à oposição do *Bundestag* alemão contra determinados planos de crise de Bruxelas podiam parecer uma tática.

mercado de Estados nacionais anteriormente soberanos: uma camisa de força, ajustada ao mercado, para a política de cada Estado, com competências que, no âmbito formal, se assemelham a outras novas possibilidades de intervenção no direito internacional. Neste caso, porém, não se trata de um *duty to protect* [dever de proteger], mas de um *duty to pay* [dever de pagar]. O objetivo de tudo isso – cuja concretização está cada vez mais próxima – consiste na despolitização da economia e, em paralelo, na desdemocratização da política.

Consolidação fiscal como reforma do Estado

A consolidação das finanças públicas europeias, iniciada como resposta à crise fiscal, desemboca numa reforma do sistema estatal europeu, coordenada por investidores financeiros e pela União Europeia – uma *nova versão* da democracia capitalista na Europa enquanto consagração dos resultados de uma liberalização econômica com três décadas. Procura-se uma dupla vinculação institucional da política estatal a princípios de racionalidade econômica ajustados ao mercado, por meio de uma *autovinculação*, sob a forma de "tetos da dívida", consagrados nas respectivas constituições, e por meio da *vinculação externa*, sob a forma de acordos internacionais ou de obrigações consagradas na legislação europeia. Tudo isso serve para levar adiante a visão de um Estado reduzido e ajustado à garantia das relações de mercado e de uma sociedade autossuficiente que não deseja do Estado senão garantia ao patrimônio e à liberdade; portanto, que também gosta pouco dele.

O futuro para a Europa hoje é o de uma implosão secular do contrato social da democracia capitalista na transição para um Estado de consolidação internacional, vinculado à disciplina fiscal. Isso torna necessário colocar entre a economia e a política uma muralha da China – no jargão da economia financeira, uma *fire wall* – que permita aos mercados aplicar sua versão de justiça sem ser incomodados por intervenções políticas discricionárias. A sociedade necessária para isso terá de contar com uma elevada tolerância às desigualdades econômicas. Sua população excedente e desligada tem de aprender a olhar para a política como entretenimento da classe média, do qual não pode esperar nada. Suas interpretações do mundo e suas identificações não têm origem na política, mas nas fábricas de sonhos de uma indústria cultural global e altamente rentável, cujos lucros gigantescos também devem servir para legitimar uma apropriação de valor acrescentado, em rápido crescimento, por parte das estrelas de outros setores, em especial da indústria monetária. A classe média neoprotestante, orientada por uma "justiça baseada no desempenho" e pela concorrência, constituída por proprietários de capital humano, com grande disponibilidade para investir em seu progresso individual

A POLÍTICA DO ESTADO DE CONSOLIDAÇÃO 159

e no de seus filhos e com padrões de consumo tão exigentes que não podem, quase por definição, ser satisfeitos por bens coletivos, também funciona como base para libertar progressivamente o capitalismo de intervenções com motivação democrática[42].

Como citado, desde os anos 1990 existem tentativas coordenadas internacionalmente para consolidar as finanças públicas das democracias ricas. Elas permitem supor a forma futura das medidas de consolidação hoje consagradas na legislação nacional e europeia, bem como o efeito delas. Há uma diferença importante em relação à primeira onda de consolidação fiscal em numerosos países: essa primeira onda foi acompanhada por uma liberalização dos mercados de capitais que permitiu a grande parte da população compensar os rendimentos estagnados ou em queda e os cortes nas prestações sociais e noutras prestações de Estado com a contração dos mais diversos empréstimos. Essas possibilidades de compensação deixaram de existir na crise financeira; aliás, a nova regulação da economia financeira visa a impedir o recurso a elas. Por isso, a transição iminente para o Estado de consolidação internacional não só ocorrerá sob pressão ainda maior dos "mercados" e das organizações internacionais, como também, por assim dizer, sem anestesia.

Os processos de consolidação iminentes contribuirão, sobretudo, de três formas para uma reformulação do sistema estatal europeu e de sua relação com a economia capitalista:

1. Se as experiências do período anterior a 2008 têm algum significado, então a consolidação dos orçamentos públicos só se realizará numa pequena parte graças ao aumento das receitas e, em grande parte ou até exclusivamente, por meio da redução das despesas[43]. Aliás, no discurso público, a consolidação é quase sempre equiparada a cortes, como se isso fosse óbvio. A liberalização global, em especial dos mercados de capital, faz com que uma maior tributação dos rendimentos elevados e dos lucros de empresas que podem circular internacionalmente pareça tão irrealista que nem

---

[42] Wolfgang Streeck, "The Politics of Consumption", *New Left Review*, n. 76, 2012, p. 27-47.

[43] É também isso que a teoria econômica com compreensão pelo capital aconselha: "As adaptações nas despesas não têm quaisquer consequências recessivas, mas os aumentos de impostos provocam perdas de crescimento profundas e duradouras. Os investimentos privados são os componentes da procura agregada nos quais se revelam com maior evidência as diferentes reações do desempenho econômico a medidas de adaptação baseadas nas despesas e nas receitas. A confiança dos investidores [...] se recupera muito mais rapidamente depois dos cortes nas despesas que após os aumentos de impostos". Alberto F. Alesina, Carlos A. Favero e Francisco Giavazzi, *The Output Effect of Fiscal Consolidations*. National Bureau of Economic Research (NBER) Working Paper n. w19336 (Cambridge, 2012), p. 26. Além disso, os autores consideram "que as medidas fiscais de estabilização menos prejudiciais para o desempenho econômico são aquelas acompanhadas por reformas estruturais que sinalizam uma mudança política 'decisiva'". Não existem diferenças entre as duas estratégias de consolidação "no que diz respeito à política monetária [...]; no entanto, elas se distinguem no que diz respeito às medidas de acompanhamento relativas a reformas do lado da oferta e com o objetivo de uma liberalização geral".

160 Tempo comprado

sequer seja discutida[44]. Os aumentos dos impostos teriam de ser implementados ao arrepio da tendência verificada nos últimos quinze anos (Figura 3.1). Mesmo que fosse possível, seria preciso partir do princípio de que ficariam limitados fundamentalmente a fontes de impostos imóveis, sobretudo contribuições para a seguridade social e impostos sobre o consumo; isso significa, muito provavelmente, que não seriam suficientes para financiar o nível das despesas do Estado moderno em sua forma atual. Esses aumentos contribuiriam, simultânea e independentemente, para tornar os sistemas fiscais nacionais ainda mais regressivos.

2. Os cortes iminentes nas despesas do Estado vão atingir em especial aqueles que dependem dos serviços públicos por terem rendimentos baixos. Além disso, reduzirão ainda mais o emprego no setor público e aumentarão a pressão sobre os salários pagos nesse setor. Isso será acompanhado por mais ondas de privatizações e pelo aumento crescente das diferenças salariais. O acesso a serviços públicos antes universais – por exemplo, na área de saúde e de ensino – será cada vez mais diferenciado de acordo com o poder de compra dos clientes. Em termos gerais, os cortes no volume das despesas públicas e, portanto, na atividade do Estado vão reforçar ainda mais a posição do mercado enquanto mecanismo mais importante na distribuição das oportunidades de vida e, com isso, prosseguir e concluir o programa neoliberal de reforma ou redução do Estado de bem-estar social do pós-guerra.

3. A redução dos orçamentos de Estado significará que parte crescente das despesas totais dos Estados terá de ser utilizada para honrar os compromissos existentes em matéria de despesas, em prejuízo de despesas discricionárias e de novos programas de resposta a novos problemas sociais[45]. Esse princípio se aplica mesmo que, na maior

---

[44] O referido estudo do Instituto Alemão para a Investigação Econômica é exceção. Stefan Bach, "Vermögensabgaben – ein Beitrag zur Sanierung der Staatsfinanzen in Europa", *DIW Wochenbericht*, 2012, p. 3-11. De acordo com as notícias dos jornais, os aumentos dos impostos para os ricos, anunciados pelo presidente francês recém-eleito, desencadearam imediatamente extensos preparativos para a evasão fiscal. Ver "Indigestion for 'les Riches' in a Plan for Higher Taxes", *The New York Times*, 7 abr. 2012: "*Many companies are studying contingency plans to move high-paid executives outside of France, according to consultants, lawyers, accountants and real estate agents – who are highly protective of their clients and decline to identify them by name. They say some executives and wealthy people have already packed up for destinations like Britain, Belgium, Switzerland and the United States, taking their taxable income with them*" [De acordo com consultores, advogados, contabilistas e agentes imobiliários – a fim de proteger seus clientes, recusando-se, portanto, a identificá-los –, muitas empresas estudam planos de contingência para deslocar executivos bem pagos para fora da França. Dizem que alguns executivos e algumas pessoas abastadas já fizeram as malas para destinos como a Grã-Bretanha, a Bélgica, a Suíça ou os Estados Unidos, levando seus rendimentos tributáveis consigo].

[45] Wolfgang Streeck e Daniel Mertens, *An Index of Fiscal Democracy*. MPIfG Working Paper 10/3 (Colônia, 2010). As despesas públicas são consideradas vinculativas quando não podem ser facilmente reduzidas por motivos políticos ou jurídicos. Elas incluem as despesas do Estado com

A POLÍTICA DO ESTADO DE CONSOLIDAÇÃO   161

parte das vezes, a austeridade fiscal também seja acompanhada por cortes nos direitos às prestações. Como numa situação econômica difícil ou em caso de envelhecimento da população o número dos titulares de direitos a prestações aumenta, um corte de direitos, mesmo que seja doloroso para os beneficiários individuais, não implica, necessariamente, a redução correspondente do volume total das despesas.

A redução dos orçamentos de Estado afeta de forma desproporcional as despesas de investimento destinadas a infraestruturas físicas, assim como às políticas de família, de educação, de investigação e às políticas ativas do mercado de trabalho – todas discricionárias[46]. De fato, ficou demonstrado tanto para os Estados Unidos como para a Suécia e para a Alemanha que seus investimentos públicos na primeira fase de consolidação orçamental, nos anos 1990, baixaram não só no que diz respeito à sua cota nas despesas do Estado, mas também em relação ao produto nacional (Figura 3.2). A Grã-Bretanha, sob o governo do New Labour, incluiu-se nos países em que os investimentos públicos *aumentaram*; no entanto, sua dívida pública não baixou, antes aumentou continuamente ano após ano. A relação entre os déficits públicos ou as dívidas públicas e os investimentos públicos persiste ainda que ignoremos as despesas nas infraestruturas físicas e consideremos apenas os investimentos "sociais"; portanto, as despesas dos Estados destinadas à promoção do capital humano, social e de conhecimento de suas sociedades. Isso não se aplica apenas a um país como a Alemanha, onde, desde 1981, essas despesas diminuíram de cerca de 8% para 6,5% (Figura 3.3), mas também à Suécia, nação que tradicionalmente lidera em investimentos sociais e na qual se registrou redução de 13% para 10% (Figura 3.4)[47].

O nexo aqui apresentado não é inevitável do ponto de vista lógico; na segunda fase da consolidação orçamental, iminente, os Estados poderiam tentar contornar o mecanismo de esclerosamento da estrutura das despesas públicas no Estado de consolidação[48]

---

pessoal, as pensões de reforma e o serviço da dívida relacionado com a dívida pública. Por princípio e numa perspectiva de longo prazo, entende-se que o legislador pode decidir sobre todas as despesas do Estado, até sobre as prescritas por lei.

[46] Idem, *Fiscal Austerity and Public Investment. Is the Possible the Enemy of the Necessary?* MPIfG Discussion Paper 11/12 (Colônia, 2011).

[47] Idem.

[48] Um mecanismo que pode ser descrito resumidamente do seguinte modo: "Os déficits dos orçamentos públicos levam a um aumento do endividamento do Estado que, por sua vez, aumenta a pressão no sentido da consolidação fiscal. Se forem evitados aumentos dos impostos, a consolidação só pode ser alcançada por cortes nas despesas. Estes afetarão inevitavelmente mais as despesas discricionárias do que as despesas consagradas na lei. Os investimentos públicos são discricionários, pelo que é de esperar que também sejam reduzidos quando as despesas globais o forem. É óbvio que isso não se aplica apenas aos investimentos tradicionais nas infraestruturas físicas, mas também aos investimentos a que chamamos '*soft*', independentemente do fato de seu volume, em termos absolutos, ser relativamente reduzido. Se os governos querem ou são

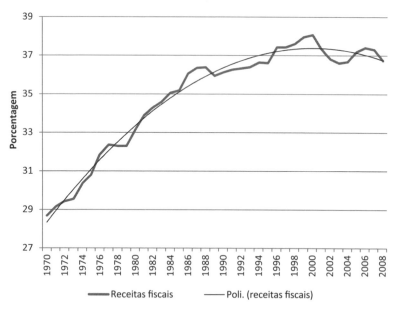

Figura 3.1
Receitas fiscais em porcentagem do produto nacional, países da OCDE selecionados, 1970-2008

Países na média não ponderada: Alemanha, Austrália, Áustria, Bélgica, Canadá, Dinamarca, Espanha, Estados Unidos, Finlândia, França, Grã-Bretanha, Grécia, Irlanda, Itália, Japão, Noruega, Países Baixos, Portugal, Suécia, Suíça

Revenue Statistics: Comparative Tables, OECD Tax Statistics Database

defendendo ou até aumentando investimentos sociais futuros, apesar da redução do déficit. No entanto, as experiências do período anterior a 2008 mostram como é difícil realizar um projeto desse tipo. Tais experiências sugerem que a consolidação fiscal levará, muito provavelmente, a mais privatizações dos serviços de previdência, prosseguindo a tendência da transição neoliberal em paralelo a uma redução cada vez maior das despesas públicas destinadas a satisfazer os direitos históricos dos cidadãos e dos eleitores que estão envelhecendo, até o Estado de bem-estar social tradicional perder sua *constituency* de forma natural[49]. A redução dos espaços de manobra para tomadas de decisões políticas e

---

obrigados a esforçar-se para fazer uma consolidação fiscal, só podem defender seus investimentos '*soft*' ou aumentá-los – e existiriam boas razões para tanto – se estiverem dispostos e capacitados para impor um aumento dos impostos". Ibidem, p. 23.

[49] É possível conseguir certa aceleração da redução das despesas de Estado que são vinculativas associando os serviços de interesse geral do Estado de bem-estar social às chamadas "cláusulas dos

a diminuição das possibilidades de uma política estatal abordar novos problemas e tomar providências para o futuro da sociedade e dos cidadãos conduzem, então, a uma redução das expectativas políticas que afeta a disponibilidade para a participação nesse domínio.

Figura 3.2

Investimentos públicos em porcentagem do produto nacional, três países, 1981-2007

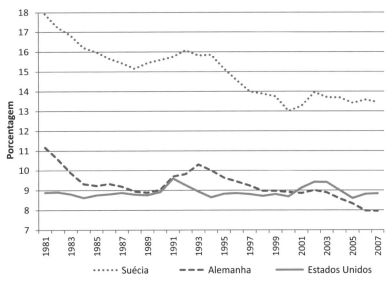

OECD Education at a Glance; OECD R&D Database; OECD Social Expenditure Database; OECD Database on Labour Market Programmes; OECD Public Educational Expenditure, Costs and Financing: An Analysis of Trends 1970-1988; National Accounts Statistics

Consolidação não significa necessariamente libertação da pressão dos mercados financeiros. No Estado de consolidação, continua sendo preciso contrair empréstimos, mesmo que seu orçamento seja excedente todos os anos, uma vez que ele só pode pagar suas dívidas pouco a pouco, sendo obrigado, entretanto, a refinanciá-las. A consolidação com frequência é propagandeada com a promessa de que permite ao Estado recuperar sua soberania face aos "mercados"[50]; no entanto, o momento em que

---

avós" [cláusulas de direito adquirido], tornando-os inacessíveis às gerações futuras ou reduzindo sua dimensão. Isso facilita também sua desacreditação política como "privilégio dos mais idosos".

[50] Esse foi um dos fortes motivos que levou a um saneamento rigoroso das finanças públicas suecas depois da segunda crise financeira do país, nos anos 1990. O ministro das Finanças sueco de então, Göran Persson, descreveu, retrospectivamente, a situação do seguinte modo: "*It was about democracy itself! Why elect parliamentarians if in the end it is after all the IMF that will take the decisions? Why go*

164 Tempo comprado

isso pode acontecer – se chegar, sequer, a acontecer – situa-se num futuro longínquo. Um Estado sem dívidas pressuporia excedentes orçamentais durante décadas e que, provavelmente, só poderiam ser alcançados à custa de taxas de crescimento elevadas, em combinação com taxas de inflação consideráveis. Até lá, a política estatal tem de fornecer continuamente *bondholder value* a seu povo do mercado, que pode penalizar, a cada momento, qualquer desvio de rumo, exigindo juros mais elevados[51].

A manutenção do nível de tributação constituiria, naturalmente, a condição para o equilíbrio duradouro dos orçamentos públicos. Não se pode, no entanto, contar com isso – nem mesmo no Estado de consolidação. Como mostra o exemplo estadunidense da transição da presidência de Clinton para George W. Bush, os excedentes orçamentais podem servir de justificativa para uma redução dos impostos que provoca novos déficits, tendo estes, por sua vez, de ser combatidos com novos cortes nas despesas para se voltar a conseguir excedentes[52]. A combinação de cortes nas despesas com

---

for an election campaign if you don't have the full capacity to take decisions? That was humiliating [...]. When I went to Wall Street to borrow money to finance the deficit I met a crowd of young boys, 27, 28 years old, and they were all sneering, looking at me as an alien. Many of them – if not all – had never been in Sweden. They didn't know anything about the country!" [Era a própria democracia que estava em jogo! Para que eleger deputados, se, em última análise, o FMI tomaria as decisões? Para que fazer uma campanha eleitoral, se a pessoa não tem plena capacidade de decidir? Foi humilhante [...]. Quando cheguei a Wall Street para pedir dinheiro emprestado para financiar o déficit, encontrei uma multidão de rapazes, com 27, 28 anos, que riam de mim e me consideravam um extraterrestre. Muitos deles – senão todos – nunca estiveram na Suécia. Não sabiam nada sobre o país!]. Philip Mehrtens, *Staatsentschuldung und Staatstätigkeit. Zur Transformation der schwedischen politischen Ökonomie. Universität Köln und Max-Planck-Institut für Gesellschaftsforschung* (Colônia, 2013).

[51] Na prática, os Estados que se comprometeram com um "teto da dívida pública" e que procuram cumprir esse compromisso poderiam ver-se obrigados a procurar e a aproveitar novas formas de pré-financiamento, sobretudo para investimentos públicos, que não aparecem em seus orçamentos. Sendo assim, é de prever o surgimento de um vasto mercado para as chamadas parcerias público-privadas (PPP) nos Estados de consolidação, parcerias essas em que empresas privadas contraem empréstimos para o financiamento de obras públicas no lugar do Estado para, depois, o Estado e seus cidadãos, enquanto utilizadores, pagarem durante anos, durante décadas, esses empréstimos. As primeiras experiências com projetos do tipo fazem temer que os governos e os parlamentos, em especial nos níveis mais baixos, raramente tenham competência para perceber os contratos de parceria, com frequência com milhares e milhares de páginas, redigidos por escritórios de advogados internacionais. Teme-se também que os governos e os parlamentos não sejam capazes de avaliar corretamente os custos e os riscos dessas parcerias. Além disso, é previsível que as empresas de consultoria e as empresas de advogados encontrem aqui boas oportunidades de lucro para si, embora elas saiam caras às autoridades públicas. Para uma boa introdução a essa questão, ver "Public Private Partnership". Disponível em: <http://de.wikipedia.org/wiki/Public_Private_Partnership>; acesso em: 18 jun. 2018.

[52] Paul Pierson, "From Expansion to Austerity. The New Politics of Taxing and Spending", em Martin A. Levin et al. (orgs.), *Seeking the Center. Politics and Policymaking at the New Century*

Figura 3.3
Alemanha: investimentos sociais públicos em porcentagem do produto nacional, déficit público, endividamento público e despesas públicas, 1981-2007

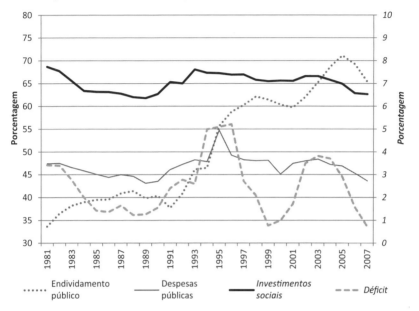

OECD Education at a Glance; OECD R&D Database; OECD Social Expenditure Database; OECD Database on Labour Market Programmes; OECD Public Educational Expenditure, Costs and Financing: An Analysis of Trends 1970-1988; OECD Economic Outlook: Statistics and Projections

reduções de impostos revelou que a consolidação dos orçamentos públicos no Estado de consolidação não é um objetivo em si, mas visa ao objetivo superior de redução generalizada do Estado e de suas intervenções no mercado, sendo, portanto, parte de um programa neoliberal de desestatização e privatização. Os excedentes orçamentais no contexto de um regime de austeridade constituem motivo para "devolver aos cidadãos aquilo que lhes pertence" (George W. Bush). Deste modo, a política de consolidação torna-se autossustentável – tanto que os cidadãos, que podem esperar cada vez menos do Estado, sendo obrigados a adquirir mais e mais bens no setor privado, estão cada vez menos dispostos a pagar impostos. Assim, os cortes nas despesas do Estado levam

(Washington, Georgetown University Press, 2001), p. 54-80. Hoje, nem sequer é necessária essa justificação. O candidato presidencial norte-americano Mitt Romney fez sua campanha eleitoral em 2012, ano em que se registrou um déficit recorde, com a promessa de não alterar os *Bush tax cuts* [corte de impostos do governo Bush] e de introduzir, além disso, a partir de 2015, reduções de impostos no valor de 456 bilhões de dólares. Ver "A Tax Plan that Defies the Rules of Math", *The New York Times*, 11 ago. 2012.

Figura 3.4

Suécia: investimentos sociais públicos em porcentagem do produto nacional, déficit público, endividamento público e despesas públicas, 1981-2007

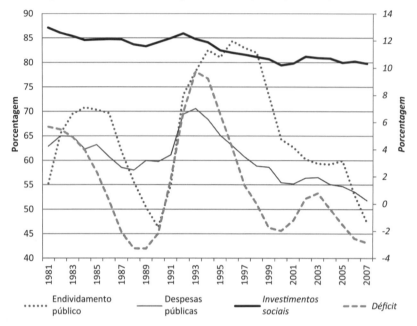

OECD Education at a Glance; OECD R&D Database; OECD Social Expenditure Database; OECD Database on Labour Market Programmes; OECD Public Educational Expenditure, Costs and Financing: An Analysis of Trends 1970-1988; OECD Economic Outlook: Statistics and Projections, publicações em curso

à diminuição das receitas, o que, por sua vez, exige novas reduções nas despesas, se o Estado endividado quer encurtar seu endividamento. A permanente diminuição da participação do Estado na economia nacional vai ao encontro dos interesses daqueles que investiram na restante dívida do Estado: quanto mais baixa for a tributação de uma economia nacional, mais fácil deverá ser para o Estado garantir, com um aumento dos impostos no curto prazo, a satisfação dos direitos de seus credores em caso de emergência[53].

---

[53] Esse é o tipo de mecanismo que funciona num país que foi, outrora, um exemplo de social--democracia: a Suécia. Como mostra Philip Mehrtens em sua dissertação apresentada em Colônia, o país tem conseguido permanentemente excedentes orçamentais desde a superação da última crise financeira, em meados dos anos 1990. O governo conservador, reeleito em 2011, aproveita esses excedentes para reduzir cada vez mais a dívida pública, apesar da boa situação econômica. Como o nível de tributação continua, simultaneamente, caindo, a política de austeridade dos anos seguintes à crise tem de continuar e poderá seguir mesmo depois de esta ter sido ultrapassa-

CRESCIMENTO: *BACK TO THE FUTURE*

Desde que a crise começou, em 2008, registrou-se uma sucessão rápida de acontecimentos na política europeia até então inimagináveis – por exemplo, a substituição de chefes de governo eleitos democraticamente, como Papandreou e Berlusconi, por representantes da economia financeira empossados pela "comunidade dos Estados" europeus. A opinião pública, se é que ainda existe, tem cada vez mais dificuldade em acompanhar os acontecimentos e os esquece com uma rapidez cada vez maior. Essa situação só pode ser vantajosa à política. Foi isso que lhe permitiu voltar a falar, de repente, após as eleições gregas e francesas, em 2012, de "programas de crescimento" europeus e afirmar que é necessário completar a austeridade com os chamados "componentes de crescimento", financiados com créditos públicos ou privados, para garantir que ela conduza à consolidação.

A transformação, embora de curta duração, no sentido do crescimento da política europeia em matéria de crise deveu-se não só ao fim da presidência de Sarkozy, como também à subida temporária da esquerda radical nas eleições gregas, juntamente com o crescimento da oposição interna à política do governo Monti, na Itália. Mesmo na Alemanha, começou a fazer-se sentir um mal-estar em relação ao Estado de consolidação, cujos contornos são cada vez mais visíveis. A renovação da promessa de crescimento dos bons tempos do capitalismo do pós-guerra poderia constituir uma solução de curto prazo. Decisiva foi, contudo, a existência, pela primeira vez, em junho de 2012, da possibilidade de chegar ao poder na Grécia – um dos países endividados da periferia europeia – um governo não comprometido com o centro da Europa ocidental e que poderia decidir uma anulação unilateral da dívida do país. Nesse caso, sobretudo a França e, em menor grau, a Alemanha teriam sido obrigadas a salvar do colapso seus sistemas bancários privados, expostos à Grécia, recorrendo a infusões de dinheiro dos contribuintes. Por isso, o anúncio do chamado "pacto de crescimento" também serviria para persuadir os gregos a desistirem de uma estratégia que, pela perspectiva da Europa ocidental, se afigurava como uma espécie de suicídio financeiro[54].

---

da. Philip Mehrtens, *Staatsentschuldung und Staatstätigkeit*, cit. O objetivo, proclamado e aceito pelos eleitores, de inexistência de dívida pública é aproveitado para levar tacitamente adiante uma reestruturação profunda do Estado de bem-estar social sueco – e isso apesar da existência permanente de um excedente estrutural do orçamento público.

[54] A nova retórica de crescimento não reagiu apenas à necessidade crescente de legitimação da política de austeridade – apresentando a perspectiva de crescimento como recompensa pela "parcimônia" exigida –, mas também à esperança dos governos dos Estados endividados de apoios das fontes de Bruxelas. A expectativa de crescimento enquanto remédio comprovado para conflitos de distribuição do capitalismo democrático foi cultivada especialmente pelo novo presidente francês, Hollande, que não tinha mais como explicar de que modo seria possível conciliar a política interna por ele anunciada com as metas de consolidação vinculativas acordadas em nível europeu.

168 Tempo comprado

A pressão política da esquerda na Grécia abriu, pela primeira vez, uma possibilidade real de o país sair da União Monetária, o que fez subir o preço que a Europa ocidental estava disposta a pagar pela permanência daquele país na União. É duvidoso, contudo, que alguma coisa cresça na sequência dos programas de despesa aprovados em 28 de junho de 2012. De fato, a nova política de crescimento prometida parece tão irrealista quanto aquela que a antecedeu – e nunca existiu debate sério sobre as razões pelas quais esta deveria ser mais bem-sucedida que a anterior. Os extensos programas de crescimento europeus, destinados não só à Grécia, mas também à Espanha e a Portugal, existiram durante décadas, nomeadamente, desde a libertação desses três países de seus regimes fascistas, nos anos 1970, e desde sua transição para a democracia parlamentar ao estilo da Europa ocidental. Até os anos 1990, a União Europeia financiou, com diversos fundos estruturais e de coesão, grande parte dos investimentos públicos em infraestruturas dessas três nações mediterrâneas, também como compensação pelo desvio do caminho eurocomunista – opção não completamente irrealista nos anos 1970 –, assim como na esperança comum de uma rápida convergência econômica e social com a Alemanha, a França e o norte da Itália. Essa convergência, porém, tardou a chegar e não fora, de todo, atingida quando as ajudas da Europa ocidental começaram a diminuir, nos anos 1990 (Figura 3.5)[55]. Isso aconteceu não só porque era necessário partilhar o suporte com as jovens democracias da Europa oriental (Figura 3.6) e porque a Alemanha estava ocupada com sua "construção do Leste", mas também porque, como sabemos, os países ricos iniciaram àquela altura sua primeira fase de consolidação fiscal.

O que aconteceu então pode ser descrito com propriedade como equivalente da política externa do "keynesianismo privatizado"[56] na política interna dos Estados nacionais dos anos 1990, isto é, como substituição das transferências estatais pela melhoria das possibilidades de contrair empréstimos, desta vez não no âmbito nacional, mas, sim, no internacional. Quando o euro foi introduzido, como contrapartida da Alemanha pela aprovação francesa da reunificação do país, em 1990, logo decidiu-se que os três países mediterrâneos com carências estruturais se tornariam membros da União Monetária Europeia. Isso constituiu uma espécie de programa de crescimento e de convergência, sendo que o acesso garantido aos mercados da Europa ocidental e a exclusão de riscos para investidores estrangeiros deviam garantir uma prosperidade rápida das economias nacionais. Os juros que os governos dos países mediterrâneos tiveram de pagar pelo financiamento de seus déficits orçamentais e pelo refinanciamento de sua

---

[55] A Itália, membro fundador da Comunidade Econômica Europeia, logo recebeu parte muito maior dos meios do Fundo de Desenvolvimento Regional como apoio estrutural destinado ao Sul. No entanto, o balanço do país desde os anos 1980 é equilibrado em relação à União Europeia, na sequência da melhoria de seu desempenho econômico.

[56] Colin Crouch, "Privatised Keynesianism. An Unacknowledged Policy Regime", *British Journal of Politics and International Relations*, n. 11, 2009, p. 382-99.

A POLÍTICA DO ESTADO DE CONSOLIDAÇÃO 169

dívida pública crescente, porém, começaram a descer rapidamente, logo na véspera da União Monetária, até chegarem praticamente ao nível dos juros pagos pela Alemanha, na época do início oficial da União Monetária (Figura 3.7). Isso só pode ser explicado pelo fato de "os mercados" terem acreditado haver boas razões para esperar que, em caso de incumprimento, todos os Estados da União Monetária interviriam e que, por isso, a convergência das taxas de juros, que antecipou a aguardada ou, pelo menos, esperada convergência do desempenho econômico, se justificaria[57].

O caso da Grécia constitui exemplo típico da privatização do Estado de bem--estar social internacional da União Europeia (Figura 3.8). O país tornou-se membro da Comunidade Europeia em 1981 e pertence à União Monetária Europeia desde 2001. Quando a intenção dos países da Europa ocidental de permitir a adesão da Grécia à União Monetária se tornou pública, em meados dos anos 1990, a taxa de juros que o país tinha de pagar por suas dívidas desceu de 17% para cerca de 6%, no espaço de cinco anos. Os pagamentos líquidos da União Europeia à Grécia foram reduzidos, simultaneamente, de 4% para 2% do produto nacional grego, manifestamente na esperança de o país estar, então, em posição de preencher a lacuna surgida no mercado de capitais. Na véspera da União Monetária, a Grécia conseguira baixar seu déficit orçamental de 9% para 3% do produto nacional, num espaço de tempo muito reduzido, cumprindo, assim, pelo menos um dos dois critérios de adesão. No entanto, o déficit voltou a aumentar rapidamente, depois de a adesão à União Monetária ter reduzido os custos do financiamento de suas despesas públicas por meio do crédito, situando-se, em 2008, acima do nível de 1995. Apesar disso, a cota de juros – a porcentagem do serviço da dívida nas despesas do Estado – continuou caindo devido a uma taxa de juros extremamente baixa, e a dívida pública, que no início da União Monetária se situava pouco acima de 100%, não cresceu senão lentamente no início. Após 2008, no entanto, o déficit e a taxa de juros cresceram de modo abrupto e, com eles, a cota de juros e a dívida pública. Hoje, é possível dizer que a única coisa que a União Monetária certamente acarretou à Grécia foi um aumento da dívida pública em quase 60% de seu desempenho econômico anual em comparação com o nível de 1995.

---

[57] A convergência dos juros a um nível baixo, que permitiu a países como Grécia e Portugal atingir um endividamento elevado, foi promovida ativamente pela Comissão Europeia. No fim dos anos 1990, a Comissão permitiu aos bancos europeus utilizar obrigações dos Estados-membros da União Monetária Europeia – de todos eles, sem exceção – como garantia nas chamadas operações de recompra, também no âmbito internacional. Daniela Gabor, *Fiscal Policy in (European) Hard Times. Financialization and Varieties of Capitalism. Rethinking Financial Markets*, World Economics Association (WEA), 1º-30 nov. 2012. Isso permitiu mesmo aos Estados economicamente fracos contrair empréstimos em condições favoráveis. O comissário europeu responsável pela nova regulamentação, encarregado do mercado interno e dos "serviços financeiros", era Mario Monti.

Figuras 3.5 e 3.6

Pagamentos líquidos da União Europeia em porcentagem do rendimento nacional dos quatro países beneficiários, 1982-2009

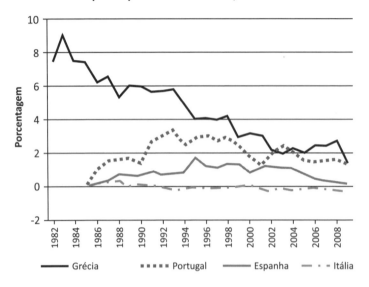

Comissão Europeia: relatório financeiro sobre o orçamento da União Europeia; OECD National Accounts Statistics, cálculos próprios

Pagamentos brutos da União Europeia a países da Europa setentrional e oriental, 2000-2010

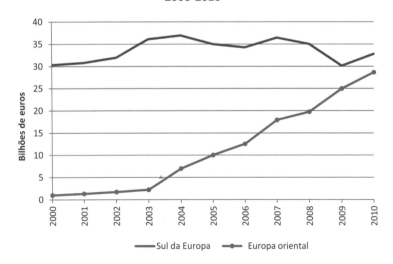

Comissão Europeia: orçamento da União Europeia de 2010 – relatório financeiro

A POLÍTICA DO ESTADO DE CONSOLIDAÇÃO   171

No curto período de glória do euro, foram sobretudo Grécia e Portugal que conseguiram compensar, quase sem limites, a diminuição das transferências de Bruxelas com créditos baratos[58]. No entanto, tal como se tornou dolorosamente óbvio após 2008, o enorme afluxo de dinheiro nesses anos contribuiu em especial para a geração de bolhas que pareciam ser de crescimento, mas que não representavam crescimento algum – como ficou claro quando o afluxo de créditos baratos foi interrompido devido à crise do sistema financeiro mundial e os Estados e as empresas deixaram de cumprir o serviço da dívida.

É espantoso que saber se alguém nos extensos aparelhos de monitorização dos grandes Estados nacionais e da União Europeia, do BCE, da OCDE ou do FMI tinha, de fato, reparado naquilo que acontecia não desempenhe qualquer papel no debate público. É de conhecimento público que, quando a Grécia teve de camuflar seu nível de endividamento para aderir à União Monetária Europeia, começando, mais tarde, a endividar-se com juros baixos, foi o banco de investimento estadunidense Goldman Sachs que a ajudou a embelezar suas contas, cobrando taxas exorbitantes, como de costume[59]. É difícil acreditar que ninguém na *financial community* internacional, "ligada em rede", tivesse conhecimento disso. O presidente do Banco Central grego à época era o economista Lukas Papademos. Depois de ter feito seu trabalho, foi promovido a vice-presidente do Banco Central Europeu (e, em 2011, chegou a primeiro-ministro na Grécia, enquanto "perito" vindo de fora, afastado da política, com a tarefa de garantir a solvência do país perante os credores, procedendo a "reformas"). Seria para acreditarmos que, após a promoção para Frankfurt, ele teria cortado tão completamente contatos com sua pátria a ponto de deixar de receber informações sobre o verdadeiro nível de endividamento da Grécia? Mario Draghi, vice-presidente do Goldman Sachs e responsável pelos negócios na Europa, foi nomeado presidente do Banca d'Italia, com

---

[58]   Na Espanha, não foi o Estado que se endividou, e sim o setor privado, graças à liberalização radical do setor das instituições de crédito, promovido pelo governo, sendo que os bancos espanhóis podiam obter créditos baratos, tal como o Estado grego.

[59]   Ver *Bloomberg*, 6 mar. 2012: "Goldman Secret Greece Loan Shows Two Sinners as Client Unravels". O artigo começa assim: "*Greece's secret loan from Goldman Sachs Group Inc. (GS) was a costly mistake from the start. On the day the 2001 deal was struck, the government owed the bank about 600 million euros ($793 million) more than the 2.8 billion euros it borrowed, said Spyros Papanikolaou, who took over the country's debt-management agency in 2005. By then, the price of the transaction, a derivative that disguised the loan and that Goldman Sachs persuaded Greece not to test with competitors, had almost doubled to 5.1 billion euros*". [O empréstimo secreto do Goldman Sachs Group Inc. (GS) à Grécia constituiu um erro dispendioso desde o início. Quando o acordo foi celebrado, em 2001, o governo devia cerca de 600 milhões de euros (793 milhões de dólares) ao banco, além dos 2,8 bilhões emprestados, afirmou Spyro Papanikolaou, que assumiu a liderança da agência de gestão da dívida do país em 2005. Até lá, o preço da transação, derivado que camuflou o empréstimo e cuja comparação com a concorrência o Goldman Sachs convenceu a Grécia a não fazer, quase duplicou para 5,1 bilhões de euros]. E assim por diante.

lugar no órgão executivo do BCE, mais ou menos na altura em que Papademos passou para o BCE. Mais provável do que essa mudança de lugar também ter sido associada a um ataque de amnésia é a hipótese de ambas, a política e a *haute finance*, terem ficado mais do que satisfeitas com a substituição das transferências entre Estados pela contração de empréstimos por Estados individuais, permitida pela União Monetária: a política ficou satisfeita porque seu espaço de manobra fiscal estava esgotado, e a indústria monetária ficou contente porque a ela foram abertos novos mercados e porque podia acreditar que, no caso de tudo dar errado, os Estados-membros mais ricos assumiriam as dívidas dos mais pobres, protegendo bancos europeus e americanos de prejuízos.

À luz das experiências do período anterior à crise, a programática de "crescimento", levada à cena europeia durante um curto período após as eleições gregas e francesas de 2012, não passa de uma política simbólica[60]. Aqueles que estiveram envolvidos nas decisões sabiam ou podiam saber que o espaço de manobra fiscal dos países do centro da Europa para o financiamento de "impulsos ao crescimento" era incomparavelmente mais limitado do que nos anos 1990 *e* que o volume de créditos disponíveis no mercado de capitais, bem como as condições de acesso a eles, não são, nem de longe, compará-veis ao período imediatamente seguinte à virada do século. Se naquela época os meios disponíveis não eram suficientes para iniciar mais do que um crescimento aparente nos países da periferia europeia, como poderiam ser suficientes na situação atual? Além de contribuir para que o novo governo francês livrasse a cara, o único efeito das medidas de apoio ao crescimento, prometidas no verão de 2012, foi suscitar esperança nos governos dos Estados periféricos de conseguir dinheiro fresco, mesmo que pouco, para manter seus aparelhos de Estado e adjudicar alguns contratos à sua clientela[61].

---

[60] Deixo aqui propositadamente de lado a questão fundamental de saber se o crescimento será ainda uma perspectiva político-econômica realista. Para essa questão ver, por exemplo, Meinhard Miegel, *Exit. Wohlstand ohne Wachstum* (Berlim, Propyläen, 2010).

[61] Sobre as decisões do verão de 2012, ver *Spiegel On-line*, 27 jun., o artigo intitulado: "EU--Wachstumsrhetorik: Der Mogelpakt" [Retórica do crescimento na União Europeia: pacto da trapaça]. O artigo chama atenção para o fato de o "pacto de crescimento", ao contrário do pacto fiscal, não ser um acordo juridicamente vinculativo, apenas um anexo à declaração da reunião dos 27 chefes de Estado da União Europeia. "Apesar disso, fala-se oficialmente de um 'pacto para o crescimento e o emprego', o que sugere que se trata de um equivalente ao pacto fiscal." O "pacto" prevê a disponibilização de 130 bilhões de euros para medidas de apoio ao crescimento. No entanto, esse montante inclui 55 bilhões de euros dos Fundos Estruturais, já previstos para 2013 (destinados a *todos* os Estados necessitados da União Europeia), assim como um montante restante, indeterminado, dos mesmos fundos, não gasto em 2012; a decisão prevê, sem quaisquer outras explicações, que esses meios sejam aplicados de forma a promover crescimento. Os outros 60 bilhões de euros devem ser distribuídos por quatro anos e atribuídos a parcerias público--privadas nos países endividados, sob a forma de empréstimos adicionais do Banco Europeu de Investimento. No entanto, não existem projetos relevantes, também devido ao elevado risco de

A POLÍTICA DO ESTADO DE CONSOLIDAÇÃO 173

Figuras 3.7 e 3.8

Taxas de juros das obrigações soberanas de alguns países europeus, 1990-2011

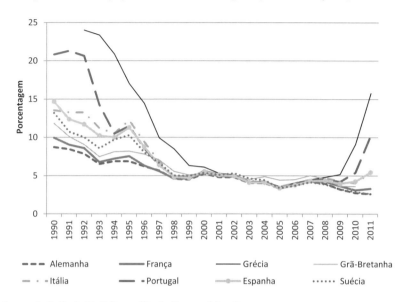

OECD Economic Outlook: Statistics and Projections, publicações em curso

Grécia: União Monetária e finanças públicas

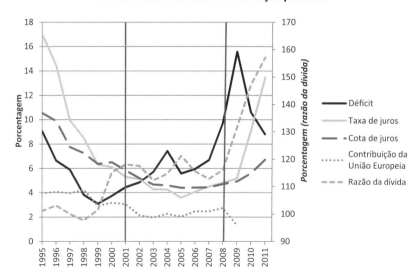

Comissão Europeia: relatórios financeiros sobre o orçamento da União Europeia; OECD National Accounts Statistics; OECD Economic Outlook Database, publicações em curso

174 Tempo comprado

De resto, o que estava e está em vigor na Europa unida é a doutrina dominante no neoliberalismo, isto é, que a única "política de crescimento" que merece esse nome consiste na eliminação das organizações e das instituições que restringem o mercado e a concorrência, sejam cartéis, câmaras, sindicatos e corporações de taxistas[62], sejam salários mínimos e mecanismos de garantia de emprego. Era e é só isso que está em causa quando os Estados credores atuais esperam "reformas estruturais" dos Estados devedores, pelo que, segundo essa perspectiva, é correta a afirmação de que a política de saneamento incluía, desde o início, medidas de apoio ao crescimento. A desregulamentação enquanto programa de crescimento conta com a grande vantagem política de ninguém poder esperar seriamente que ela opere um milagre no curto prazo – assim como de, caso não haja milagres nem sequer no longo prazo, isso poder sempre se justificar pelo fato de, num mundo imperfeito, a dose ser insuficiente. Entretanto, para que o doente fique sossegado durante a administração de medicamentos amargos, é necessário suspender a democracia tanto quanto possível – por exemplo, empossando "governos de peritos". Em caso de necessidade, pode se dar um rosto humano à desregulamentação, por meio de ofertas monetárias simbólicas, sob a forma de uma espécie de programas de crescimento. Como a desregulamentação não custa nada – à parte de intervenções policiais que chegam a tornar-se necessárias –, enquadra-se muito bem na atual crise financeira e fiscal. Sua implementação demonstrativa num Estado endividado, nas circunstâncias atuais, é valiosa por si só, mesmo que não provoque crescimento, já que contribui para a criação de confiança junto dos "mercados", demonstrando-lhes a desejada capacidade de ação do Estado em relação ao povo do Estado.

Excurso: programas de crescimento regionais

Qual é a razão para os recursos financeiros – que são tudo menos insignificantes, que a União Europeia fez afluir para os países do Mediterrâneo até fins dos anos 1990

---

perdas para possíveis parceiros privados. Por fim, os meios do orçamento da União Europeia em execução devem ser utilizados para assumir garantias de até 18 bilhões de euros para empréstimos contraídos por entidades privadas, destinados a projetos europeus de infraestruturas; tampouco existem atualmente projetos desse tipo. Não vai ser aplicado mais dinheiro em lugar algum.

[62] As corporações de taxistas foram consideradas, pelo menos em termos retóricos, objeto de desregulamentação privilegiado pelos "peritos" Papademos e Monti, empossados por Bruxelas como administradores de falências. Os preços elevados dos táxis incomodam a classe média, com pressa para tratar de seus negócios ou chegar em casa; se a desregulamentação torna as viagens de táxi mais baratas, não pode estar errada. Outra questão é saber se preços de táxis mais baixos em Roma ou Atenas provocam crescimento econômico sustentável no Mediterrâneo.

A POLÍTICA DO ESTADO DE CONSOLIDAÇÃO 175

e que foram transformados, depois, em Estados endividados – não terem gerado um crescimento econômico sustentável? O discurso tecnocrático sobre o "estímulo" a uma economia paralisada por algum motivo ignora o fato de o crescimento econômico requerer não só condições institucionais, mas também condições socioestruturais e culturais tudo menos universais e, sobretudo, impossíveis de serem criadas por decisões de conselhos de ministros. Os Estados e os governos que estavam preocupados com a promoção do crescimento econômico em regiões menos desenvolvidas apostaram constantemente em instrumentos como complementos salariais, apoios à criação de empresas, auxílios a investimentos, amortizações especiais, benefícios fiscais e investimentos públicos nas infraestruturas locais. Essas intervenções revelaram-se sempre extremamente caras e, no que diz respeito a seus objetivos declarados, quando muito, só foram eficazes no longo prazo. O Mezzogiorno[63] italiano e os "novos Estados federados" da Alemanha, surgidos após 1990, são exemplos disso.

Quanto à Itália, o Estado central, a União Europeia e as organizações que a antecederam investiram montantes elevados no desenvolvimento econômico das regiões setentrionais no período pós-guerra, sem uma redução duradoura da diferença entre o Norte e o Sul. Nos anos 1950, o rendimento *per capita* no Mezzogiorno era inferior à metade do rendimento médio italiano. A diferença diminuiu para cerca de 33% (Figura 3.9) até o fim do crescimento pós-guerra, por volta de 1970, voltando depois a aumentar para cerca de 45% até meados dos anos 1990 e novamente a diminuir um pouco, devendo situar-se em 41% até o fim da presente década[64].

A literatura das ciências sociais explica o atraso econômico aparentemente insuperável do Sul italiano por meio de sua estrutura social tradicional, incluindo a predominância contínua de elites de poder locais que teriam medo de perder sua posição na sequência de uma modernização capitalista. Segundo Jens Beckert, a economia capitalista pressupõe uma ordem social que permite e recompensa uma orientação da ação cotidiana pelos quatro princípios fundamentais: *competition*, *creativity*, *commodification* e *credit* (os quatro "Cês")[65]. A teoria da economia convencional distingue-se da teoria sociológica, supondo que todos orientam desse modo suas ações, graças a uma espécie de ato de fé antropológico[66]. É difícil compreender por que sociedades como

---

[63] O Mezzogiorno inclui as ilhas da Sicília e da Sardenha, assim como as regiões de Abruzzo, Molise, Campânia, Basilicata, Apúlia e Calábria.

[64] No entanto, o peso da economia paralela no Mezzogiorno poderá ser muito significativo. A existência de uma economia paralela forte constitui sinal de governabilidade reduzida não só no que diz respeito à tributação, mas também ao controle sobre a utilização de ajudas estatais.

[65] Jens Beckert, *Capitalism as a System of Contingent Expectations. On the Microfoundations of Economic Dynamics* (Colônia, 2012).

[66] Dessa perspectiva, o *homo oeconomicus* existe em todas as sociedades e em todos os indivíduos, esperando para ser libertado. Para a teoria econômica convencional é incompreensível que as

a do Mezzogiorno não querem responder a tantos "incentivos" a uma racionalização capitalista e por que a introdução de instituições modernas, como a propriedade privada capitalista, não é, por si só, suficiente para desencadear uma modernização capitalista.

Figura 3.9

Itália: transferências líquidas para o Mezzogiorno e diferença de rendimentos, em porcentagem do produto nacional, 1951-2008

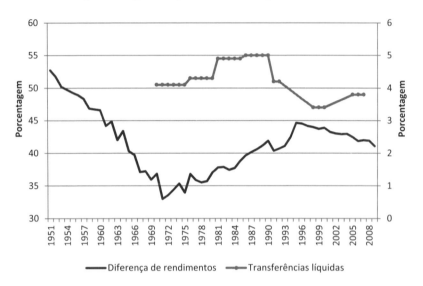

Paolo Malanima e Vittorio Daniele, "Il prodotto delle regioni e il divario Nord-Sud in Italia (1861--2004)", *Rivista di Politica Economica*, 2007, p. 267-316; Istituto Nazionale di Statistica (Istat)

Nem os especialistas sabem com exatidão quantos recursos o Estado italiano e a comunidade dos países europeus gastaram na promoção do desenvolvimento regional no Mezzogiorno e da convergência nacional – e isso também porque os métodos de cálculo foram alterados várias vezes e as instituições competentes foram permanentemente reformadas[67]. De acordo com a melhor estimativa disponível, as transferências

---

sociedades, por sua vez, possam estar equilibradas numa situação de baixa produtividade; sendo assim, deverão ser tiradas de seu modo de vida, recorrendo-se ao poder público ou a reformas.

[67] Por exemplo, em 1992 foi eliminada a Cassa per il Mezzogiorno, um fundo especial para o desenvolvimento do Sul. Essa Cassa foi substituída por reduções fiscais. Os investimentos estatais em infraestruturas, subvenções para determinados setores, ajudas ao investimento e benefícios fiscais para empresas privadas estavam sempre a mudar. Além disso, havia sempre novos programas europeus de apoio.

líquidas atuais a favor do Mezzogiorno equivalem a cerca de 4% do produto nacional italiano, sendo que o nível mais alto, de cerca de 5%, foi atingido no fim dos anos 1980; depois, durante a primeira fase de consolidação dos orçamentos públicos no fim do século, esse montante baixou para 3,4% (Figura 3.9)[68]. Apesar da aplicação desse montante vultuoso, o Sul da Itália é considerado um exemplo de como os programas de desenvolvimento regionais podem fracassar devido a circunstâncias políticas e sociais. Hoje, existe consenso de que ajudas ao desenvolvimento fornecidas pelo Estado central italiano foram absorvidas pelas estruturas de poder local e utilizadas para consolidar relações de poder locais, tradicionais e clientelistas. Ao mesmo tempo, os partidos que sustentam o Estado central, em especial a Democrazia Cristiana, aprenderam a forma de desviar meios públicos destinados ao desenvolvimento econômico regional para comprar apoio político, também sob a forma de votos garantidos. Os eleitores do Norte só toleraram durante tanto tempo transferências consideráveis para o Sul porque a criação de condições de vida mais ou menos equivalentes na Itália foi considerada também pela esquerda um objetivo e um imperativo de solidariedade nacional e porque a União Europeia prestou, desde o início, um apoio massivo à política regional italiana[69]. Esse apoio acabou nos anos 1980, o que contribuiu para chamar a atenção da opinião pública para o fato de, em última análise, as despesas com o "desenvolvimento" do Mezzogiorno nem sequer terem conseguido impedir que a discrepância entre as diversas regiões do país aumentasse novamente depois de mais de uma década. A oposição a mais programas de ajuda tem crescido desde então. A ascensão da Lega Nord, partido regional secessionista no Norte da Itália, constitui a expressão mais visível dessa oposição.

O caso italiano mostra que uma política de crescimento e desenvolvimento regional – tal como prevista também, em termos retóricos, para a União Monetária – tem de resolver dois problemas estreitamente interligados. O *primeiro* reside na aplicação de meios destinados ao desenvolvimento econômico numa estrutura social tradicional, de forma a iniciar um crescimento autossustentável, tornando-se, portanto, desnecessária. Em outras palavras, trata-se de aplicar as ajudas em investimentos, não em consumo,

---

[68] Os cálculos das transferências líquidas italianas foram disponibilizados ao autor pelo professor Carlo Trigilia, da Universidade de Florença.

[69] Durante as negociações sobre a criação da Comunidade Econômica Europeia, a Itália exigiu que a Comunidade assumisse uma parte dos custos do apoio ao Mezzogiorno. Sem transferências massivas para o Sul, superiores àquilo que o Estado italiano podia pagar, não era possível, na opinião do governo, garantir a coesão da Itália e, certamente, não seria possível garantir a maioria parlamentar do governo democrata-cristão em Roma. Este caso é um exemplo revelador de como, em muitos casos, a unificação europeia não serviu para abolir os Estados nacionais envolvidos, mas, pelo contrário, para os estabilizar. Alan Milward, *The European Rescue of the Nation State* (Londres, Routledge, 2012).

178 Tempo comprado

mesmo que essa distinção, em alguns casos, seja difícil. A disponibilidade das regiões que têm de fornecer os meios para fazer isso e, portanto, para se comportar de forma "solidária" depende da existência da perspectiva de encontrar, alguma vez, solução para o *problema de eficiência* da política regional. *Em segundo lugar*, é necessário esclarecer quem deve exercer controle sobre a utilização das ajudas ao crescimento ou como deve ser repartido o controle entre as entidades doadoras centrais e as entidades beneficiárias locais – em termos gerais, entre o centro e a periferia. Excesso de controle local pode levar os recursos a serem utilizados no consumo, não no investimento; a existência de controle central demais cria o risco de uma governança que ignore as condições locais. Isso levanta o problema da *governabilidade*. A constituição política e jurídica das autoridades regionais, o tipo de ligação institucional ao centro que elas têm e a dependência política do centro em relação ao apoio da periferia constituem exemplos de fatores relevantes nesse quesito.

No que diz respeito à Alemanha, depois da reunificação, houve muito receio de que os "novos Estados federados" no território da antiga República Democrática Alemã (RDA) se transformassem num "Mezzogiorno alemão". Nas duas décadas que se seguiram, o governo federal gastou recursos consideráveis para aproximar o nível de vida e a competitividade da parte oriental do país à parte ocidental. Nesse caso, também houve suspeita de que a ajuda tivesse sido gasta mais no consumo do que no investimento. No início de 1994, verificou-se que a diferença de rendimentos entre as duas partes do país tinha sido reduzida de cerca de 60% para 33% do rendimento médio nacional (Figura 3.10). No entanto, a partir daí, só depois de uma década e meia se registrou mais uma redução da diferença em 6%. Essa evolução foi acompanhada de transferências líquidas anuais que aumentaram de 2,8% para cerca de 4% do produto nacional, entre 1995 e 2003, e que, depois, voltaram a descer para menos de 3%; em 2012, situavam-se em cerca de 3,3%; portanto, cerca de 0,5% abaixo do nível italiano. A população dos "novos Estados federados" não constitui senão um pouco mais de 20% da população da República Federal da Alemanha (RFA), enquanto a população do Mezzogiorno representa, há décadas, por volta de 35% da população da Itália – por esse motivo, não só foi mais fácil reunir os recursos utilizados na Alemanha, como o número de seus beneficiários também era relativamente mais baixo. Segundo cálculo aproximado, na Itália, teriam sido necessários de 6% a 7% do produto nacional para alcançar efetivamente um nível de transferências equivalente ao alemão.

Embora, na Alemanha, a diferença entre as regiões ricas e pobres tenha sido efetivamente reduzida, ao contrário do que ocorreu na Itália (onde essa diferença se situava, antes do início da crise, aproximadamente no nível de 1990, ascendendo, com 41%, a cerca do dobro da registrada na Alemanha), não se pode falar, até hoje, de eliminação da discrepância. Sendo assim, o governo federal terá de manter por enquanto a "sobretaxa de solidariedade", introduzida depois da reunificação e cobrada juntamente com o imposto sobre o rendimento, embora a proporção de população

A POLÍTICA DO ESTADO DE CONSOLIDAÇÃO 179

Figura 3.10
Alemanha: transferências líquidas para os "novos Estados federados" e diferença de rendimentos, em porcentagem do produto nacional, 1991-2010

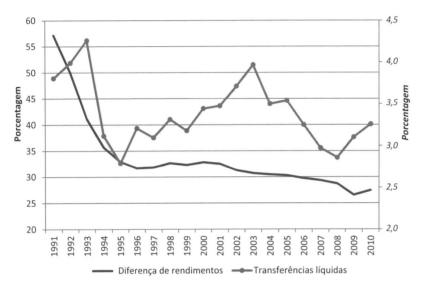

Grupo de trabalho "VGR der Länder" ("Contas globais da economia dos Estados federados"):
Bruttoinlandsprodukt, Bruttowertschöpfung in den Ländern und Ost-West-Großraumregionen Deutschlands 1991 bis 2010 [Produto interno bruto, valor acrescentado bruto nos Estados federados e nas áreas metropolitanas Oeste-Leste na Alemanha]; ifo Dresden, informação ao autor

que vive nas regiões pobres em relação à das regiões ricas seja mais favorável do que na Itália[70]. O atraso econômico dos Estados federados da antiga RDA, persistente apesar de transferências significativas[71], é digno de nota, principalmente porque, na

---

[70] Isso se deve, naturalmente, também à influência exercida sobre a composição do Bundesrat [Câmara Alta do Parlamento] e do governo federal, por meio das eleições dos "novos Estados federados". As polêmicas em torno da manutenção do "pacto de solidariedade", que acabará em 2019, começaram muito antes de 2012. Segundo um comentário do *Süddeutsche Zeitung*, publicado no dia 5 de setembro de 2012 e relativo às exigências de um ministro da Economia da Alemanha Oriental sobre manutenção das ajudas, "apesar das ajudas bilionárias para a construção do lado oriental, não se conseguiu, até o momento, criar uma estrutura econômica e financeira autossustentável nos novos Estados federados [...]. O valor do imposto profissional cobrado nos novos Estados federados continua não atingindo 10% do valor total desse imposto cobrado na Alemanha; no caso do imposto sobre as sociedades, o valor situa-se apenas entre os 5% e os 7%".

[71] Segundo o relatório anual de 2012 do governo federal relativo à "situação da unificação alemã" (Ministério Federal do Interior, 2012), em 2011, a economia da Alemanha Oriental cresceu 2,5%,

época da reunificação, diferentemente da região sul da Itália, não existiam ali quaisquer estruturas de poder estabelecidas que pudessem se opor a uma modernização capitalista e às quais o Estado tivesse de fazer concessões. Os dirigentes comunistas estavam completamente desacreditados. Além disso, olhando para um passado mais longínquo, o antigo sistema latifundiário de grandes regiões da zona oriental da Alemanha – cuja estrutura é comparável, em muitos aspectos, à da Sicília e à da Calábria –, primeiro, foi desmembrado pelos nacional-socialistas, após 20 de julho de 1944, e, mais tarde, pela ocupação soviética e pelo Partido Comunista alemão. Assim, não se podia falar de herança feudal[72] que tivesse impedido o progresso econômico.

Continua a discutir-se em que medida a lentidão da aproximação dos Estados federados do Leste aos do Ocidente, após 1995, se deve à União Monetária, ao câmbio da moeda da RDA numa relação de 1 para 1 e à extensão do Estado social da Alemanha Ocidental ao Leste. Essas medidas também foram consideradas por muitos no Leste como compra de votos por parte do governo Kohl. Nesse sentido, são comparáveis à prática italiana no Mezzogiorno. Existem muitas razões para pensar que grande parte das avultadas transferências necessárias nos anos seguintes se devia ao choque resultante da união monetária e social. O certo é que, apesar da exigência, consagrada na Constituição, de criação de "condições de vida iguais" em todas as regiões do país, a única coisa que tornou possível defender politicamente um apoio financeiro bastante dispendioso aos "novos Estados federados", cujo montante surpreendeu os eleitores[73], foi um sentimento nacional de solidariedade e de dever inesperadamente forte.

As lições aprendidas com os dois casos referidos para os "programas de crescimento" da União Europeia em relação aos países endividados do Sul, aprovados no verão de 2012, não são encorajadoras. Grécia, Portugal, Espanha e outros países eventualmente necessitados de ajuda são Estados nacionais, não Estados federados nem províncias de um Estado central. A Comissão Europeia ou o Conselho Europeu ainda podem ignorar menos seus governos e seus partidos do que os governos dos Estados nacionais podem ignorar as autoridades regionais[74]. A Comissão Europeia procurou constantemente

---

ao passo que o crescimento registrado em toda a Alemanha era de 3%. O produto *per capita* baixou de 73% do nível da Alemanha Ocidental (2010) para 71%; a produtividade situava-se em 79%, e a taxa de desemprego, em 11,3% (Alemanha Ocidental: 6%).

[72] Albert O. Hirschman, "Rival Interpretations of Market Society. Civilizing, Destructive, or Feeble?", *Journal of Economic Literature*, n. 20, 1982, p. 1.463-84.

[73] Recordem-se as promessas de Helmut Kohl relativas a "paisagens florescentes" sem aumento de impostos.

[74] Na Alemanha Oriental, as posições-chave nos novos Estados federados, depois da reunificação, foram ocupadas com frequência por políticos e funcionários públicos da Alemanha Ocidental que haviam interiorizado a cultura política da antiga República. Nunca houve intercâmbio de elites comparável no Mezzogiorno. O primeiro-ministro Monti, empossado pela União Europeia,

levar a cabo medidas de política regional ignorando os Estado nacionais, mas nunca conseguiu. Por isso, tudo aquilo que cabe à Itália aplica-se, também, em um nível superior e numa analogia ainda mais forte, à União Europeia. Além disso, na União Europeia, ao contrário do que acontece na Itália e na Alemanha, falta o vínculo de um sentimento de comunidade entre pagadores e beneficiários, criado ao longo da história. Pelo contrário, as identificações nacionais podem ser mobilizadas a qualquer momento para deslegitimar como não merecidas as prestações de solidariedade exigidas e como interferência imperialista as condições associadas a programas.

Para avaliar a dimensão da eventual tarefa hercúlea, em termos de política regional, de ajudar os países mediterrâneos em crise a não aprofundar cada vez mais seu atraso numa união monetária com a Alemanha, é útil ter em mente as proporções entre os países e a dimensão das diferenças econômicas na União Monetária Europeia (Figura 3.11). Espanha, Grécia e Portugal – os três países mais pobres da zona do Mediterrâneo afetada pela crise – contam com um total de 68,1 milhões de habitantes. Os três maiores membros da União Monetária Europeia, os únicos cujo contributo financeiro pode ser relevante – Alemanha, França e Países Baixos –, têm um total de 163,5 milhões de habitantes, o que dá uma proporção de 41 para 100. A proporção correspondente entre a Alemanha Oriental e a Ocidental é de 27 para 100. Em 2011, o rendimento ponderado *per capita* dos três países do Mediterrâneo situava-se em cerca de 21 mil euros, enquanto nos três países que podem prestar ajuda esse rendimento ascendia a 31.700 euros, o que equivalia a uma diferença de rendimentos não inferior a 34%. Isso é 7% mais do que na Alemanha, onde, durante um período ainda não determinado, serão necessários cerca de 4% do produto nacional para evitar que a parte oriental *recue* em relação ao nível atual. Se juntarmos a Itália ao Mediterrâneo, a diferença de rendimentos em relação ao Norte será menor; no entanto, a proporção das populações agrava-se, passando a ser de cerca de 80 para 100. A Alemanha, mesmo que a França contribuísse e que a boa situação econômica de 2011 e 2012 se mantivesse, ficaria manifestamente sobrecarregada com o financiamento de uma política regional para o Mediterrâneo com alguma perspectiva de sucesso[75].

---

descobriu no verão de 2012 – causando grande impacto na opinião pública – que Raffaele Lombardo, presidente da região siciliana, recebia um salário superior ao de Angela Merkel e que a Sicília empregava, entre outros, 24 mil guardas-florestais e 20 mil funcionários administrativos, ascendendo as despesas administrativas anuais por cidadão a 349 euros (Lombardia, 21 euros). Foi com surpresa que Monti descobriu também que o referido presidente – que, enquanto candidato da reforma, substituiu seu antecessor, atualmente na prisão – havia colaborado com a máfia; por esse motivo, ele o forçou a pedir demissão. Quanto ao déficit orçamental siciliano, Monti estava de mãos atadas, por causa do estatuto de autonomia regional.

[75] Para o tema das euro-obrigações, ver o artigo "Merkel Stresses Limits to Germany's Strength", *The New York Times*, 15 jun. 2012.

Quanto mais elevados forem os custos das intervenções da política regional, mais reduzido será o controle delas a partir de fora ou de cima. Se o governo central italiano não é capaz de controlar a utilização de seus recursos na Sicília e, em geral, o comportamento fiscal de suas administrações regionais, pergunta-se como, então, a Comissão Europeia ou até o governo federal alemão conseguirão controlar os governos grego, espanhol, português ou mesmo italiano. E se na própria Alemanha – apesar da existência de um Estado federal e da utilização de recursos consideráveis – o fim da política de apoio regional nos "novos Estados federados", mesmo vinte anos após a reunificação, ainda não é previsível, para quando se poderia prever, numa união monetária de Estados soberanos, que as subvenções da política regional se tornassem desnecessárias, considerando o impacto permanente do princípio do favorecimento cumulativo na concorrência capitalista? Seria algo que exigiria muitíssima paciência dos eleitores dos países pagadores, num período de redução de orçamentos públicos e de prestações sociais. Por que razão, contudo, os finlandeses e os holandeses deveriam ter mais paciência com os gregos e os espanhóis do que os cidadãos do Piemonte, da Lombardia ou de Veneza com os cidadãos de Palermo e de Nápoles?

Tudo indica que os recursos limitados que a Europa ocidental conseguirá arranjar na situação de crise fiscal para transferir para o Sul só chegarão, na melhor das hipóteses, para comprar a lealdade dos aparelhos estatais daqueles países e dos partidos do centro em relação ao centro europeu – arranjo cuja semelhança com o clientelismo nacional em vários níveis da democracia italiana, no período pós-guerra, seria notável. Aliás, isso não constituiria novidade para a União Europeia. Quando Portugal, Espanha e Grécia saíram do fascismo e da ditadura militar, nos anos 1970, tinham uma opção eurocomunista, ainda por cima, levando em conta o anunciado *compromesso storico* na Itália. Este teria incluído um ajuste de contas com as classes superiores tradicionais, desacreditadas devido à colaboração com as ditaduras, e, portanto, no mínimo, a possibilidade de uma modernização revolucionária da estrutura social. Isso, contudo, não era do interesse da Europa ocidental nem dos Estados Unidos, que necessitavam, por razões geopolíticas, de aliados fiáveis e de paz em sua periferia mediterrânica.

A admissão dos três países na União Europeia – e quase simultaneamente na Nato – aconteceu, então, não por motivos econômicos, mas por motivos políticos: era suposto que recompensasse uma decisão a favor de um rumo pró-ocidental, "europeu", com a perspectiva de participação na prosperidade do centro da Europa ocidental. Em vez de revoluções sociais, haveria crescimento e prosperidade, graças às subvenções dos fundos estruturais da União Europeia, incluindo a criação de aparelhos estatais modernos de acordo com o modelo da Europa ocidental, promovido por Bruxelas. O objetivo era gerar um eurocapitalismo amortecido pela social-democracia, que permitisse aos países recém-chegados à democracia uma reconciliação nacional, graças a uma prosperidade crescente: uma modernização sem derramamento de sangue. As novas classes médias orientadas para a Europa ocidental tinham a esperança de se estabelecer, de forma pacífica e duradoura, na sequência de uma progressiva mudança estrutural da economia, como uma força hegemônica de acordo com o modelo da Europa ocidental – apesar de todos os compromissos, inevitáveis nos primeiros tempos, com as velhas oligarquias, simbolizadas, na Espanha, pela monarquia e, na Grécia, cimentadas constitucionalmente, entre outras coisas, sob a forma da manutenção dos privilégios da Igreja ortodoxa, incluindo amplas isenções fiscais para extensas propriedades agrícolas e atividades comerciais[76].

Figura 3.11

Proporções e diferenças de rendimento entre alguns Estados-membros da União Monetária Europeia, 2011

	Habitantes (em milhões)	% Alemanha, França, Países Baixos	Rendimento (em euros)	Diferença de rendimentos
Itália	60,1	36,8	26.000	18,0
Espanha	46,2	28,3	23.300	26,5
Grécia	11,3	6,9	19.000	40,1
Portugal	10,6	6,5	16.000	49,5
Itália, Espanha, Grécia, Portugal	128,2	78,4	23.594	25,6
Alemanha, França, Países Baixos	163,5	100	31.711	–

A crise financeira e fiscal, além, provavelmente, do colapso do Bloco do Leste após 1989 e da necessidade subsequente de apoiar outra periferia da União Europeia – desta vez, uma periferia no Leste –, acabou com o projeto de uma convergência econômica e social subvencionada. Em 2008, o processo de recuperação não tinha avançado o suficiente em nenhum dos três novos países mediterrânicos a ponto de eles sobreviverem à crise – nem sequer na Itália. Hoje, é evidente que a União Europeia já havia sido demasiado ambiciosa nos anos 1980, com seu projeto de pacificação do Mediterrâneo por meio da modernização eurocapitalista, e que a promessa de convergência social e política resultante de um crescimento econômico, incluída no programa de expansão e aprofundamento

---

[76] Nenhum dos "salvadores" do país se lembrou de anular esses privilégios. Na Grécia, as potências ocidentais voltaram com a monarquia, sobretudo depois da derrota do levantamento popular comunista (que se seguiu à retirada das forças de ocupação alemãs) pelas tropas britânicas, e garantiram a permanência das forças aliadas no poder. Os anos até a ditadura dos coronéis foram marcados por instabilidade política e por conflitos permanentes entre a corte e os governos eleitos. Maria Markantonatu, *The Uneasy Course of Democratic Capitalism in Greece. Regulation Modes and Crises from the Post-War Period to the Memoranda*. MPIfG Discussion Paper (Colônia, 2012).

simultâneos da União Europeia, não podia ser cumprida. A chegada de outros países beneficiários, os constrangimentos da austeridade existentes também no centro da Europa ocidental e o aumento da consciência do risco dos mercados de capitais não permitiram, definitivamente, perspectiva para subvenções significativas vindas de fora nem sequer no nível dos fundos estruturais dos anos 1980 e 1990. Um "plano Marshall" alemão para a Europa[77] com um valor mais do que apenas simbólico seria impensável, antes de tudo, pelas proporções dos países envolvidos, para não falar da questão de se esse plano poderia, de fato, trazer crescimento. De resto, os mesmos benefícios, eventualmente atribuídos à Grécia, seriam imediatamente exigidos também por países como Portugal, Espanha e, talvez, Itália – não esquecendo a Hungria, embora ela ainda não pertença à União Monetária –, assim como por países como Sérvia, Kosovo, Bósnia e Albânia – em última análise, por todos os Bálcãs, que constituem, desde 1989, outro dique instável e necessitado de restauração na zona de prosperidade da Europa ocidental.

A crise fiscal do sistema estatal europeu também pode ser descrita pela linguagem da política internacional como consequência de um alargamento excessivo da antiga "força de paz" da União Europeia sob a forma de um império da economia de mercado em expansão. Quando os recursos financeiros se tornam escassos, a única coisa que resta para a coesão do bloco de Estados comandado por Bruxelas é a esperança em "reformas estruturais" neoliberais, assim como na neutralização simultânea das

---

[77] Tal como foi exigido pelo historiador americano Charles S. Maier, "Europe Needs a German Marshall Plan", *The New York Times*, 9 jun. 2012. Maier se esquece, entre muitas outras coisas, da extrema assimetria política entre os partidos envolvidos no plano Marshall, o que nem sequer permitiria o surgimento de problemas financeiros ou governamentais do tipo dos existentes atualmente. Nos Estados Unidos, o plano Marshall era defensável como instrumento do *containment* no início da Guerra Fria. Na Europa, foi possível ameaçar sempre com o fim da ajuda americana, em caso de eleição de um governo indesejado. "No Sul [...], Gasperi necessitava do apoio dos aliados [...]. A intensificação da Guerra Fria era útil [...]. Os Estados Unidos colocaram-se do lado dos democratas-cristãos. Washington começou a inundar a península com ajuda ocidental. Foram encenadas festas de propaganda especiais para cada navio com material de ajuda que entrava nos portos italianos. Marshall avisou que toda ajuda americana seria imediatamente congelada se os comunistas vencessem as eleições. Foi sobretudo no Sul que os democratas-cristãos utilizaram a ajuda ocidental para fidelizar os eleitores. A distribuição de ajuda constituiu o protótipo para a máquina partidária clientelista surgida no Sul da Itália nos anos seguintes." Josef Hien, *The Black International Catholics or the Spirit of Capitalism. The Evolution of the Political Economies of Italy and Germany and Their Religious Foundations* (Florença, 2012), p. 279. Na Grécia, o plano Marshall permitiu aos vencedores da guerra civil contra os comunistas, apoiada pela Grã-Bretanha, servirem a sua clientela, entre outras coisas, por meio da atribuição de postos de trabalho no setor público. O clientelismo grego após a Segunda Guerra Mundial também tem origem na ajuda financeira disponibilizada pelos aliados como recompensa pelo resultado da guerra civil. Maria Markantonatu, *The Uneasy Course of Democratic Capitalism in Greece. Regulation Modes and Crises from the Post-War Period to the Memoranda*, cit.

democracias nacionais pelas instituições supranacionais e no cultivo, orientado, de apoio local por parte das classes médias "modernas", bem como de aparelhos de poder estatais que veem seu futuro numa economia e num estilo de vida de acordo com o modelo da Europa ocidental. Os programas estruturais de relançamento da economia e de crescimento promovidos pelo centro têm, então, sobretudo, valor simbólico – como tema de conversa para a opinião pública e para a encenação de decisões em reuniões de cúpula, assim como para a absorção na política e na retórica política dos restos social-democratas[78]. Além disso, esses programas, apesar do pouco significado em termos financeiros, podem ser utilizados para distribuir prêmios de fidelidade e subsídios alimentícios a apoiadores locais – como instrumentos de cooptação de elites, por meio da concessão de benefícios no processo de "hayekização" do capitalismo europeu e de seu sistema estatal.

Capacidade estratégica do Estado de consolidação europeu

Só o núcleo duro do Estado de consolidação pode saber se por trás do palco das reuniões de cúpula e das consultas governamentais permanentes se esconde um centro estratégico no qual são definidos e apontados, com cautela e perícia, objetivos comuns de longo prazo, sejam quais forem. Aqueles que tentaram perceber os jogos confusos apresentados há anos terão dúvidas quanto a isso. O que o espectador atento às notícias vê são encenações repetidas de capacidade e de poder de decisão, apresentadas por mestres no domínio de medidas geradoras de confiança, acompanhadas por uma cacofonia de "peritos" de todos os tipos, que apregoam em alta voz diferentes panaceias com prazo de validade cada vez mais curto. É apenas isso? Ou existe continuidade, senão até capacidade estratégica, por trás do caos no BCE, na Comissão Europeia, no FMI, nos aparelhos governamentais nacionais ou nos "mercados", com seus bastidores em Nova York e Frankfurt?

Se procurarmos aspectos constantes na interação entre as crises e as políticas de crise, descobriremos que todos os responsáveis envolvidos aceitaram desde o início, como premissa, que o euro, uma vez introduzido, tem de ser defendido com todos os meios, independentemente dos efeitos que tenha ou não gerado até hoje. Os "mercados", é

---

[78] Ver o "Pacto para o crescimento sustentável e o emprego", acordado, no dia 21 de junho de 2012, entre o governo federal alemão e a oposição social-democrata e dos Verdes que antecipou a decisão governamental nesse sentido, assim como o "pacto" aprovado na sequência em nível europeu (ver nota 61 deste capítulo) e que permitiu, mais uma vez, aos Verdes e aos sociais-democratas (SPD) apoiar a política do governo federal na Europa. Comunicado de imprensa 212/12 do Gabinete de Imprensa e de Informação do governo federal, 21 de junho de 2012.

186 Tempo comprado

claro, fazem parte da coligação que quer manter o euro, uma vez que investiram nele e almejam ver garantido o pagamento integral de seus créditos concedidos em euro. Eles, contudo, também poderiam ganhar, caso, havendo um colapso da moeda comum, se preparassem com antecedência. Quem se esforça para persuadi-los a não fazer isso são os governos de todos os Estados pertencentes à União Monetária Europeia, incluindo aqueles com déficits. Contam com o apoio da União Europeia, para a qual a União Monetária representa o verdadeiro remate do mercado interno "concluído" em 1992, cujo objetivo consistia em permitir um jogo livre das forças de mercado na Europa, sem impedimentos de fronteiras entre Estados, protegido contra intervenções deles e liberto de direitos de proteção limitadores do mercado. A possibilidade de os Estados europeus desvalorizarem sua moeda para defender a competitividade de suas economias estava em contradição com o espírito e a intenção do programa neoliberal do mercado interno. A possibilidade de desvalorização e, portanto, de correção dos resultados da distribuição correspondentes à justiça de mercado, por meio de uma intervenção política discricionária, tinha de ser eliminada para garantir os direitos do mercado. A abolição das moedas nacionais e sua substituição por uma moeda única, válida, em caso ideal, para todo o mercado interno, correspondia à lógica da transição neoliberal, que visava a libertar a economia e o mercado de intervenções políticas; ela constituía a verdadeira coroação do programa do mercado interno[79].

Uma economia política estilizada, defendida pela coligação que sustenta o euro e responsável, até hoje, pelo roteiro da política europeia de crise, começa com as indústrias de exportação dos países com excedentes – sobretudo da Alemanha – que, nesta questão, estão completamente de acordo com os sindicatos dos seus trabalhadores. Para eles, o euro constitui a garantia de que o preço dos produtos em outros países europeus não pode aumentar artificialmente em consequência de medidas defensivas arbitrárias, tomadas por governos estrangeiros. Outra razão para defender o euro na crise atual reside no fato de os problemas econômicos dos países deficitários baixarem o valor cambial do euro em relação a outras moedas, o que também melhora as oportunidades de mercado da parte competitiva da indústria europeia fora da Europa. Por isso, na Alemanha, a manutenção do euro é considerada interesse nacional tanto pela CDU (democratas-cristãos), próxima da indústria, como pelo SPD (sociais-democratas), próximo dos sindicatos, e não é questionada como base comum da política alemã.

---

[79] Considerar a introdução do euro como momento de expansão neoliberal do mercado e, portanto, de evolução capitalista no fim do século XX não significa, obrigatoriamente, ignorar outros motivos políticos associados à União Monetária. As decisões históricas importantes devem-se a vários motivos e são tomadas muitas vezes porque se enquadram em mais de um contexto estratégico. No caso da União Monetária, é necessário pensar, sobretudo, no esforço francês para substituir a hegemonia europeia do Bundesbank (Banco Federal) alemão por uma política monetária comum, da qual supunha-se que a França participaria em pé de igualdade.

A POLÍTICA DO ESTADO DE CONSOLIDAÇÃO   187

Notável é, sobretudo, a forma como o discurso político da coligação alemã favorável ao euro equiparou a União Monetária à "ideia europeia" ou à "Europa", independentemente de tal União constituir um projeto de racionalização que visa à expansão do mercado e sem considerar que 10 dos 27 Estados que fazem parte da União Europeia e do mercado interno não adotadaram o euro. Entre esses países encontram-se Estados-membros da União Europeia tão indubitavelmente "europeus" quanto a Grã-Bretanha, a Dinamarca e a Suécia, que reservaram para si direitos especiais que lhes permitem – ao contrário daquilo que está previsto nos tratados – não aderir à União Monetária Europeia, mesmo reunindo as condições para isso. Até o surgimento da crise, isso era considerado, pelo menos na Alemanha, um pequeno defeito a reparar em seguida. Hoje, é claro que, independentemente daquilo que os tratados dizem, a expansão da União Monetária Europeia, na melhor das hipóteses, só será imaginável num futuro muito longínquo, quando a atual crise for resolvida de alguma maneira e se não tiver destruído a União Monetária Europeia ou até a União Europeia. Independentemente disso, a afirmação bastante misteriosa de Angela Merkel – "se o euro fracassar, fracassará a Europa" – foi e é considerada por todos os partidos, exceto pelos de esquerda, uma fórmula de consenso nacional que deve ser apoiada com entusiasmo. Uma vez que não pode existir na Alemanha qualquer debate sobre se a política do país tem de ser "europeia", a defesa do euro a todo custo torna-se imperativo não só de conveniência econômica, mas também de razão política e moral de Estado. Quem não se associar à defesa do euro ou quem considerar sequer possível que a "Europa" exista mesmo sem o euro deverá saber que, aos olhos de todos aqueles que agem com responsabilidade, se coloca fora daquilo a que os italianos chamaram, há muito, de *arco costituzionale*[80].

À primeira vista, é difícil explicar por que governos de países que até hoje não ganharam nada com o euro, além de dívidas, insistem na manutenção da moeda[81]. Dito de forma simplificada, a política desses países é dominada por uma aliança entre seus aparelhos estatais e uma classe média urbana orientada para a Europa ocidental. Esta

---

[80] A "Europa", em termos de atmosfera política, está para a União Monetária como a "dimensão social" está para o mercado interno, sendo que as diferenças são reveladoras. Quando Jacques Delors apresentou o projeto do mercado interno à esquerda europeia, chamou atenção para o fato de não se poder "amar" um mercado. Só se pode amar uma sociedade socialmente justa, pelo que, um dia, o mercado interno teria, inevitavelmente, de ser completado por uma política social comum. Essa política já não é mencionada na União Monetária. Hoje, sua função retórica foi atribuída à própria "Europa", sendo que cada um pode imaginar o que quiser quando se fala dela – de viagens de férias sem passaporte e câmbio ao Ocidente cristão.

[81] À exceção do novo partido grego de esquerda, Syriza (Frente Social Unida), sobre o qual, aliás, se deixou de falar rapidamente, não houve, até hoje, nenhuma força política relevante nos países mediterrânicos que tivesse exigido a saída de seu país da União Monetária – e nem o Syriza chegou a esclarecer até que ponto equacionou seriamente sair do euro.

188 Tempo comprado

última aprecia as oportunidades de mobilidade abertas pela adesão à União Europeia e associa a elas suas esperanças numa prosperidade futura, assim como bens importados que não se tornam inacessíveis devido a constantes desvalorizações das moedas nacionais. Além disso, existem vários tipos de modernizadores do Estado e da economia, muitas vezes com motivações nacionalistas, que, no esforço de ultrapassar o "atraso" do país, apostam na pressão para uma desvalorização interna, provocada pela união monetária – portanto, uma pressão para a implementação de "reformas" neoliberais contra as forças obstinadas dos sindicatos e contra modos de vida tradicionais –, como única forma de evitar o empobrecimento nacional.

A aliança das elites orientadas para a modernização e das classes médias urbanas nos quatro países mediterrâneos atualmente em dificuldade não bastou para acabar com uma herança feudal pré-moderna que continua impedindo o caminho desses países ao eurocapitalismo. Sua esperança era e segue sendo encontrar aliados e ajudantes em Bruxelas para a concretização das "reformas estruturais" que não conseguem impor sozinhas. As obrigações políticas impostas de fora podem ser-lhes úteis, tal como subvenções financeiras. As esperanças de redistribuição dentro da União Monetária, conquistadas em negociações entre os Estados e baseadas nos interesses dos países do centro numa procura estável na periferia, não parecem irrealistas segundo essa perspectiva. As transferências do Norte para o Sul podem ser utilizadas pelos Estados beneficiados para melhorar o desempenho da própria economia – portanto, para um programa de racionalização e modernização que vise à melhoria da competitividade nacional ou para o consumo, incluindo a compra de apoio à classe política nacional, segundo o modelo do sul da Itália[82]. É bastante conveniente aos beneficiários que, na prática, não seja fácil distinguir entre as duas formas de utilização dos recursos devido ao horizonte temporal prolongado da evolução capitalista.

No entanto, a aliança entre o Norte e o Sul para a preservação da União Monetária encerra conflitos incontornáveis tanto entre os países envolvidos como dentro deles. Aos países do Norte, coloca-se a questão de saber quanto deverão e quererão pagar aos países do Sul, sob a forma de compensações ou de ajuda ao desenvolvimento, para lhes permitir permanecer na União Monetária e para os persuadir a isso. Em termos de política interna, têm de esclarecer quem deverá suportar os custos da União Monetária. Na Alemanha, o setor de exportações está interessado na participação desses custos também por parte das áreas que tiram poucos benefícios, ou nenhum, dos excedentes de exportação. Resulta daí a difícil tarefa governamental de repartir, se possível de forma despercebida, pela massa de contribuintes, consumidores e beneficiários das prestações sociais aquilo que seria, a princípio, um imposto sobre a competitividade

---

[82] A estabilização dessa classe, quando revela uma orientação considerada suficientemente "europeia", pode ser vista de fora como contribuição para a estabilidade política e, portanto, como politicamente desejável.

das indústrias exportadoras do país, dispondo, para tanto, obviamente, de múltiplas opções, também graças à intervenção do Banco Central Europeu.

Por outro lado, os países do Sul estão interessados não só em conseguir um preço tão elevado quanto possível para a continuação de sua participação na União Monetária, mas também em minimizar os sacrifícios da soberania – sob a forma de possibilidades institucionalizadas de supervisão e intervenção – exigidos pelos países do Norte como contrapartida para a ajuda financeira. Em termos de política interna, as frentes nesses países passam entre a resistência à ameaça de "euroimperialismo", por um lado, e a disponibilidade de colaborar com os países que contam com excedentes, por outro, na esperança de pagamentos compensatórios elevados ou de uma progressiva convergência com o centro de prosperidade da Europa ocidental ("europeização"). Os conflitos entre os Estados levam facilmente a um nacionalismo de ambos os lados, tal como já citado. Por sua vez, as resistências internas têm de ser controladas por meio de uma neutralização das instituições democráticas: no Norte, por uma camuflagem da verdadeira dimensão das transferências, recorrendo a truques técnicos ou a um silêncio comprometido; no Sul, pela invocação de compromissos internacionais vinculativos ou pela compra clientelista de votos.

Acima da estrutura de interesses da economia política de unificação europeia, aqui apresentada de forma estilizada, existem numerosos processos turbulentos e muitas incertezas. O que sucederá com as adesões à União Monetária Europeia, previstas nos tratados, de membros da União Europeia como a Bulgária, a Polônia, a Romênia, a República Tcheca, a Hungria e outros? Qual deverá ser, no futuro, a relação entre a União Europeia e a União Monetária Europeia? Como é possível conciliar o pacto fiscal, celebrado de acordo com o direito internacional, com o direito europeu? Qual será o futuro do processo de adesão dos Bálcãs à União Europeia[83]? Deverão também eles receber "ajudas ao crescimento"? E quem deverá pagar por isso? Todos intuem que, daqui a alguns anos, a União Europeia, se ainda existir – e com ela o sistema estatal europeu –, terá uma configuração completamente diferente daquilo que se imaginava havia pouco; nenhum dos "responsáveis", porém, encontra oportunidade para se pronunciar sobre essa questão. Agora, quando se trata do regresso ao crescimento, apenas se fala de prazos mais prolongados, sendo que todos esperam que esse crescimento permita voltar a dominar completamente a situação.

Apesar disso e de toda a confusão, é possível observar quatro linhas de continuidade no nível tático, na ação da União Europeia e dos Estados-membros que a lideram; essas linhas estão visíveis desde o início da crise:

1. É necessário evitar tanto quanto possível a participação dos "mercados" – sejam quais forem – nos custos do "resgate" dos Estados insolventes. Os únicos que devem

---

[83] Portanto, de países como Albânia, Bósnia e Herzegovina, Kosovo, Macedônia, Montenegro e Sérvia.

pagar são os outros Estados; portanto, seus cidadãos. Hoje, é consensual que a insistência da chanceler alemã num "*haircut*", mesmo que moderado, junto aos credores privados, quando da primeira operação de redução da dívida grega, foi um erro que não se pode repetir: o apoio que esse erro colheu junto ao povo do Estado da Merkel não chega nem perto de compensar a perda de confiança junto do povo dos mercados financeiros. No entanto, ao que parece, os bancos centrais e alguns bancos na posse do Estado dispuseram de tempo suficiente, antes do acontecimento, para comprar a maior parte dos títulos da dívida grega aos bancos privados e a outros negociantes de crédito, em condições aceitáveis para os proprietários destes, de forma que a maior parte do prejuízo foi suportada pelos cofres públicos e voltará a ser suportada numa segunda operação de redução da dívida, provavelmente, necessária em breve.

2. Os bancos em dificuldades não devem ser nacionalizados, mas resgatados com dinheiros públicos – e de forma tão discreta quanto possível, para evitar o descontentamento do povo do Estado. A tarefa dos engenheiros financeiros na casa das máquinas do Estado de consolidação consiste em conceber as transações necessárias de tal modo que elas não apareçam nas contas do Estado. Um exemplo relativamente óbvio de tudo isso foi um dos primeiros atos oficiais de Mario Draghi como chefe do BCE, quando distribuiu aos bancos, ao longo de três anos, um total de 1 trilhão de euros, com taxa de juros de 1%. Em contrapartida, os bancos assumiram um compromisso não vinculativo de comprar uma quantidade de títulos de dívida dos Estados da zona euro em dificuldades definida por eles mesmos para ajudar a baixar seus prêmios de risco. É de supor que o BCE sabe como poderá proteger os bancos de eventuais danos associados a essas operações, que constituem um favor a ele – enquanto ajuda para contornar a proibição de financiamento dos Estados, que, aliás, também se aplica ao BCE[84].

3. É necessário impedir, se possível, que os Estados insolventes escolham a falência ou uma reestruturação da dívida como saída. Em caso extremo, é preciso permitir que cumpram suas obrigações perante os credores por meio de subvenções fiscais perdidas, para que, no futuro, eles estejam dispostos a continuar fornecendo créditos acessíveis aos Estados endividados, mas consolidados. Também é necessário proteger transferências para que os povos dos Estados não tenham acesso a elas. A gestão da compensação ou da não compensação dos chamados saldos no sistema Target 2 dos bancos centrais dos Estados-membros junto do BCE[85] constitui um exemplo bem-sucedido de camuflagem de transferências entre Estados ou de transferências potenciais.

---

[84] Como se sabe, o efeito dessa ação desvaneceu-se depois de algumas semanas. Em setembro de 2012, o BCE deu o passo seguinte, decidindo comprar a preço fixo, sem quaisquer limites, os mesmos títulos de dívida de Estados em crise – primeiro, apenas no mercado secundário, portanto, dos bancos, não diretamente dos Estados.

[85] Hans-Werner Sinn, "Das unsichtbare Bail-Out der EZB", *Ökonomenstimme*, 11 jun. 2011.

A POLÍTICA DO ESTADO DE CONSOLIDAÇÃO   191

4. Enquanto só for possível uma solução da crise financeira e fiscal por meio da desvalorização das dívidas públicas – sobretudo, mas não só, se for acompanhada de ausência de crescimento –, essa desvalorização deve ser suave e prolongar-se para oferecer aos grandes e poderosos investidores a possibilidade de protegerem a tempo suas carteiras dos prejuízos, por meio de uma reestruturação. Também seria necessário recorrer aos conhecimentos técnicos dos peritos nos bancos centrais e nas organizações internacionais. Caberia a eles equacionar medidas para os governos reduzirem dívidas públicas que não podem ser pagas pelo crescimento recorrendo a uma "repressão financeira" à custa dos aforradores – preferencialmente daqueles que têm pequenas fortunas fora do setor financeiro; portanto, recorrendo a um aumento da inflação combinado com taxas de juros baixas e com a obrigação, imposta aos bancos e às companhias de seguros, de investir em títulos da dívida pública[86]. Há indícios de que já está tudo pronto para ser possível dar início a essa política imediatamente após a superação da crise atual e logo que o setor financeiro tiver posto sua clientela a salvo.

Esse tipo de linhas de continuidade (como as quatro mencionadas) não tem obrigatoriamente origem em centros de decisão que agem nos bastidores com uma capacidade estratégica de longo prazo. Na realidade, é notável a grande confusão gerada quando, por exemplo, está em jogo o horizonte temporal de combate à crise e de reestruturação do Estado. Assim, para resolver em curto prazo a crise dos bancos no Sul da Europa que estão em dificuldades devido ao processo de saneamento, aprova-se a criação de uma "união bancária" que necessitará de anos para funcionar devidamente – a não ser que sua criação tenha sido apenas uma medida "cosmética". Para impedir uma falência em curto prazo dos Estados grego e italiano, os custos do refinanciamento desses países são subvencionados pelo Banco Central, mesmo que isso possa conduzir, em longo prazo, à formação de uma bolha segundo o modelo americano ou até travar a pretendida racionalização neoliberal dos países em crise[87]. Aquilo que parece uma linha de ação neoliberal consistente, em termos gerais, apesar de todo o caos em cena, não passa, na realidade, de uma cadeia de reações de senso comum e de curto prazo às "condições restritivas" próprias do capitalismo[88] e personificadas no potencial de ameaça dos investidores privados. O que é necessário, naturalmente, é que o senso

---

[86] Carmen M. Reinhart e M. Belén Sbrancia, *The Liquidation of Government Debt*. NBER Working Paper Series (Cambridge, 2011).

[87] Não esqueçamos que custos de refinanciamento temporariamente elevados só aumentam a parcela dos juros nas despesas públicas de longo prazo, uma vez que não é necessário refinanciar todo o montante da dívida de uma vez só.

[88] Joachim Bergmann et al., "Herrschaft, Klassenverhältnisse und Schichtung. Referat auf dem Soziologentag 1968", *Verhandlungen des Deutschen Soziologentags*, Estugarda, 1969, p. 67-87; Claus Offe, "Politische Herrschaft und Klassenstrukturen", em Gisela Kress *et al.* (orgs.), *Politikwissenschaft* (Frankfurt, Fischer, 1972), p. 135-64.

comum cristalizado nas instituições seja o correto, aquele que se gerou e foi adotado na comunidade epistêmica de organizações como Goldman Sachs e semelhantes. Uma vez que, para esse senso comum, não existem alternativas à satisfação das reivindicações do povo do mercado, nunca há problemas estratégicos, sempre só problemas táticos – em especial no tratamento dos povos dos Estados que se tornaram arrogantes em consequência de promessas democráticas exageradas.

A fé inabalável na possibilidade de governar a Europa contra todas as resistências – ou, pelo menos, a determinação firme em confessar permanentemente essa fé para a fortificar em si mesmo e nos outros – constitui componente fixo da compreensão do mundo da classe político-econômica e o fio de Ariadne de seu agir. Isso inclui todos: na Alemanha, não só o governo federal e a oposição, mas também os representantes da esquerda intelectual, com pensamento integracionista[89]; na Europa, a Comissão Europeia e o BCE; e, no mundo inteiro, a maioria dos "peritos" em economia. Convém aos democratas que a "governança contra todas as resistências" necessite de um Estado central forte, porque têm esperança de democratizá-lo um dia; para os liberais, isso é indiferente, desde que se preserve o objetivo hayekiano de libertação dos mercados de todos os tipos de correção política – portanto, enquanto a força do Estado forte for utilizada para sua autoabolição enquanto Estado intervencionista.

É necessário acreditar que é possível governar contra todas as resistências – e, de fato, essa fé existe. Só assim foi possível o comitê de peritos alemães propor um fundo de amortização da dívida, em seu relatório anual de 2011-2012, que obrigaria um país como a Itália a conseguir, todos os anos, um "excedente primário constante" de 4,2% nos orçamentos públicos – e isso durante 25 anos[90]. Só assim Bofinger e seus colegas podem exigir uma "rigorosa disciplina orçamental" no futuro como contrapartida para a atual comunitarização das dívidas na Europa ou o BCE pode fazer a compra de obrigações dos Estados em dificuldades depender de promessas de "reformas" futuras, por exemplo sob a forma de cortes nas pensões ou da venda de empresas públicas. A ideia de controle tecnocrático da política e das sociedades como tal funciona como hipótese de trabalho espantosamente resistente a desilusões, senão mesmo como ideologia no sentido de ilusão necessária. As repetidas referências à experiência alemã com o Estado federado Bremen, cujo endividamento *aumentou* de forma dramática em vez de baixar, após a celebração do chamado pacto de desendividamento com o Estado federal, nos inícios dos anos 1990[91], não alteram nada, assim como a experiência do Banco Central

---

[89] Peter Bofinger et al., "Einspruch gegen die Fassadendemokratie", *Frankfurter Allgemeine Zeitung*, 3 ago. 2012, p. 33.

[90] Sachverständigenrat zur Begutachtung der gesamtwirtschaflitchen Entwicklung, 2012, p. 115.

[91] Kai A. Konrad e Holger Zschäpitz, *Schulden ohne Sühne? Warum der Absturz der Staatsfinanzen uns alle trifft* (Munique, C. H. Beck, 2010).

Europeu com o primeiro programa de compra de títulos da dívida pública italiana, em 2011, não faz diferença[92].

Serão as fantasias de controle dos presumíveis salvadores da União Monetária realistas? É provável que não passem de manifestação da determinação de utilizar todos os meios disponíveis para torná-las realidade, assim como da confiança de que a dissimulação, a intimidação e a marginalização moral da oposição emergente, sobretudo, medidas de todo gênero para suspender a democracia parlamentar e institucionalizar uma oligarquia e uma "peritocracia" em nível nacional e europeu, acabarão por conduzir ao objetivo desejado, desde que tais medidas se prolonguem por tempo suficiente.

Resistência no Estado de consolidação internacional

O Estado de consolidação internacional está prestes a desvalorizar os recursos políticos dos cidadãos do Estado nacional democrático. Estes contam cada vez menos na nova arena do conflito de distribuição da democracia capitalista que domina a política nacional – nos mercados financeiros globais e nas salas de reuniões da diplomacia financeira entre os Estados. A oposição aos ditames de austeridade que vêm do nível supraestatal é difícil dentro dos limites apertados das democracias nacionais midiatizadas internacionalmente, mas não é impossível. O caso grego mostra que, apesar de todas as ameaças e influências propagandísticas da comunidade internacional, quando as exigências desta vão longe demais, as eleições nacionais ainda podem gerar resultados que prometem aborrecimentos suficientes para fazer subir o preço que os Estados credores têm de pagar para um Estado devedor desistir de abandonar o jogo.

Os acontecimentos do verão de 2012 na Grécia e na Itália, por um lado, e na Alemanha, por outro, são reveladores. Na Alemanha, a oposição apoia o governo em sua insistência incondicional no euro e se associa a isso para exigir uma disciplina orçamental

---

[92] Segundo notícia publicada no *Frankfurter Allgemeine Zeitung*, 6 set. 2012, em 2011 o BCE "impôs várias condições ao governo italiano, associadas à compra de títulos de dívida. Até hoje, só uma das sete exigências foi cumprida [...]. No dia 5 de agosto de 2011, Trichet e seu sucessor designado, Draghi, apresentaram exigências detalhadas, numa carta dirigida a Silvio Berlusconi, então primeiro-ministro, iniciando, em seguida, um programa de venda de títulos da dívida. As exigências de Trichet e Draghi acabaram constituindo a ocasião que revelou a incapacidade de ação do governo Berlusconi e que levou à sua queda [...]. Passado um ano, o novo primeiro-ministro, Mario Monti, só conseguiu cumprir grande parte de uma das sete exigências [...], não se registrando quaisquer efeitos visíveis no que diz respeito às seis exigências restantes" etc. Draghi foi governador do Banca d'Italia no tempo do governo Berlusconi – episódio digno de Maquiavel.

rigorosa, supervisionada por Bruxelas, nos países endividados[93]. A única diferença é que a oposição se mostra disposta a pagar um preço mais elevado – para preservar a paz europeia –, por exemplo sob a forma de uma comunitarização de dívidas novas e velhas ou de "programas de crescimento" adicionais, provavelmente, supondo que, seja como for, isso é inevitável e esperando tirar proveito político, em termos eleitorais, do mal-estar crescente de parte da população, causado pela hostilidade europeia que vem aumentando contra a Alemanha. No entanto, as tentativas do governo, com aprovação tácita da oposição, de, numa gestão política internacional sem alternativas, determinar decisões sobre questões fundamentais do futuro da integração europeia e do Estado nacional alemão deparam-se com resistência por parte dos deputados, inclusive dos partidos do governo; eles têm medo de perder poder no Parlamento em consequência da ação das direções dos partidos e procuram (encontrando também) ajuda junto do Tribunal Constitucional e da jurisprudência deste sobre a relação entre democracia e soberania.

Quanto à Grécia e à Itália, os partidos, as eleições e os parlamentos também constituem elementos retardadores na marcha para o Estado de consolidação internacional. Na Grécia, o regresso dos partidos ao governo, depois do fracasso do "tecnocrata" Papademos, levou a comunidade de Estados dirigida por Bruxelas a aliviar a pressão de austeridade sobre a população e a aumentar as recompensas prometidas pela implementação das medidas de consolidação exigidas. Na Itália, o governo Monti viu-se obrigado, pouco tempo depois de assumir, a fazer concessões aos partidos de esquerda e aos sindicatos que foram além daquilo que Bruxelas considerava necessário. Além disso, Monti começou desde cedo a cultivar sentimentos nacionalistas para melhorar sua posição de negociação, sobretudo perante a Alemanha, e para conseguir, assim, uma mitigação das medidas de saneamento que lhe foram exigidas; neste aspecto, também se verificou um regresso à *politics as usual*, com o subsequente atraso na implementação da política de consolidação.

Por outro lado, é útil nos lembrarmos do exemplo dos Estados Unidos, que mostram não existir qualquer garantia de resistência bem-sucedida a uma "transformação da democracia" hayekiana[94]. Nos Estados Unidos, a apoderação do aparelho governamental pelos gigantes financeiros de Wall Street é, hoje, quase perfeito, independentemente da

---

[93] É também assim que pensam Bofinger et al. – "Einspruch gegen die Fassadendemokratie", cit. –, que, juntamente com a direção do SPD e com o comitê de peritos alemães, exigem que a "responsabilidade solidária" pelas dívidas públicas europeias ou por parte delas seja acompanhada de um "controle comunitário rigoroso sobre os orçamentos nacionais". Em outra passagem, afirmam o seguinte: "No entanto, é inevitável que haja transferência da soberania para instituições europeias [...], a fim de impor disciplina fiscal de forma eficaz e (!) de garantir um sistema financeiro estável". Idem. Termos como "disciplina" e "controle", associados a adjetivos como "rigoroso", assim como "governar contra todas as resistências", tornaram-se, surpreendentemente, consensuais no discurso alemão sobre a Europa, da CDU, aos Verdes, da direita à (centro) esquerda.

[94] Johannes Agnoli, *Die Transformation der Demokratie* (Berlim, Voltaire, 1967).

A POLÍTICA DO ESTADO DE CONSOLIDAÇÃO   195

eleição de um presidente do Partido Democrático, com comportamento populista, em 2008. Apesar da desigualdade social e econômica, que atingiu níveis obscenos nas últimas duas décadas[95], assim como da elevada taxa de desemprego existente há anos, apenas cerca de metade dos cidadãos continua a participar das eleições nacionais. No outono de 2012, puderam escolher entre um antigo gestor de fundos de cobertura, riquíssimo, e um presidente que, depois de salvar a economia uma única vez a um custo muito alto das mãos dos "mercados financeiros" e os mercados financeiros de suas próprias mãos, nada conseguiu fazer para regular as atividades daqueles nem para cercear seu poder econômico de auferir lucros nem seu poder político de se impor[96]. Esse processo revelou como uma sociedade profundamente dividida e desorganizada, enfraquecida pela repressão estatal e anestesiada pelos produtos de uma indústria cultural – como Adorno não podia imaginar nem em seus momentos mais pessimistas –, foi controlada por uma plutocracia organizada em empresas globais, para a qual aparentemente é fácil não só comprar políticos, partidos e parlamentos, mas também a opinião pública.

O que fazer, numa Europa em processo hayekiano de unificação, se os canais tradicionais de articulação democrática de interesses são obstruídos por compromissos entre os Estados e pelo direito das obrigações? É sabido que o modelo social-democrata de uma oposição responsável consistia em impor ao capital projetos de reformas que não beneficiaram apenas os trabalhadores e suas organizações, como também ajudaram o capital a resolver os problemas de produção e reprodução que ele não era capaz de solucionar com as próprias instituições. O *locus classicus* para isso é o capítulo de Marx sobre a luta pela limitação da jornada de trabalho[97], e o exemplo histórico mais poderoso é a garantia do poder de compra das massas, necessário para uma produção em massa lucrativa, por meio do aumento dos salários, que foi conquistado pelos sindicatos durante o fordismo. Hoje, pelo contrário, parece não existir nada que a vasta massa da população pudesse oferecer ou conquistar para o capital para proveito daquele e para proveito próprio. A única coisa que o capital ainda quer dela é a devolução ao mercado de seus direitos sociais, conquistados na história – talvez não todos ao mesmo tempo, mas, de qualquer modo, passo a passo e não demasiado devagar. No início do século XXI, o capital confia em sua capacidade de se organizar como lhe convém enquanto indústria financeira desregulada[98]. A única coisa que ainda se

---

[95] Jacob Hacker e Paul Pierson, *Winner-Take-All Politics. How Washington Made the Rich Richer – and Turned Its Back on the Middle Class* (Nova York, Simon & Schuster, 2011).

[96] Sobre a regulação dos mercados financeiros após 2008, ver Renate Mayntz (orgs.), *Crisis and Control. Institutional Change in Financial Market Regulation* (Frankfurt, Campus, 2012).

[97] Karl Marx, *Das Kapital. Kritik der Politischen Ökonomie*, v. 1 (Berlim, Dietz, 1966 [1867]), cap. 8 [ed. bras.: *O capital: crítica da economia política*, Livro I: *O processo de produção do capital*, trad. Rubens Enderle, São Paulo, Boitempo, 2011].

[98] John McMurtry, *The Cancer Stage of Capitalism* (Londres, Pluto, 1999).

196 TEMPO COMPRADO

espera da política é sua capitulação perante o mercado, por meio da eliminação da democracia social enquanto poder econômico.

Quando não é possível uma oposição construtiva, a única coisa que resta àqueles que não se conformam em pagar durante toda a vida dívidas que outros contraíram em seu nome é uma oposição destrutiva. Ela é necessária para reforçar o efeito retardador da democracia residual nos Estados nacionais. Quando um comportamento responsável dos povos de Estados organizados democraticamente significa deixar de dispor de sua soberania nacional e limitar-se, durante gerações, a assegurar sua solvabilidade perante os credores, pode afigurar-se mais responsável tentar comportar-se de forma irresponsável. Se ser razoável significa pressupor que as exigências dos "mercados" à sociedade têm de ser cumpridas, nomeadamente à custa da maioria da sociedade a que, após décadas da expansão neoliberal do mercado, nada resta senão prejuízos; então, o irracional poderia ser, de fato, a única coisa racional. No entanto, ainda pode demorar muito tempo até essa ideia conseguir se impor. A denúncia periódica dela como "populista" há muito se tornou uma técnica de dominação, completada, na Alemanha, pela equiparação – bem-sucedida do ponto de vista da terminologia política – da crítica à união monetária e ao processo de integração europeu, em geral, a uma oposição à "Europa" e a um saudosismo do "particularismo nacional", senão mesmo do nacionalismo imperialista do entreguerras.

Apesar de todos os esforços propagandísticos, parece haver cada vez mais cidadãos europeus com a sensação de não serem levados a sério pelo governo – por exemplo, quando lhes é explicado repetidamente que uma liberalização cada vez mais abrangente da ordem econômica, incluindo cortes orçamentais, redução do Estado social, desemprego e emprego precário, é do interesse geral do crescimento, ao mesmo tempo que os rendimentos dos "peritos" nos lugares da chefia aumentam e os salários e as prestações sociais na margem inferior da sociedade diminuem. Os intelectuais críticos deveriam considerar tarefa deles reforçar, tanto quanto possível, esse sentimento, deixando de se preocupar com sua reputação junto àqueles cuja hegemonia depende do fato de ninguém duvidar de que não existam "quaisquer alternativas". A exigência de acreditar naquilo que é absurdo, quando vinda de outros mortais, fere rapidamente a dignidade humana. É sintomático que aqueles que protestam na Espanha e em Portugal contra a *master narrative* da austeridade que lhes foi imposta se designam como "indignados", o que é traduzido para o alemão como "*die Empörten*", mas que, literalmente, significa: aqueles que são tratados com desprezo e que foram feridos em sua dignidade[99].

As explosões de raiva, na linguagem da teoria sociológica, são de natureza expressiva, não instrumental, como acontece nas questões econômicas. Em vez de correr o risco

---

[99] Ver também o apelo que se tornou clássico, de Stéphane Hessel – *Indignez-vous!* (Paris, Indigène, 2010) –, traduzido para alemão como *Empört Euch!* ["Indignai-vos!", em português], mas que poderia ser traduzido como: "Sintam-se rebaixados e façam alguma coisa contra isso!".

de se enredar na lógica do cumprimento da diplomacia financeira internacional, graças a propostas construtivas e "racionais" – lógica segundo a qual os povos dos Estados devem dar, antes de tudo, ao povo do mercado aquilo que é do povo do mercado –, os movimentos sociais contra o Estado de consolidação deveriam investir seu tempo na manifestação pública de sua cólera perante as exigências exageradas do capitalismo pós--democrático. Os acontecimentos dos anos 1960 e 1970 nos mostram como a percepção de uma "unidimensionalidade" política e cultural pode desencadear uma explosão de protestos aparentemente "irracionais", "irrealistas" e "puramente emocionais", mas que, porque são o que são, não ficam sem efeito; naquela época, a razão imediata para a existência de protestos na Alemanha residia na legislação de emergência e na grande coligação, bem como no receio de a política e a sociedade se fecharem a alternativas, transformando-se na "ideologia" da modernização tecnocrática[100]. Talvez o diagnóstico de então tenha sido exagerado, talvez tenha sido prematuro; de qualquer modo, o que estava em jogo não era nada em comparação com a transição para a pós-democracia – deposta pela economia –, em curso em nível europeu, mais de quarenta anos depois.

A primeira coisa, aliás, a coisa mais importante que um movimento contra a midiatização da democracia pelos "mercados financeiros" – movimento que esteja à altura de seus adversários – deveria contestar seria a legitimidade do direito das fábricas de dinheiro ao cumprimento de suas exigências, o direito a penhorar a vida das pessoas comuns com base nas notas promissórias que elas produzem. O livro de David Graeber *Debt: The First 5,000 Years*[101] constitui um trabalho prévio extremamente útil sobre o assunto. A afirmação de que é justo e barato todos os devedores pagarem sempre suas dívidas é um mito que serve para apresentar os mercados financeiros como algo moral, recorrendo à moralidade da vida cotidiana, e para fazer parecer imoral a oposição a suas exigências. No entanto, a soberania dos Estados, ao contrário das pessoas particulares, permite-lhes, simplesmente, impor aos credores uma reestruturação da dívida ou até a suspensão completa do pagamento. Não está escrito em lugar algum que os Estados só podem usar seus poderes soberanos para cumprir suas obrigações de pagamento perante os mercados financeiros, aumentando os impostos ou reduzindo a prestação de serviços para seus cidadãos. As democracias têm um compromisso, antes de tudo, com seus cidadãos; podem fazer leis, rescindir contratos; quem lhes empresta dinheiro deve e pode saber disso. Aliás, mesmo segundo o direito civil nacional, nem todos têm de pagar todas as dívidas. Os devedores podem declarar falência, garantindo a possibilidade

---

[100] Jürgen Habermas, *Technik und Wissenschaft als Ideologie* (Frankfurt, Suhrkamp, 1969); Herbert Marcuse, *Der eindimensionale Mensch. Studien zur Ideologie der fortgeschrittenen Industriegesellschaft* (Neuwied, Luchterhand, 1967) [ed. bras.: *O homem unidimensional: estudos da ideologia da sociedade avançada*, trad. Robespierre de Oliveira, Rafael Cordeiro Silva e Deborah Christina Antunes, São Paulo, Edipro, 2015].

[101] Nova York, Melville House, 2001.

198 TEMPO COMPRADO

de recomeço. O fato de, em especial nos Estados Unidos, não ser vergonha nenhuma os empresários irem várias vezes à falência é com frequência citado com admiração e elogiado como exemplo precisamente pelos amigos do capitalismo.

Aliás, olhando para um país como a Grécia, mas, no fundo, também para qualquer outra democracia representativa, levantam-se, inevitavelmente, grandes dúvidas de que seus cidadãos possam de fato ser considerados os principais responsáveis pelo pagamento de dívidas que seus governos, enquanto agentes dos povos, contraíram em nome daqueles – ainda mais quando essas dívidas foram utilizadas acima de tudo para tapar buracos nas finanças públicas, devidos à recusa – tolerada por razões políticas – das classes abastadas em cumprir suas obrigações fiscais. Além disso, é duvidoso que a classe política da Grécia tenha esclarecido aos eleitores os riscos e os efeitos secundários dos créditos contraídos em seu nome, como, segundo a lei, qualquer consultor de investimentos teria de fazer com seus clientes; se aplicássemos os critérios do direito civil, verificaríamos que, nesses casos, atendendo às características de determinados investimentos, talvez se tenha praticado em grande escala e com a participação ativa das grandes fábricas internacionais de dinheiro aquilo a que se chama "fraude". Hoje os cidadãos comuns da Grécia têm de pagar com seus cuidados de saúde e suas reformas negócios que lhes foram impostos e impingidos, de forma mais ou menos sub-reptícia, por um grupo conspirador constituído por políticos nacionais, governos de outros Estados, organizações internacionais e institutos financeiros globais e cuja dimensão não lhes foi, nem minimamente, explicada. Seria provável que o povo do Estado grego não tivesse dificuldade em conseguir, num tribunal cível internacional, liberação de suas obrigações de pagamento perante "os mercados", caso existisse um tribunal desse tipo – e aqueles que o ameaçam com uma regressão social durante décadas, como punição pela insolvência, teriam de contar com condenação por coação.

As ciências políticas profissionalizadas têm tendência a subestimar o potencial político da indignação moral. Elas gostam de manter uma indiferença estudada que consideram neutralidade axiológica, procurando teorias para as quais não pode existir nada de novo e olhando para aquilo a que chamam "populismo" com um desprezo elitista, partilhado com as elites de poder, das quais gostariam de estar próximas. Por isso, não sabem o que fazer com a constatação de que não há nada que velhos e novos regentes do Estado de consolidação mais temam do que a raiva daqueles que se sentem tratados como idiotas pelos peritos em tirar lucro do capitalismo financeiro global. Numa situação confusa, o medo, ao contrário daquilo que se afirma repetidamente, às vezes é um bom conselheiro. A possibilidade de a crise levar a "tumultos sociais" é o pesadelo dos homens e das mulheres em postos de comando, um pesadelo que não tem, contudo, nada a ver com aquilo que aconteceu até hoje nas ruas. Parece, contudo, que a classe dirigente ainda não se esqueceu completamente de Paris nem de Turim em 1968. Por essa perspectiva, as batalhas de rua esporádicas em Atenas

A POLÍTICA DO ESTADO DE CONSOLIDAÇÃO   199

e o movimento global *Occupy* dos "99%" constituem um bom começo; sua super-valorização pelos bancos e pelos governos e o susto que provocaram dizem muito.

Atualmente, a ideia de que "os mercados" devem se adaptar às pessoas, não o contrário, é considerada um disparate – e, se aceitarmos a realidade como ela é, mostra-se, de fato, um disparate. Talvez, porém, essa ideia fosse mais realista se apresentada repetidamente e com uma insistência irreverente fora dos canais entupidos da democracia institucionalizada – de forma a ser necessário levá-la em conta – e se fosse apresentada com a insistência romântica e obstinada de muitas pessoas comuns em não querer ser obrigadas a servir durante o resto da vida às expectativas de rendimentos de uns virtuosos quaisquer em matéria de notas promissórias, bem como de seus peritos em matéria de cobrança. Atualmente, a oposição ao Estado de consolidação não dispõe senão da capacidade de lançar areia na engrenagem do curso e do discurso capitalista da austeridade. No entanto, o aumento da irritabilidade e da imprevisibilidade dos povos dos Estados – uma sensibilidade crescente ao caráter profundamente absurdo da cultura de mercado e do dinheiro, bem como ao caráter excessivo de suas exigências em relação ao mundo da vida – constituiria, ainda assim, um fato social: poderia aparecer como "psicologia" dos cidadãos, a par da dos mercados, exigindo, tal como estes, ser levada em consideração. Afinal, os cidadãos também podem entrar em "pânico" e reagir de forma "irracional", tal como os investidores financeiros, desde que não se sintam obrigados a ser mais "racionais" do que aqueles e ainda que não possam se servir de notas de dinheiro como argumentos, mas apenas de palavras e, talvez, de pedras da calçada.

CONCLUSÃO
O QUE VEM A SEGUIR?

A atual crise financeira, fiscal e econômica é, até o momento, tal como demonstrei, o ponto alto da longa transformação neoliberal do capitalismo do pós-guerra. A inflação, o endividamento público e o endividamento privado constituíram, durante algum tempo, recursos de emergência que permitiram à política democrática manter a aparência de um capitalismo de crescimento com progresso material igual para todos ou até com uma redistribuição progressiva de oportunidades de mercado e de vida do topo para a base. Esses recursos esgotaram-se todos, um após o outro, e tiveram de ser substituídos por recursos de emergência, quando, passada cerca de uma década de utilização extensiva de cada um deles, os beneficiários e os gestores do capital começaram a considerá-los caros demais.

E AGORA?

Será possível continuar comprando tempo com ajuda da magia do dinheiro moderno – o prolongamento contrafactual periódico das velhas promessas de um capitalismo socialmente pacificado, que não têm, há muito, qualquer fundamento na realidade – durante e após a grande crise do início do século XXI? É precisamente isso que vem sendo testado hoje, numa experiência de campo em nível mundial. O único dinheiro ainda disponível para isso é aquele completamente virtual dos bancos centrais; e a autoridade mais importante que restou ao capitalismo – outrora democrático, mas que entrou, definitivamente, na fase hayekiana – para sua *governance* é a dos presidentes dos bancos centrais. As fábricas de dinheiro privadas estão paradas desde que seus potenciais

202 Tempo comprado

mutuários atingiram um nível excessivo de endividamento e desde que elas mesmas deixaram de saber quais são as dívidas ativas com que ainda podem contar. Os governos estão bloqueados pelos parlamentos e pelos resquícios das constituições democráticas: nos Estados Unidos, por um Congresso polarizado, que utiliza o endividamento do Estado como pretexto para a abolição do mesmo e, na Europa, pela oposição crescente dos eleitores à imposição de pagar as contas de um regime de crescimento neoliberal do qual a grande maioria não tirou qualquer benefício.

O poder é, assim, transferido, pelo menos num futuro próximo, para os Draghis, os Bernakes e suas tecnocracias, os detentores dos meios para reanimar os bancos e aqueles que dependem de seus lucros, por meio de injeções cada vez mais refinadas de dinheiro produzido por eles próprios, e para permitir aos Estados seu refinanciamento, independentemente das dívidas feitas. Inventam sempre novos truques para oferecer uma segunda primavera ao "capitalismo a crédito" fracassado em 2008, mesmo que seja de curta duração. Na Europa, o antigo diretor do Goldman Sachs, promovido a presidente do Banco Central Europeu, procura, desde que assumiu o cargo, formas de permitir ao mesmo tempo aos compradores e aos vendedores de títulos de dívida soberana a continuação de seu negócio florescente. A inovação considerada mais avançada no outono de 2012 e cujo anúncio desencadeou fortes reações dos peritos consistia num plano de compra de títulos de dívida soberana dos Estados endivida-dos – sem limites e a preço fixo – com dinheiro dos bancos centrais, mas apenas aos bancos que os haviam comprado – mesmo que fosse meia hora antes – dos próprios Estados. Assim, a norma de proibição do financiamento direto dos Estados pelo Banco Central é cumprida, embora não respeitada, o que permite aos "mercados" comprar uma quantidade ilimitada de títulos de dívida, por exemplo a 96% do valor nominal de um dos Estados envolvidos e os vender, imediatamente a seguir, ao BCE por um preço garantido de 96,5%.

No entanto, é duvidoso que esses procedimentos consigam suspender a crise de legitimação do capitalismo atual por outra década ou até mais tempo. Existem muitas razões para pensar que o tempo que é possível comprar desse modo não pode ser senão curto. Ao utilizar sem limites o dinheiro do Banco Central como último recurso para criar confiança frente às dívidas acumuladas, o Estado corre o risco de esse recurso também falhar e de o autofinanciamento estatal se revelar um *negócio consigo mesmo* – como uma tentativa de Münchhausen de se libertar do pântano, puxando seus próprios cabelos – e de o Banco Central se transformar num *bad bank* gigantesco, com uma máquina eletrônica de imprimir notas. O fato de o BCE assumir o papel de *government of last resort* [governante em última instância] pode convir a governos como o de Angela Merkel, aos quais o caráter contraditório e resistente da democracia nacional não permite agir de forma "responsável" no sentido dos mercados financeiros; a transferência dos negócios governamentais para o Banco Central poupa-lhes muito

CONCLUSÃO: O QUE VEM A SEGUIR? 203

trabalho sujo de legitimação de sua política. No entanto, a confiança e a reputação profissional de que os bancos centrais normalmente gozam e, portanto, sua utilidade política ressentem-se, inevitavelmente, quando sua política se degenera numa gestão improvisada da crise, sem princípios, num contornar da lei baseado na deturpação do direito[1] e na recompensa clientelista dos bancos em dificuldades pela compra de títulos de dívida soberana com lucro garantido.

O medo que o BCE manifesta de perder sua aura apolítica devido a uma mudança da política monetária para financiamento de Estados corresponde à gravidade do problema. Se o Banco Central Europeu fosse reconhecido como governo, teria de justificar suas decisões não apenas em termos técnicos, mas também em termos políticos, e de procurar consensos[2]. O BCE é uma instituição fora do processo democrático, e, por isso, num regime democrático, esse tipo de atribuição extravasaria suas funções. Além disso, seus recursos financeiros não seriam suficientes para garantir à ordem econômica neoliberal a aparência de justiça social. Por outro lado, existem exemplos de que, em tempos de crises políticas, os bancos centrais podem tornar-se, de fato, governos. Um desses exemplos é a Itália dos anos 1990, onde os governadores da Banca d'Italia, Guido Carli e Carlo Azeglio Ciampi, assumiram em caráter temporário as funções de primeiro-ministro, ministro das Finanças e presidente, depois do colapso do sistema

---

[1] Ver a justificação rocambolesca do BCE para explicar que a compra ilimitada de títulos de dívida pública no mercado secundário não é um financiamento de Estados – proibido ao BCE –, mas uma política monetária. A criação de confiança por meio da deturpação do direito dificilmente será uma estratégia promissora no longo prazo.

[2] Essa mudança seria dificultada, no mínimo, pelas deformações profissionais dos governadores do BCE. No blog *thecurrentmoment*, post de 17 de fevereiro de 2012, lê-se o seguinte: "*In a democracy you have to push people to do things by scaring them.' This past Tuesday, at a roundtable on 'the future of the euro' at Harvard University, we heard Lorenzo Bini-Smaghi utter these exact words. His Royal Smaghi-ness was a member of the ECB executive board until last November, and was advising his audience on more than his personal views. He was giving us a glimpse deep into the technocratic vision that predominates in Europe at the moment, at the particular techniques in play to manage the situation. What stood out in the banker's comments was, first, an extraordinary ideological commitment to the euro and, second, a somewhat delusional vision of social control*" ['Numa democracia, é necessário obrigar as pessoas a fazer coisas assustando-as.' Na terça-feira passada, ouvimos Lorenzo Bini-Smaghi pronunciar exatamente essas palavras numa mesa redonda sobre 'o futuro do euro', na Universidade de Harvard. Sua Alteza foi membro do Conselho Executivo do BCE até o passado mês de novembro, e os conselhos que deu à audiência não difundem apenas suas opiniões pessoais. Deu-nos uma ideia exata da visão tecnocrática que predomina atualmente na Europa e das técnicas específicas para gerir a situação. O que se destacou nos comentários do banqueiro foi, em primeiro lugar, um compromisso ideológico extraordinário com o euro e, em segundo lugar, uma visão um pouco ilusória do controle social]. Disponível em: <http://thecurrentmoment.wordpress.com/2012/02/17/in-a-democracy-you-have-to-push-people-to-do-things-by-scaring-them/>; acesso em: 20 jun. 2018.

204 Tempo comprado

partidário do país sob o peso dos escândalos de corrupção, durante os *anni de fango*, ou "anos da lama". Na Itália, existe uma tradição de governança por um banco central forte – uma tradição seguida, hoje, em nível europeu, por Mario Draghi, que também foi governador da Banca d'Italia, entre seu tempo no Goldman Sachs e sua nomeação para presidente do BCE[3]. É interessante que, na Itália dos anos 1990, a transferência de grande parte do poder governamental da política partidária, desacreditada, para o Banco Central, independente da mesma, também foi politicamente possível porque existia, àquela altura, um interesse nacional suprapartidário no cumprimento das condições de adesão à União Monetária Europeia (em termos de política de consolidação).

Na Europa, tal como nos Estados Unidos, uma terapia da crise mediante dinheiro artificial também poderia ser bem-sucedida no curto prazo: os bônus dos banqueiros e os dividendos de seus acionistas seriam recuperados e os prêmios de risco, exigidos pelos "mercados" na compra de títulos de dívida soberana, voltariam a ter preços acessíveis depois que o risco fosse assumido pelo Banco Central. No entanto, é tudo menos certo que isso também ajude no longo prazo, dando chance a um novo crescimento, em especial um que consiga novo prolongamento da fórmula de paz do capitalismo democrático, ajudando, outra vez, a reduzir ou encobrir as diferenças entre ricos e pobres e, na Europa, entre o norte e o sul, assim como a conciliar, de alguma maneira, a justiça de mercado com a justiça social. É notável que o presidente do Banco Central Europeu insista constantemente que, apesar de toda a ajuda que o banco está disposto a prestar em tempos de crise, extravasando a missão que lhe é atribuída por lei, não pode evitar que os governos implementem "reformas estruturais". Na realidade, a política neoliberal não tem outra coisa para oferecer quando se procura um novo regime de crescimento capaz de impedir que outro crescimento do volume do dinheiro e das dívidas, desta vez promovido, sobretudo, pelo Banco Central, volte a gerar um sobreaquecimento dos mercados imobiliários, com subsequente colapso ou uma reedição da inflação mundial dos anos 1970.

Se queremos evitar que a gestão da crise seja o prelúdio de uma nova crise e que o tempo após a crise seja um tempo antes da próxima crise, é necessário um impulso ao crescimento que, na atual situação política, só se verificaria sob um signo neoliberal, nomeadamente, como resultado de "reformas" na linha de fuga da reestruturação do Estado das últimas décadas. Essa é a razão pela qual o Banco Central governante associa seus benefícios a condições políticas rigorosas. Outra questão é saber se ele consegue as impor: os Estados também podem tender a pensar que seriam "relevantes

---

[3] O antigo membro da Comissão Europeia, Mario Monti, se enquadra no esquema de "governos de peritos" que substituem os governos de partidos, enquanto primeiro-ministro da Itália. Aliás, na Itália, a maioria das leis é adotada primeiro sob a forma de decretos governamentais ou presidenciais, dada a crônica falta de quórum no Parlamento.

do ponto de vista sistêmico"[4]. Além disso, ninguém garante que a política de oferta "funcionaria" de fato, como se vê no exemplo dos quatro anos de estagnação nos Estados Unidos, país em que a combinação de dinheiro fácil do Banco Central com uma "flexibilização" neoliberal – a emergir também na Europa – há décadas não consegue senão um crescimento aparente, predestinado a implodir em crises periódicas. E, mesmo que se conseguisse, de alguma maneira, um novo crescimento, ao contrário do Estado de bem-estar social keynesiano do passado, a subida da maré já não faria todos os barcos boiarem[5]. Depois da autoeliminação da política redistributiva – apesar de seus métodos terem sido enganadores – promovida pelos "mercados", assim como depois da autolimitação forçada dos Estados à proteção da liberdade de mercado e da propriedade, sobretudo da propriedade em títulos de dívida soberana, o crescimento não estaria, definitivamente, em posição de pacificar o conflito de distribuição imanente à sociedade de mercado capitalista; pelo contrário, o perigo de os perdedores permanentes no "regime de favorecimento cumulativo de São Mateus" descobrirem a qualquer momento o jogo de que são vítimas aumentaria sempre.

Independentemente de tudo isso, caso se verificasse um novo crescimento e fosse suposto que ele voltaria a assumir sua velha função de apaziguamento, teria de ser diferente, em termos quantitativos e qualitativos, daquele que se registrou nas últimas duas ou três décadas. A taxa de crescimento média móvel de cinco anos nos países industrializados tem baixado continuamente desde a segunda metade dos anos 1980. Enquanto o ponto alto do ciclo de 1988 ainda se situava acima de 4%, em 2000 atingiu apenas 3,4% e em 2007, ano antes da crise, não ultrapassou 2,7%. Entre 2009 e 2011, o crescimento médio ficou por 1% (Figura 4.1). Para que houvesse novo crescimento capaz de assegurar a estabilidade do capitalismo democrático, seria necessária uma inversão fundamental dessa tendência, coisa que não se vislumbra[6]. A partir dos anos

---

[4] Tal como mencionado, o governo-sombra europeu substituiu Berlusconi por Monti, uma vez que o governo daquele não tinha cumprido uma série de condições que lhe haviam sido colocadas por Draghi e por Trichet, seu antecessor no cargo de presidente do governo central europeu, numa carta não publicada (!) como contrapartida pela ajuda financeira. No entanto, em seu primeiro ano no governo, Monti também não foi capaz de implementar aquilo que se esperava dele – ou não se dispôs a fazê-lo.

[5] "*A rising tide lifts all boats*" é uma expressão dos estados costeiros do noroeste estadunidense que faz parte das expressões idiomáticas da política econômica nacional desde os tempos de John F. Kennedy. Ela quer dizer e promete que uma melhoria da situação econômica geral por meio do crescimento beneficiará todos da mesma maneira, pobres e ricos.

[6] Sobre esse tema, ver o blog de esquerda *thecurrentmoment*, no dia 7 de maio de 2012, por ocasião da eleição de Hollande para presidente da França: "*The socialist campaign in France was focused on Sarkozy's record as president. Its own economic programme was far weaker. The main thrust was to halt reform at the domestic level, bringing things back to the status quo ante, and to kickstart growth at the European Level by using the credit worthiness of Germany to fund a new round of government*

1990, eram necessárias taxas de endividamento cada vez mais altas para conseguir um crescimento que, no período antes da crise, tornou-se cada vez mais baixo. Por exemplo, em 1980 o endividamento global nos Estados Unidos – famílias, empresas privadas e públicas, economia financeira e Estado – ainda se situava abaixo dos 500% do produto interno bruto; nos anos seguintes, aumentou de modo contínuo, até atingir 950%, em 2008. A evolução na Alemanha seguiu um caminho surpreendentemente paralelo, em parte, é certo, devido à reunificação (Figura 4.2). Isso sugere que, desta vez, para obter o efeito desejado, também seria necessário injetar mais dívidas que da última vez. Resta saber se os bancos centrais dos Estados Unidos e da União Monetária Europeia conseguiriam, ao menos, acumular novas dívidas – sem ajuda das entidade públicas e privadas, há muito sobre-endividadas – na ordem de grandeza provavelmente necessária para garantir ao capitalismo do fim do século XX uma sobrevivência, como sempre, limitada no tempo, em um nível elevado. Mesmo que fosse possível, o resultado não passaria, provavelmente, de uma mudança de situação negativa de estagnação econômica para situação ainda pior de ciclos de crescimento e de contração cada vez mais curtos, com o perigo de perdas de confiança política cada vez mais frequentes e mais dramáticas, além dos respectivos colapsos econômicos.

Outra possibilidade seria um regresso da inflação, como acidente ou estratégia para a redução das dívidas – primeiro devagar, depois provavelmente mais rápido e, por fim, talvez até galopante e fora de controle, como a vassoura de aprendiz do feiticeiro. À primeira vista, isso poderia parecer o início da reedição do ciclo da crise após o fim do período pós-guerra. No mundo social, porém, nunca se entra duas vezes no mesmo rio. Ao contrário dos anos 1970, hoje a inflação não seria impulsionada pelo mercado de trabalho, mas pelos bancos centrais e seus esforços para salvar os credores, salvando os devedores. Por isso, a inflação não poderia ser pura e simplesmente asfixiada como naquela época. E, desta vez, não atingiria em primeiro lugar os proprietários dos recursos monetários – que poderiam saltar muito mais facilmente de uma moeda para outra, num mundo sem controle da circulação de capitais –, e sim os pensionistas,

---

borrowing... New governments in Europe, including the French Socialists, are relying on yet more borrowing to promote growth. This is not the end of austerity in Europe so much as a continuation of the underlying trends that brought the crises in the first place." [A campanha socialista na França centrou-se naquilo que Sarkozy fez enquanto presidente. Seu programa econômico era muito mais fraco. O elemento central residia em interromper as reformas no nível interno, fazer regressar as coisas à situação anterior e impulsionar o crescimento no nível europeu, utilizando a fiabilidade creditícia da Alemanha para financiar uma nova ronda de empréstimos governamentais... Os novos governos na Europa, incluindo os socialistas franceses, ainda confiam em mais empréstimos para promover o crescimento. Isso não é tanto o fim da austeridade na Europa quanto uma continuação das tendências de fundo que foram as principais responsáveis pela crise]. Disponível em: <hhtp://thecurrentmoment.wordpress.com/2012/05/07/end-of-austerity-europe/>; acesso em: 4 jul. 2018.

CONCLUSÃO: O QUE VEM A SEGUIR? 207

Figura 4.1

Taxas de crescimento anual dos países industrializados desenvolvidos, 1984-2011

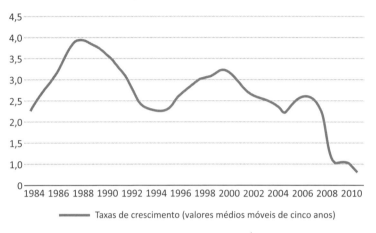

—— Taxas de crescimento (valores médios móveis de cinco anos)

O cálculo inclui os seguintes 34 países: Alemanha, Austrália, Áustria, Bélgica, Canadá, Chipre, Coreia do Sul, Dinamarca, Eslováquia, Eslovênia, Espanha, Estados Unidos, Estônia, Finlândia, França, Grã-Bretanha, Grécia, Hong Kong, Irlanda, Islândia, Israel, Itália, Japão, Luxemburgo, Malta, Noruega, Nova Zelândia, Países Baixos, Portugal, República Tcheca, Singapura, Suécia, Suíça, Taiwan.

International Monetary Fund, World Economic Outlook Database, abril de 2012

Figura 4.2

Endividamento total em relação ao PIB, 1970-2010

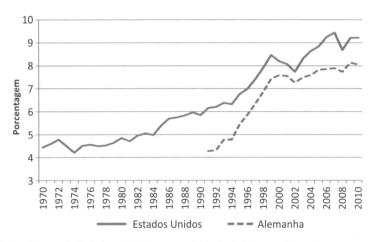

OECD National Accounts Statistics, OECD Economic Outlook: Statistics and Projections

que se tornaram bem mais numerosos, e os beneficiários da assistência social. Também seriam afetados os trabalhadores, que, ao contrário daqueles dos anos 1970, deixaram de ser, em grande parte, representados por sindicatos que assegurassem que seus salários acompanhassem a inflação. Por isso, a inflação como instrumento de pacificação da democracia de massas hoje se esgotaria ainda mais depressa que àquela altura. Pelo contrário, o risco de ela causar insatisfação e instabilidade política seria imenso.

Capitalismo ou democracia

Se o capitalismo do Estado de consolidação já nem sequer consegue criar a ilusão de um crescimento distribuído de acordo com a justiça social, chegou o momento de os caminhos do capitalismo e da democracia se separarem. A saída mais provável, atualmente, seria a operacionalização do modelo social hayekiano da ditadura de uma economia de mercado capitalista acima de qualquer correção democrática. Sua legitimidade dependeria do fato de aqueles que constituíram, outrora, o povo do Estado terem aprendido ou não a confundir justiça de mercado com justiça social e de se considerarem ou não parte de um povo do mercado unido. Além disso, sua estabilidade exigiria instrumentos eficazes que permitissem marginalizar ideologicamente, desorganizar politicamente e controlar fisicamente aqueles que não aceitassem a situação. Com as instituições de formação da vontade política neutralizadas do ponto de vista econômico, a única coisa que restaria àqueles que não quisessem se submeter à justiça de mercado seria aquilo a que nos fins dos anos 1990 se chamava "protesto extraparlamentar": emocional, irracional, fragmentado, irresponsável – precisamente o que é de esperar quando os caminhos democráticos de articulação de interesses e de esclarecimento das preferências ficam bloqueados, porque conduzem sempre aos mesmos resultados ou porque seus resultados são indiferentes para "os mercados".

A alternativa a um capitalismo sem democracia seria uma democracia sem capitalismo – pelo menos, sem o capitalismo que conhecemos. Ela seria a outra utopia, concorrente da utopia hayekiana. Ao contrário desta, não estaria na linha da tendência histórica atual, exigindo sua inversão. Por isso e devido ao enorme avanço em termos de organização e concretização da solução neoliberal, assim como ao medo daquilo que é incerto, associado, inevitavelmente, a qualquer mudança, hoje essa alternativa parece irrealista[7]. Ela também partiria da experiência de que o capitalismo democrático não cumpriu sua promessa – contudo, a culpa não seria atribuída à democracia, e sim

---

[7] Embora, durante a longa era keynesiana, isso também se tenha aplicado por muito tempo à utopia hayekiana.

ao capitalismo[8]. O objetivo dessa alternativa não seria garantir a paz social por meio do crescimento econômico e ainda menos garantir a paz social apesar da desigualdade crescente, mas melhorar a situação dos excluídos do crescimento neoliberal, se necessário, à custa da paz social e do crescimento.

Se democracia significa que a justiça social não pode ser absorvida pela justiça de mercado, então o objetivo primordial, em termos de política democrática, deveria consistir em retroceder em relação às destruições institucionais causadas por quatro décadas de progresso neoliberal, defendendo e restaurando da melhor maneira possível os restos das instituições políticas que permitiriam modificar ou até substituir a justiça de mercado pela justiça social. Só nesse contexto material faria hoje algum sentido falar de democracia, porque só assim se evitaria o perigo de as pessoas se contentarem com a "democratização" de instituições que não podem decidir nada. Hoje, a democratização teria de significar criação de instituições que permitam voltar a submeter os mercados ao controle social: mercados de trabalho que deixam espaço para a vida social, mercados de bens que não destroem a natureza, mercados de crédito que não levam à produção em massa de promessas que não podem ser cumpridas. Seriam necessários anos de mobilização política e perturbações permanentes da ordem social que vem surgindo para que essas coisas fossem colocadas de fato na ordem do dia.

O EURO COMO EXPERIÊNCIA FRÍVOLA

A introdução do euro enquanto conclusão do mercado interno europeu criou uma jurisdição política com a Eurolândia que se aproximou do ideal de uma economia de mercado liberta da política por meio da própria política: uma economia política sem parlamento nem governo, constituída por Estados nacionais formalmente

---

[8] Uma perspectiva hoje já muito difundida precisamente nos círculos em que menos se esperava. O jornal *Welt* publicou uma notícia, no dia 26 de janeiro de 2012, sobre o início do Fórum Econômico Mundial, em Davos, dizendo o seguinte: "O presidente do grupo de telecomunicações Alcatel-Lucent, Ben Verwaayen, falou das 'promessas não cumpridas' do capitalismo [...]. 'É preciso aprender com os excessos', disse Brian Moynihan, presidente do Bank of America. O banqueiro não parecia muito confiante: 'Será que, da próxima vez, faremos tudo de forma correta?', perguntou aos outros participantes, mas deu ele mesmo a resposta: 'Só Deus sabe'. [...] Segundo a avaliação dominante em Davos, o capitalismo simplesmente não está à altura [...]. Para David Rubenstein, cofundador e chefe do grupo estadunidense de capitais privados (*private equity*) Carlyle Group, os problemas são mais profundos. 'Pensou-se que os ciclos econômicos estavam controlados', disse o investidor financeiro. Na realidade, revelou-se que o capitalismo 'não tem capacidade para gerir as diversas fases do ciclo econômico'. Mais ainda, 'o capitalismo não resolveu o problema da desigualdade'. E 'parece que não há ninguém no mundo que tenha resposta'".

independentes como antes, mas que desistiram de uma moeda própria e, portanto, da possibilidade de utilizar o instrumento da desvalorização para melhorar a situação econômica dos cidadãos. Desse modo, o euro, seguindo completamente o programa neoliberal, eliminou uma variante importante da aleatoriedade política da constituição do mercado comum e obrigou os governos dos Estados-membros que estão preocupados com o emprego, a prosperidade e a seguridade social da população a adotar o instrumentário neoliberal de uma *desvalorização interna*: aumento de produtividade e competitividade por meio de mercados de trabalho mais flexíveis, salários mais baixos, horários de trabalho mais prolongados, aumento da participação no mercado de trabalho e Estado de bem-estar social regido pela remercantilização.

Hoje, a introdução do euro pode servir de exemplo para a forma como uma sociedade – neste caso, a Eurolândia transnacional, altamente heterogênea – pode ser transformada, numa "experiência frívola" (como diz Karl Polanyi), segundo o espírito de uma ideologia político-econômica que se tornou uma religião na sociedade de mercado, de acordo com os modelos da economia convencional, sem considerar a diversidade de estruturas, instituições e tradições. Em última análise, a eliminação da desvalorização como instrumento da política econômica nacional não significa senão o enxerto de um modelo econômico e social único em todos os países com a mesma moeda; ela pressupõe e promove a possibilidade de uma convergência rápida das ordens sociais e dos modos de vida desses países. Além disso, atua como força motriz suplementar de uma expansão universal dos mercados e de suas condições que é considerada uma conquista capitalista, uma vez que, recorrendo àquilo que Karl Polanyi designou como "*laissez-faire* planejado"[9], procura substituir, de forma mais ou menos violenta, os Estados e suas políticas por mercados e seus automatismos autorreguladores. Neste sentido, a eliminação da desvalorização equivale ao padrão-ouro do século XIX, cujo efeito destruidor sobre a capacidade que os Estados nacionais, em formação na altura, tinham para proteger seus povos da imprevisibilidade dos mercados livres, assim como o impacto na estabilidade das relações internacionais, Polanyi analisou de forma notável.

Retrospectivamente, não é difícil reconhecer nas formas da crise econômica, financeira e fiscal que se verificam na Europa manifestações de um contramovimento político[10] contra o fanatismo de mercado institucionalizado na moeda única. Até pouco tempo atrás – até a nomeação dos comissários Papademos e Monti, no outono de 2011 –, a União Monetária Europeia era constituída exclusivamente por Estados democráticos cujos governos não podiam ou não queriam permitir-se declarar guerra aos povos dos Estados reais – que ainda se distinguem fundamentalmente dos

---

[9] Karl Polanyi, *The Great Transformation. The Political and Economic Origins of Our Time* (Boston, Beacon, 1957 [1944]), cap. 12.

[10] Ibidem, cap. 11.

povos-modelo imaginários da doutrina pura do capitalismo de mercado –, fazendo-os passar pelo rolo compressor de "reformas" prescritas pelos tecnocratas de Bruxelas e por economistas universais. Os Estados nacionais reunidos no euro, tal como os contramovimentos anteriores, nem sempre respeitaram o cânone do politicamente correto ou do economicamente racional; como Polanyi já sabia, ao contrário do que aconteceu com o *laissez-faire*, a oposição da sociedade ao mercado se gera de forma espontânea e descoordenada. Por isso surgiram os déficits orçamentais, o endividamento público e as bolhas de crédito e de preços nos países que não conseguiram ou não quiseram acompanhar o ritmo da racionalização capitalista de seus universos e modos de vida e cuja reduzida caixa de ferramentas políticas à disposição para se autodefender não permitiu senão a acumulação progressiva das disfunções sistêmicas que ameaçam, há anos, destruir o sistema estatal europeu e minar a longa paz do pós-guerra entre as nações europeias.

O que está acontecendo parece ser proveniente de um livro ilustrado de Polanyi. A oposição dos povos representados por seus Estados nacionais à submissão de sua vida às leis de mercado internacionais é interpretada pela *Ecclesia militans* [Igreja militante] da religião do mercado como um problema de ingovernabilidade que deve e pode ser resolvido com mais reformas do mesmo tipo, com *mais do mesmo*: por meio de novas instituições que deverão expulsar do sistema o que resta da capacidade nacional de articulação e da possibilidade de aleatoriedade política, substituindo-as por incentivos racionais – inclusive negativos, sob a forma de multas – a uma submissão tácita ao destino determinado pelo mercado. Deste modo, a austeridade imposta por décadas às pessoas comuns se tornaria realidade nos países que o mercado deixou para trás como não competitivos, e a experiência frívola de uma moeda única para uma sociedade multinacional heterogênea seria bem-sucedida. Depois das reformas, as nações aceitariam, *a posteriori*, sua expropriação política, porque não teriam outro remédio, porque assentiriam com a lógica do mercado, na sequência de uma convergência neoliberal por ele promovida, e porque, depois de terem sentido suficientemente, começariam a ouvir.

Isso, porém, é algo em que é necessário acreditar, porque ninguém viu ainda. O que se veem são conflitos crescentes entre os povos da Europa e mesmo dentro de cada país, sobre quanto uns devem a outros – por um lado, em "reformas"; por outro, em pagamentos de compensação – e sobre quem dos pequenos e dos grandes deve suportar os custos e quem deve ser beneficiado. Quem tem muita fé pode ter esperança de que os povos dos Estados realmente existentes se unam em algum momento – e, nos modelos da economia convencional, que não fazem previsões temporais, "em algum momento" significa também já, agora – num povo modelo adaptado ao mercado livre. "Quem não pertence a essa Igreja" fica, contudo, espantado com o poder da ilusão e apavorado com aquilo que uma teoria pode causar pelo fato de não ser desse mundo.

Democracia na Eurolândia?

Seria possível pacificar os conflitos que estão prestes a despedaçar a Eurolândia democratizando-a? Poderia a democracia sustentar as forças centrífugas resultantes de uma imposição do espartilho de um mercado e uma moeda comuns a diversas sociedades que as fez perder sua capacidade de ação? Poderia a democratização neutralizar as linhas de conflito nacionais existentes na Eurolândia, substituindo-as por linhas de conflito sociais e econômicas transversais às primeiras? Ao que parece, muitos daqueles que pensam que a solução dos problemas apresentados atualmente pelo sistema econômico e estatal europeu estaria em sua democratização imaginam tal democratização como um esforço capaz de eliminar, de uma vez por todas, os obstáculos particularistas que impediram, até hoje, uma política salarial transnacional, uma política social europeia, um direito laboral, um regime de participação único ou uma política de desenvolvimento regional comum[11].

As especulações podem não levar a nada, sobretudo se estiverem associadas a esperanças ou à obrigação de um otimismo construtivo autoimpostas. No entanto, talvez seja possível concordar que um projeto de democracia para a Europa que merecesse esse nome teria de se distanciar de projetos para uma "união política" prosseguidos por estratégias neoliberais autoritárias, como as de Wolfgang Schäuble, que visam a facilitar a "governança neoliberal contra todas as resistências" por parte de uma central hayekiana. O fato de os presidentes da Comissão ou do Conselho serem ou não eleitos "pelo povo" não tem nada a ver com a democracia enquanto eles não tiverem nada a dizer em comparação com o presidente do BCE e o Tribunal de Justiça Europeu – para não falar do presidente do Goldman Sachs. Não há nada a que o conceito de "democracia de fachada"[12] se ajuste tão bem quanto a um sistema político cuja constituição legal ou de fato o obrigue a não interferir no funcionamento dos "mercados". Um projeto de democracia em que é suposto permitir a nomeação de um "ministro das Finanças europeu", cuja missão, por sua vez, será garantir que os "mercados" sejam servidos e, portanto, restabelecer a "confiança" destes – ou seja, um projeto de democracia que não associe a questão da democracia à questão do neoliberalismo ou até do capitalismo –, não necessita do suor dos democratas. Funciona sozinho, como os neoliberais gostam.

Em segundo lugar, o projeto de uma democracia para a Europa deveria ser menos utópico que o projeto de mercado em questão desde 2008, isto é, deveria evitar a repetição do erro desse projeto de mercado. Esse erro consistiu em não associar a economia à sociedade, o tipo de economia ao modo de vida. Na realidade, existe uma ligação estreita entre a economia e a sociedade. Tal como não é possível impor sem violência

---

[11] Peter Bofinger et al., "Einspruch gegen die Fassadendemokratie", *Frankfurter Allgemeine Zeitung*, 3 ago. 2012, p. 33.

[12] Idem.

um tipo de economia a diferentes modos de vida, tampouco é possível forçar diferentes formas de economia e distintos modos de vida a assumir uma ordem social e política comum sem que haja resistência[13]. A democracia na Europa não pode consistir num projeto de homogeneização institucional; ao contrário do neoliberalismo, esse projeto não deveria e não poderia fugir à difícil tarefa de integrar em sua ordem as diferenças nacionais que surgiram ao longo da história não só entre os povos dos Estados europeus, mas também dentro deles[14]. Na Bélgica, Estado nacional estabelecido há muito e constituído apenas por duas sociedades, mas que ameaça desfazer-se por estar contaminado por conflitos de identidade e de distribuição semelhantes àqueles presentes na versão da crise financeira e fiscal vivida na Eurolândia, foi necessário um ano e meio para formar um governo nacional. Se alguém quisesse elaborar uma constituição europeia, teria de resolver esses conflitos, muito mais numerosos e complicados, e fazer isso em simultâneo, não *no âmbito* de uma constituição democrática já existente, e sim como uma espécie de condição prévia a seu surgimento.

Seria inimaginável um Estado europeu democrático ter uma constituição unitária e jacobina. Não seria possível uma democracia europeia sem subdivisão federal e sem amplos direitos particularistas de autonomia e de reserva nem sem a concepção de direitos de grupos que protejam de derrotas permanentes nas votações as diversas comunidades econômicas e identitárias baseadas na proximidade das quais a Europa é feita – não só na Bélgica, como também na Espanha e na Itália –, tampouco sem a aplicação desses direitos nas relações entre a Finlândia e a Grécia ou entre a Dinamarca e a Alemanha[15]. Quem quisesse redigir uma constituição para a Europa não só teria de encontrar formas de integrar os diferentes interesses europeus de países – por exemplo, a Bulgária e os Países Baixos –, como teria de se debruçar sobre os problemas não resolvidos de Estados nacionais ainda em aberto, como a Espanha ou a Itália. A variedade interna de identidades e interesses dessas nações também quereria e deveria

---

[13] Ver as repetidas tentativas, sempre fracassadas, de vender aos sindicatos de outros países europeus a forma alemã de democracia industrial – a participação nas decisões empresariais – como modelo europeu para uma representação forte dos trabalhadores no local de trabalho.

[14] Höpner e Schäfer apresentam um panorama geral dos problemas que a integração europeia e a democratização de uma Europa unida enfrentam devido à heterogeneidade das sociedades envolvidas. Martin Höpner e Armin Schäfer, *Integration among Unequals. How the Heterogeneity of European Varieties of Capitalism Shapes the Social and Democratic Potential of the EU* (Colônia, 2012). Ver também Martin Höpner, Armin Schäfer e Hubert Zimmermann, "Erweiterung, Vertiefung und Demokratie. Trilemma der europäischen Integration", *Frankfurter Allgemeine Zeitung*, 27 abr. 2012, p. 12.

[15] Por exemplo, para que uma constituição europeia pós-nacional fosse aceita pelos países pequenos ou economicamente vulneráveis, teria de incluir tantas garantias contra uma predominância alemã que seria, precisamente por isso, dificilmente aceitável para os alemães.

214 Tempo comprado

ser representada numa possível assembleia constituinte europeia[16]. Seria tarefa política hercúlea reunir essa variedade numa constituição aceitável para todos. Seria necessário um otimismo construtivista que não poderia ficar atrás do otimismo dos tecnocratas neoliberais de mercado[17].

Em terceiro lugar, a redemocratização da Europa necessitaria de tempo, tal como o projeto neoliberal de mercado precisou de décadas para se aproximar de sua realização, até chegar atualmente à maior crise de sua história, crise da qual espera sair por meio de uma nova fuga para a frente. As instituições de uma democracia europeia supranacional não poderão nascer de ideias intelectuais voluntaristas. Não existem exemplos históricos. Deve-se trabalhar com o material que resultou da história. Uma convenção que escrevesse, agora, a constituição de uma Europa democrática seria totalmente composta de figuras políticas atuais. Pertenceriam a essa convenção representantes de todos os Estados da União Europeia, não só dos membros da União Monetária. Além disso, essa convenção teria de trabalhar com os conflitos atuais em torno da consolidação orçamental, da redução da dívida, da supervisão e das "reformas" a aquecer ânimos, a aumentar a desconfiança mútua e a prejudicar os resultados dos trabalhos. Seriam necessários anos até ser apresentada uma constituição capaz de unificar a Europa e – talvez – democratizar a Eurolândia por meio de uma nova domesticação do capitalismo de mercado. Essa constituição chegaria tarde demais para reagir à solução neoliberal da atual tripla crise.

A heterogeneidade social na Europa também significará, num futuro próximo, heterogeneidade entre diversas formas de vida e de economia locais, regionais e

---

[16] Assim que houvesse uma convenção europeia, seria necessário esclarecer se os delegados catalães deveriam ou poderiam ficar sentados sob a bandeira espanhola ou sob a catalã. Depois, seria necessário falar dos bascos, dos corsos, dos flamengos, dos tiroleses do Sul, dos sicilianos e talvez até dos bávaros.

[17] Não é que esse otimismo não exista. Bofinger, Habermas e Nida-Rümelin consideram possível, na sequência da solução da crise atual – portanto, num futuro próximo –, chegar à "criação de uma zona monetária politicamente unida que constitua o núcleo da Europa", por meio de uma alteração do tratado, isto é, com a aprovação de todos os 27 Estados-membros da União Europeia. Segundo dizem: "Isso exigiria ideias constitucionais claras acerca de uma democracia supranacional que permitam uma governança comum, sem assumir a forma de Estado federal. O Estado federal europeu não constitui o modelo certo e sobrecarrega a disponibilidade para a solidariedade de povos europeus historicamente autônomos. O aprofundamento das instituições, necessário hoje, poderia seguir a ideia de que a totalidade dos cidadãos dos Estados-membros da União Monetária Europeia deve ser representada por um núcleo democrático da Europa, mas cada um deles deverá ser representado em sua dupla qualidade de cidadão diretamente envolvido numa União reformada, por um lado, e, por outro, enquanto membro indiretamente envolvido de um dos povos europeus diretamente envolvidos". Peter Bofinger et al., "Einspruch gegen die Fassadendemokratie", cit. Não é claro por que essa "ideia constitucional" haveria de ser evidente. Que temas deveriam ser tratados e decididos em cada um dos enquadramentos identitários?

CONCLUSÃO: O QUE VEM A SEGUIR? 215

nacionais. Só pode haver uma constituição democrática para uma Europa unida se as diferenças forem reconhecidas, nomeadamente sob a forma de direitos de autonomia. A negação destes só poderia levar ao separatismo, que teria de ser resolvido com dinheiro ou uma repressão violenta; quanto mais heterogêneo é um povo do Estado, tanto mais sangrenta é a história das tentativas bem ou malsucedidas de unificá-lo – caso da França, da Espanha sob Franco ou, ainda, dos Estados Unidos. O que é decisivo para qualquer Estado heterogêneo é sua *constituição financeira*, que define qual parte da sociedade *enquanto comunidade* deve ter direito à solidariedade coletiva de outras partes da sociedade e em que circunstâncias deve aplicar-se esse direito. Mesmo nos Estados nacionais, aplica-se a regra: quanto maior é a autonomia, menores são o direito e a obrigação de solidariedade entre as partes da sociedade. Há sempre conflitos em torno de saber o que isso tudo significa concretamente, mesmo numa sociedade nacional tão homogênea como a Alemanha, onde a polêmica em torno do sistema de compensações entre os Estados federados parece não ter fim. Na Eurolândia, dada sua extrema heterogeneidade, esse tipo de conflitos se tornou onipresente pouco depois de sua constituição e é pura e simplesmente profundo demais para ser resolvido com decisões por maioria – em especial quando, não existindo a opção da secessão, o igualitarismo institucional do utopismo neoliberal provoca exigências de correção social da justiça de mercado por meio de pagamentos de compensação entre partes da sociedade. Não há razão para esperar que o particularismo regional e nacional, assim como os conflitos de interesses e identidades por ele provocados, desapareça se a sociedade da Eurolândia, heterogênea demais para uma moeda comum, receber, de repente, uma constituição democrática única[18].

O erro de Hayek em seu projeto de federação internacional que força a si mesma a evoluir no sentido do liberalismo consistiu no fato de ele ter acreditado que todas as sociedades nacionais envolvidas se enquadrariam e desejariam enquadrar-se no mercado livre e global a ser criado em nome da paz, podendo, por isso, ser levadas a abdicar de seus interesses e de suas identidades coletivas particulares. Hayek não podia contar com a eventualidade de essas sociedades defenderem suas formas de vida e de economia, baseando-se em suas particularidades culturais e utilizando as instituições políticas que lhes restam – talvez porque, para ele, elas não passassem de tatuagens na pele de um *homo oeconomicus* universal ou porque, em seu mundo, não estava prevista a possibilidade de ação coletiva contra a justiça de mercado.

---

[18] É difícil imaginar que os contribuintes alemães estivessem mais facilmente dispostos a pagar as dívidas públicas italianas ou as dívidas dos bancos espanhóis se fossem obrigados a isso por uma decisão da maioria do Parlamento europeu e não, digamos, em função das maquinações do Banco Central Europeu. Pelo contrário, existiria outro problema: não seria tão fácil esconder uma redistribuição por via parlamentar.

Elogio da desvalorização

Em vez de assistirmos à conclusão da União Monetária por parte da política neoliberal recorrendo a "reformas" que tornarão o mercado definitivamente imune a correções políticas e firmarão o sistema europeu de Estados como um Estado de consolidação internacional, poderíamos lembrar a instituição da desvalorização das moedas nacionais. O direito à desvalorização não é senão uma expressão institucional do respeito pelas nações, representadas por meio de seus Estados, enquanto comunidades econômicas de vida e de destino singulares. Funciona como um freio à pressão capitalista para a expansão e a racionalização, exercida do centro para a periferia, e oferece aos interesses e às identidades que se opõem a ele e que, no mundo do livre comércio do grande mercado interno, seriam empurrados para o populismo e o nacionalismo, alternativa coletiva realista à automercantilização obediente, exigida pelo mercado. Os países que têm possibilidade de proceder à desvalorização podem decidir, eles mesmos, se e a que ritmo querem desfazer-se de sua herança pré ou anticapitalista e em que sentido querem transformá-la. Por isso, sobretudo por isso, a possibilidade de desvalorização constitui um espinho cravado na garganta do totalitarismo de um mercado único.

A desvalorização de uma moeda nacional corrige – de forma grosseira e por um período limitado – as relações de distribuição num sistema assimétrico de troca econômica internacional que funcione, como qualquer sistema capitalista, segundo o princípio do favorecimento cumulativo. A desvalorização constitui um instrumento grosseiro – *rough justice* –, mas, do ponto de vista da justiça social, é sempre melhor que nada. Quando um país que não acompanha ou não quer acompanhar o ritmo de outros em termos econômicos desvaloriza sua moeda, as oportunidades dos produtores estrangeiros se reduzem e as dos produtores nacionais aumentam; por conseguinte, as oportunidades de emprego da população do país que desvaloriza sua moeda aumentam à custa das populações empregadas noutros países. Além disso, ao tornar as importações mais caras, um país que desvaloriza sua moeda dificulta aos cidadãos mais abastados a compra de produtos estrangeiros; ao mesmo tempo, permite aos cidadãos dependentes dos salários aumentar os mesmos sem que seus produtos se tornem necessariamente mais caros no estrangeiro, o que poria em risco seu emprego. Em outras palavras, a possibilidade de desvalorização impede que países "mais competitivos" obriguem países "menos competitivos" a reduzir as pensões dos cidadãos com menos rendimentos para que os cidadãos com mais rendimentos continuem comprando dos produtores dos países mais competitivos seus BMW a preço fixo.

A desvalorização enquanto instituição funciona no sistema econômico internacional como "*handicap*" em esportes como golfe ou corridas de cavalos: as diferenças entre os participantes são tão grandes que, sem haver compensação, eles ficarão divididos em poucos vencedores permanentes e muitos perdedores permanentes. No golfe, para que os mais fracos estejam dispostos a concorrer, os mais fortes começam com uma desvantagem: oferece-se um número de tacadas livres aos jogadores mais fracos. Na corrida de cavalos, os potenciais vencedores permanentes têm de levar um peso adicional. A tributação progressiva desempenha papel semelhante na economia política das economias nacionais ou, pelo menos, deveria desempenhar[19]. Nesse sentido, a abolição da desvalorização na União Monetária Europeia equivale a uma abolição da tributação progressiva ou do "*handicap*" na corrida de cavalos.

Um sistema econômico internacional que permite a desvalorização não precisa dos direitos de um país nem de organizações internacionais intervindo na forma da economia e da vida de seus países-membros. Ele tolera a diversidade e permite uma coexistência que preserva a autonomia, com uma coordenação cautelosa nas margens. Não pressupõe que nações "líderes" estão em posição de reformar as "atrasadas" de acordo com seu modelo nem exige que as últimas atribuam, contra pagamento, às primeiras uma licença para fazer isso. Sendo assim, a abolição do euro em sua forma atual equivaleria à abolição do padrão-ouro nos anos 1920, a qual, segundo Polanyi, permitiu voltar a "aceitar de bom grado que outras nações criem suas instituições segundo seus próprios critérios e abandonar o dogma destrutivo do século XIX da uniformidade necessária de todos os regimes nacionais envolvidos na economia mundial"[20].

Polanyi, em clara referência à ordem pós-guerra, em surgimento na época (1944), escreveu o seguinte: "Assistimos hoje à emergência dos pilares de um mundo novo a partir das ruínas do mundo antigo: uma cooperação econômica entre governos combinada com a liberdade de organizar a vida nacional segundo a própria vontade"[21].

Um regime monetário flexível como aquele que poderia surgir após o fim do euro reconhece que a política é mais do que a execução profissional de medidas de racionalização e lhe atribui lugar central em sua ordem, respeitando as identidades e as tradições coletivas que a política representa. Um sistema econômico internacional que permite a desvalorização é defensável – aliás, completamente de acordo com o pensamento de Hayek – como sistema de inteligência distribuída, sem necessidade de "pretensão de conhecimento"[22]. Hayek insistiu – e com razão – que esses sistemas são superiores aos de planejamento centralizado. Hayek, enquanto economista, não via aquilo que Polanyi apresentou como argumento contra ele, isto

---

[19] Isso aplica-se igualmente à "política regional", que dá aos fracos aquilo que tirou dos fortes de forma a permitir aos primeiros aproximar-se destes, senão ultrapassá-los. No entanto, ao contrário da desvalorização, essa política necessita de aprovação constante dos doadores, que exigem como contrapartida o controle da utilização de suas subvenções. Isso, por sua vez, em geral irrita os beneficiários. Também é possível exigir da política regional, tal como acabou de ser esboçada, que ela torne a si mesma desnecessária. Quanto menos conseguir fazer, mais apoio perderá.

[20] Karl Polanyi, *The Great Transformation*, cit., p. 253.

[21] Ibidem, p. 254.

[22] Friedrich A. Hayek, "Die Anmaßung von Wissen", *Ordo*, n. 26, 1975, p. 12-21.

218 Tempo comprado

é, que o mundo que corresponde às regras do mercado, que se submete a ele e que é transformado pelo capitalismo transnacional, o mundo que Hayek considerava o estado natural, cuja emergência ele previu em sua federação liberal em prol da paz mundial, só pode ser um mundo estabelecido por meio de planejamento, uma vez que pressupõe a destruição das anteriores estruturas particularistas de convivência e de solidariedade social.

Um regime de desvalorização evita que os países participantes sejam obrigados a negociar reformas estruturais e pagamentos de compensação. Nesse regime, não é necessária interferência na governança dos países menos competitivos por parte dos mais competitivos, assim como não são precisos "pacotes de crescimento" que implicam sempre o risco de serem entendidos incorretamente por seus destinatários como taxas de entrada no mercado ou como tributação internacional da "competitividade" e, portanto, rejeitados por aqueles que os pagam. Só surgem conflitos internacionais quando um país desvaloriza sua moeda muito frequentemente e em intervalos de tempo bastante curtos. Contudo, essa atitude implicaria tanta diminuição do capital de confiança do país que as perdas superariam muito rapidamente os potenciais ganhos resultantes do restabelecimento periódico de sua capacidade de exportação. Isso já é razão suficiente para não haver perigo de os países utilizarem em excesso a possibilidade de melhorar sua posição no mercado por meio da desvalorização[23].

Por um Bretton Woods europeu

A União Monetária Europeia constituiu um erro político, uma vez que eliminou a desvalorização, apesar da enorme heterogeneidade dos países da zona do euro, sem abolir, ao mesmo tempo, os Estados nacionais e a democracia em nível nacional[24]. Em vez de agravar o erro por meio de uma "fuga para a frente" e em vez de completar a união monetária com uma "união política" que não pode ser senão o enaltecimento definitivo do Estado de consolidação, podemos procurar – enquanto a crise mantiver

---

[23] Neste aspecto, como também em alguns outros, a desvalorização é comparável a uma redução "soberana" da dívida. Ambas constituem instrumentos que permitem às sociedades situadas no fim da cadeia alimentar capitalista proteger-se de uma expansão capitalista demasiado rápida e abrangente, por meio da soberania de seus Estados.

[24] Martin Feldstein, economista americano conservador, inclui-se entre aqueles que perceberam, desde cedo e com surpreendente clareza, esse erro político e previram as consequências políticas catastróficas do projeto do euro. Ele apresenta um resumo impressionante de seus argumentos. Martin S. Feldstein, *The Euro and European Economic Conditions. Working Paper 17.617* (Cambridge, 2011).

CONCLUSÃO: O QUE VEM A SEGUIR? 219

a saída em aberto – desfazê-lo pelo regresso a um sistema ordenado de taxas de câmbio flexíveis em nível europeu[25].

Um sistema desse tipo, que reconhecesse as diferenças entre as sociedades europeias em vez de eliminá-las por meio de reformas neoliberais, seria muito menos exigente em termos políticos e econômicos que a União Monetária. Não necessitaria da arrogância do *one-size-fits-all* [tamanho único] dos planejadores da união e se daria por satisfeito com uma união flexível, sem uma fusão dos países envolvidos. Deste modo, seria eliminado o fundamento da inveja e do ódio crescente entre os povos europeus. Em termos políticos, uma flexibilização do regime monetário europeu equivaleria ao fim da coligação entre as indústrias exportadoras do Norte, em especial da Alemanha, e os aparelhos de Estado e as classes médias do Sul. Essa coligação procede atualmente a um corte das pensões e dos salários daqueles que auferem salários baixos nos países do Mediterrâneo para que suas classes médias urbanas continuem comprando automóveis de luxo alemães a preço fixo e para que os fabricantes destes contem com uma taxa de câmbio estável no longo prazo. É uma coligação em que os modernizadores neoliberais nos países endividados do Sul, em contrapartida pelo apoio financeiro e moral concedido pelo Norte, submetem seus cidadãos à justiça das leis de mercado internacionais, utilizando o poder cedido pelos "mercados" e pelas organizações internacionais.

O regime monetário de Bretton Woods, influenciado por Keynes, que previa taxas de câmbio fixas, com possibilidade de adaptação flexível, pode constituir um exemplo para o novo sistema monetário europeu. Ele serviu para uma integração duradoura de países como a França e a Itália, que tinham sindicatos e partidos comunistas fortes, no sistema de comércio livre ocidental, sem os forçar a adotar "reformas" que teriam posto em causa a coesão social e a paz interna. A sabedoria própria do sistema consistiu em ter prescindido de uma convergência forçada da ordem interna dos Estados-membros e de uma "interferência governativa contra todas as resistências" dos países mais fortes nos países mais fracos[26]. Deste modo, o sistema respeitava, pelo menos formalmente,

---

[25] Fritz Scharpf expôs, várias vezes, nos últimos anos, e com a clareza necessária, algumas razões políticas e econômicas para essa mudança da política europeia. Fritz W. Scharpf, "Solidarität statt Nibelungentreue", *Berliner Republik*, n. 12, 2010, p. 90-2; "Mit dem Euro geht die Rechnung nicht auf", *Max-PlanckForschung*, n. 11, 2011, p. 12-7; e "Monetary Union, Fiscal Crisis and the Pre-Emption of Democracy", *Zeitschrift für Staats- und Europawissenschaften*, n. 9, 2011, p. 163-98.

[26] Outra coisa foram os esforços que os estadunidenses fizeram fora do sistema monetário, por exemplo para manter o Partido Comunista Italiano afastado do governo ou para dividir as centrais sindicais italianas e francesas dominadas pelos comunistas. De qualquer modo, no período pós-guerra, o governo dos Estados Unidos tolerou durante duas ou três décadas governos social-democratas em sua esfera de influência na Europa ocidental, sobretudo sob influência de sua própria tradição do New Deal.

a soberania e, com isso, a política interna de seus Estados-membros[27]. Os países que perderam a competitividade devido a concessões salariais ou a uma política social generosa por parte do Estado podiam, de vez em quando, compensar essa perda por meio da desvalorização, à custa dos países estáveis, mais competitivos do que eles[28]. No entanto, como citado, as desvalorizações não poderiam ocorrer com tanta frequência, uma vez que isso prejudicaria muito os interesses e a necessidade de segurança das empresas, das indústrias e dos países exportadores. Por isso, como *ultima ratio*, tinham de ser aprovadas por outros Estados-membros.

Valeria a pena os economistas mais iminentes se esforçarem para descobrir como um sistema moderno de taxas de câmbio fixas e simultaneamente flexíveis para a Europa poderia substituir a União Monetária Europeia[29]. Existe uma série de modelos comparáveis, que deram origem a diversas experiências – por exemplo, a "serpente monetária" europeia dos anos 1970 e 1980. De qualquer modo, o que estaria em jogo seria uma indexação flexível das moedas nacionais para assegurar a democracia dos Estados nacionais, bem como possibilidades de desenvolvimento democrático por meio da soberania nacional, não uma moeda única para todos. Não era preciso abolir o euro, mas este poderia coexistir com as moedas nacionais, enquanto referência, assumindo o papel da moeda artificial chamada "Bancor", proposta por Keynes, que os Estados Unidos acabaram por não aceitar, uma vez que reivindicavam a seu dólar a função prevista para essa moeda. Os peritos também teriam de procurar formas de proteger as moedas nacionais restabelecidas dos ataques especulativos, o que exigiria, provavelmente, um regresso, desejável e necessário, a formas de controle da circulação de capitais[30]. Além disso, seria necessário esclarecer o preço a pagar pelo abandono do euro enquanto moeda única; existem muitas razões para pensar que os custos de tentativas de salvação do euro no curto prazo e os custos subsequentes no

---

[27] Nem todas as ordens sociais o merecem. Por outro lado, nem todas as ordens sociais que não o merecem merecem ser reestruturadas a partir do exterior. Existem poucos casos-limite em que uma sociedade está mal a ponto de haver a obrigação de outras sociedades a reformarem – tanto que, como mostram as numerosas expedições estadunidenses de *nation building*, em geral, essas tentativas não só são dispendiosas, como inúteis.

[28] Os eleitores e os membros dos sindicatos em países com uma tradição política de esquerda tinham, assim, a possibilidade de aumentar seu rendimento real à custa de compradores de produtos importados e de fabricantes estrangeiros, alterando a distribuição de rendimentos a seu favor.

[29] Como introdução, ver idem, "Rettet Europa vor dem Euro", *Berliner Republik*, n. 14, 2012, p. 52-61.

[30] No entanto, nos últimos anos, não se registraram quaisquer ataques à coroa dinamarquesa nem à sueca, à libra britânica nem a outras moedas nacionais europeias. Isso contraria o argumento de que apenas uma moeda "grande", como o euro, pode estar a salvo de ataques de especuladores como George Soros.

longo prazo – no caso da Grécia e da Espanha, condenadas, muito provavelmente, ao fracasso – seriam superiores[31].

A saída da moeda única europeia equivaleria à entrada de uma política da delimitação em relação à chamada "globalização". Quem rejeita uma "globalização" que submete o mundo a uma lei de mercado única que força a convergência não pode insistir no euro, a moeda que faz isso com a Europa. O euro foi e é resultante da euforia da globalização dos anos 1990, de acordo com a qual a capacidade de ação dos Estados não é só obsoleta, como dispensável. A exigência de um Bretton Woods europeu, no contexto da transição neoliberal prestes a se concluir, seria equivalente a um programa de reformas para rebentar com o sistema nos anos 1970: uma resposta estratégica a uma crise sistêmica que aponta para além do sistema cuja crise procura resolver, demonstrando que não pode existir neste mundo democracia social sem soberania estatal[32].

Ganhar tempo

A exigência de desmantelamento da União Monetária enquanto projeto de modernização tecnocrática e socialmente implacável que expropria politicamente e divide economicamente os povos dos Estados – o povo europeu de fato existente – afigura-se como resposta democraticamente plausível à crise de legitimação de uma política neoliberal de consolidação e racionalização que se considera inevitável. Ela distingue-se fundamentalmente das exigências nacionalistas de exclusão da Eurolândia dos países endividados; seu objetivo não é punir, mas libertar e reabilitar os países que correm, hoje, o risco de cair em definitivo na prisão babilônica de um sistema de mercado sem controle político, no qual lhes é atribuído o papel de eternos perdedores e pedintes. Por isso, não se trata de defender a desigualdade; pelo contrário, trata-se da possibilidade de uma compensação política como único caminho para a unificação dos povos

---

[31] De resto, no verão de 2012, não era segredo para ninguém que bancos e empresas internacionais havia muito tinham se preparado para a eventualidade do fim do euro. Ver "U.S. Companies Brace for an Exit from the Euro by Greece", *The New York Times*, 3 set. 2012.

[32] A ideia de que o abandono do euro significaria um regresso aos chamados particularismos nacionais constitui uma ficção – por exemplo, países como a Grã-Bretanha e a Suécia, cujas sociedades são das mais abertas no mundo, mesmo sem o euro. (É ainda mais surpreendente que Londres seja considerada menos "europeia" que Sófia, apenas porque a Grã-Bretanha não faz parte da União Monetária Europeia.) Para "apelo a favor de um protecionismo esclarecido", ver Martin Höpner, "Nationale Spielräume sollten verteidigt werden", *Die Mitbestimmung*, n. 58, 2012, p. 46-9. Ver também as notas finais em Martin Höpner e Armin Schäfer, *Integration among Unequals. How the Heterogeneity of European Varieties of Capitalism Shapes the Social and Democratic Potential of the EU* (Colônia, 2012), cit.

europeus, ameaçada, hoje, por aqueles que a levam adiante sob a forma de unificação do mercado, com o euro enquanto instrumento disciplinador.

No nível do discurso político público, a proposta de um Bretton Woods europeu pode complementar a resistência esperada "da rua" à governança tecnocrática, contra todas as resistências, dos fanáticos do euro e à institucionalização definitiva do Estado de consolidação. Tal como essa resistência, porém, a referida proposta só pode servir, em última análise, para ganhar tempo para a construção de uma nova capacidade de ação política na luta contra o avanço do projeto neoliberal de desdemocratização. A premissa necessária em todo esse processo seria a seguinte: o objetivo da defesa de uma perspectiva de evolução democrática do capitalismo atual – apesar do caráter questionável das organizações de Estados nacionais da sociedade moderna – não pode consistir numa superação do Estado nacional "agarrado" à expansão capitalista do mercado. Pelo contrário, o objetivo deve consistir na reparação provisória dos restos do Estado nacional para sua utilização a fim de desacelerar uma ocupação capitalista em avanço rápido. Nas circunstâncias atuais, uma estratégia que aposta na democracia pós-nacional, na sequência funcionalista do progresso capitalista[33], não serve senão aos interesses dos engenheiros sociais de um capitalismo de mercado global e autorregulador; a crise de 2008 constituiu uma antevisão daquilo que esse mercado pode provocar.

Na Europa ocidental, o maior perigo hoje já não reside no nacionalismo, muito menos no nacionalismo alemão, mas no liberalismo de mercado hayekiano. A plena concretização da União Monetária selaria o fim da democracia nacional na Europa – e, portanto, o fim da única instituição que ainda poderia ser utilizada contra o Estado de consolidação. Se as diferenças entre os povos, surgidas ao longo da história, são grandes demais para ser integradas numa democracia comum num futuro próximo, talvez as instituições que representem essas diferenças possam ser utilizadas como a segunda melhor solução, como freios na escalada para um Estado de mercado único sem democracia. Enquanto não se encontra a melhor solução, a segunda melhor solução torna-se a melhor de todas.

---

[33] Habermas fala com surpreendente certeza de uma "dinâmica capitalista [...] que pode ser descrita como interação entre uma abertura forçada em termos funcionais e um fecho integrador do ponto de vista social em um nível cada vez mais alto". Thomas Assheuer, "Nach dem Bankrott. Thomas Assheuer im Interview mit Jürgen Habermas", *Die Zeit*, 6 nov. 2008. Seria bom podermos contar com uma dinâmica desse tipo.

BIBLIOGRAFIA

ADORNO, Theodor W. Spätkapitalismus oder Industriegesellschaft? Einleitungsvortrag zum 16. Deutschen Soziologentag. In: _____. *Soziologische Schriften I*. Frankfurt, Suhrkamp, 1979 (1968). p. 354-70 [ed. bras.: Capitalismo tardio ou sociedade industrial. In: COHN, Gabriel (org.). *Theodor W. Adorno*. São Paulo, Ática, 1986].

AGNOLI, Johannes. *Die Transformation der Demokratie*. Berlim, Voltaire, 1967.

ALESINA, Alberto F.; FAVERO, Carlo A.; GIAVAZZI, Francesco. *The Output Effect of Fiscal Consolidations*. National Bureau of Economic Research (NBER) Working Paper n. w18336. Cambridge (MA), 2012.

_____; PEROTTI, Roberto. Budget Deficits and Budget Institutions. In: POTERBA, James M.; HAGEN, Jürgen von (orgs.). *Fiscal Institutions and Fiscal Performance*. Chicago, University of Chicago Press, 1999. p. 13-36.

ASSHEUER, Thomas. Nach dem Bankrott. Thomas Assheuer im Interview mit Jürgen Habermas. *Die Zeit*, 6 nov. 2008.

BACH, Stefan. Vermögensabgaben – ein Beitrag zur Sanierung der Staatsfinanzen in Europa. *DIW Wochenbericht*, 2012. p. 3-11.

BECKERT, Jens. Der Streit um die Erbschaftssteuer. *Leviathan*, n. 32, 2004. p. 543-57.

_____. *Die Anspruchsinflation des Wirtschaftssystems*. Colônia, 2009.

_____. *Capitalism as a System of Contingent Expectations*. On the Microfoundations of Economic Dynamics. Colônia, 2012.

BELL, Daniel. *The Cultural Contradictions of Capitalism*. Nova York, Basic Books, 1976.

BERGMANN, Joachim et al. Herrschaft, Klassenverhältnisse und Schichtung. Referat auf dem Soziologentag 1968. *Verhandlungen des Deutschen Soziologentags*. Stuttgart, 1969. p. 67-87.

BLOCK, Fred. Read Their Lips. Taxation and the Right-Wing Agenda. In: MARTIN, Isaac William; MEHROTRA, Ajay K.; PRASAD, Monica (orgs.). *The New Fiscal Sociology*.

Taxation in Comparative and Historical Perspective. Cambridge, Cambrigde University Press, 2009. p. 68-85.

BOFINGER, Peter et al. Einspruch gegen die Fassadendemokratie. *Frankfurter Allgemeine Zeitung*, 3 ago. 2012. p. 33.

BÖHM-BAWERK, Eugen von. Macht oder ökonomisches Gesetz? In: WEISS, Franz X. (org.) *Gesammelte Schriften von Eugen von Böhm-Bawerk*. Frankfurt, Topos, 1968 (1914). p. 230-300.

BOLTANSKI, Luc; CHIAPELLO, Ève. *The New Spirit of Capitalism*. Londres, Verso, 2005 [ed. bras.: *O novo espírito do capitalismo*. Trad. Ivone Castilho Benedetti, São Paulo, WMF Martins Fontes, 2009].

BRENNER, Robert. *The Economics of Global Turbulence*. The Advanced Capitalist Economies from Long Boom to Long Downturn. Londres/Nova York, Verso, 2006.

BUCHANAN, James M. *Public Choice*. The Origins and Development of a Research Program. Fairfax, 2003.

_____; TULLOCK, Gordon. *The Calculus of Consent*. Logical Foundations of Constitutional Democracy. Ann Arbor, Library Fund, 1962.

BUNDESMINISTERIUM DES INNERN. *Jahresbericht der Bundesregierung zum Stand der Deutschen Einheit*. Berlim, 2012.

CANEDO, Eduardo. *The Rise of the Deregulation Movement in Modern America, 1957-1980*. Nova York, Columbia University Department of Economics, 2008.

CASTLES, Francis G. et al. Introduction. In: _____ (orgs.). *The Oxford Handbook of the Welfare State*. Oxford, Oxford University Press, 2010. p. 1-15.

CITIGROUP RESEARCH. *Plutonomy*. Buying Luxury, Explaining Global Imbalances. 16 out. 2005; disponível online.

_____. *Revisiting Plutonomy*. The Rich Getting Richer. 5 mar. 2006; disponível online.

CITRIN, Jack. Do People Want Something for Nothing. Public Opinion on Taxes and Government Spending. *National Tax Journal*, n. 32, 1979, p. 113-29.

_____. Proposition 13 and the Transformation of California Government. *The California Journal of Politics and Policy*, n. 1, 2009, p. 1-9.

COMMISSION OF THE EUROPEAN COMMUNITIES et al. *Social Europe*. The Social Dimension of the Internal Market. Interim Report of the Interdepartmental Working Party. Luxemburgo, European Commission, 1988.

CROUCH, Colin. *Post-Democracy*. Cambridge, John Wiley & Sons, 2004.

_____. Privatised Keynesianism. An Unacknowledged Policy Regime. *British Journal of Politics and International Relations*, n. 11, 2009, p. 382-99.

_____; PIZZORNO, Alessandro (orgs.). *The Resurgence of Class Conflict in Western Europe since 1968*. 2 v. Londres, Palgrave Macmillan, 1978.

CROZIER, Michel J. et al. *The Crisis of Democracy.* Report on the Governability of Democracies to the Trilateral Commission. Nova York, New York University Press, 1975.

DAHRENDORF, Ralf. Vom Sparkapitalismus zum Pumpkapitalismus. *Cicero On-line*, 23 jul. 2009.

DOERING-MANTEUFFEL, Anselm; RAPHAEL, Lutz. *Nach dem Boom.* Perspektiven auf die Zeitgeschichte seit 1970. Göttingen, Vandenhoeck & Ruprecht, 2008.

DURKHEIM, Émile. *Über soziale Arbeitsteilung*. Frankfurt, Suhrkamp, 1977 (1893) [ed. bras.: *Da divisão do trabalho social*. Trad. Andréa Stahel M. da Silva, São Paulo, Edipro, 2016].

EMMENEGGER, Patrick et al. (orgs.). *The Age of Dualization.* The Changing Face of Inequality in Deindustrializing Countries. Oxford, Oxford University Press, 2012.

ESPING-ANDERSEN, Gosta. *Politics against Markets.* The Social-Democratic Road to Power. Princeton, Princeton University Press, 1985.

ETZIONI, Amitai. *The Active Society*. Nova York, Free Press, 1968.

_____. *The Moral Dimension*. Toward a New Economics. Nova York, Free Press, 1988.

FELDSTEIN, Martin S. *The Euro and European Economic Conditions*. Working Paper 17.617. Cambridge, 2011.

FINANSDEPARTEMENTET. *An Account of Fiscal and Monetary Policy in the 1990s*. Estocolmo, 2001.

FLANAGAN, Robert J.; SOSKICE, David; ULMAN, Lloyd. *Unionism, Economic Stabilization, and Incomes Policies*: European Experience. Washington D.C., Brookings, 1983.

_____; ULMAN, Lloyd. *Wage Restraint.* A Study of Incomes Policy in Western Europe. Berkeley, University of California Press, 1971.

FRITZ, Wolfgang; MIKL-HORKE, Gertraude. *Rudolf Goldscheid.* Finanzsoziologie und ethische Sozialwissenschaft. Viena, Lit, 2007.

GABOR, Daniela. *Fiscal Policy in (European) Hard Times.* Financialization and Varieties of Capitalism. Rethinking Financial Markets. World Economics Association (WEA), 1-30 nov. 2012.

GAMBLE, Andrew. *The Free Economy and the Strong State*. Basingstoke, Duke University Press, 1988.

GANGHOF, Steffen. *Wer regiert in der Steuerpolitik?* Einkommenssteuerreform zwischen inter-nationalem Wettbewerb und nationalen Verteilungskonflikten. Frankfurt, Campus, 2004.

_____; GENSCHEL, Philip. Taxation and Democracy in the EU. *Journal of European Public Policy*, n. 15, 2008, p. 58-77.

GENSCHEL, Philip; SCHWARZ, Peter. Tax Competition and Fiscal Democracy. In: SCHÄFER, Armin et al. (orgs.). *Politics in the Age of Austerity*. Cambridge, John Wiley & Sons, 2013.

GERBER, David J. Constitutionalizing the Economy. German Neo-Liberalism, Competition Law and the "New Europe". *American Journal of Comparative Law*, n. 42, 1988, p. 25-84.

226 Tempo comprado

_____. The Transformation of European Community Competition Law. *Harvard International Law Journal*, n. 35, 1994, p. 97-147.

GLYN, Andrew. *Capitalism Unleashed*. Finance Globalization and Welfare. Oxford, Oxford University Press, 2006.

GOLDSCHEID, Rudolf. Staat, öffentlicher Haushalt und Gesellschaft. In: GERLOFF, Wilhelm; MEISEL, Franz (orgs.). *Handbuch der Finanzwissenschaft*, v. 1. Tübingen, Mohr Siebeck, 1926. p. 146-84.

_____. Finanzwissenschaft und Soziologie. In: HICKEL, Rudolf (org.). *Die Finanzkrise des Steuerstaats*. Beiträge zur politischen *Ökonomie* der Staatsfinanzen. Frankfurt, Suhrkamp, 1976 (1917). p. 317-28.

GOLDTHORPE, John. The Current Inflation. Towards a Sociological Account. In: HIRSCH, Fred et al. (orgs.). *The Political Economy of Inflation*. Cambridge (MA), Harvard University Press, 1978. p. 186-216.

_____ (org.). *Order and Conflict in Contemporary Capitalism*. Oxford, Oxford University Press, 1984.

GORZ, André. *Zur Strategie der Arbeiterbewegung im Neokapitalismus*. Frankfurt, Europäische Verlagsanstalt, 1967 [ed. bras.: *Estratégia operária e neocapitalismo*. Trad. Jacqueline Castro, Rio de Janeiro, Zahar, 1968].

_____. *Kritik der Arbeitsteilung*. Frankfurt, Fischer, 1974 [ed. bras.: *Crítica da divisão do trabalho*. 4. ed., São Paulo, WMF Martins Fontes, 2001].

GRAEBER, David. *Debt*. The First 5,000 Years. Nova York, Melville House, 2011 [ed. bras.: *Dívida*: os primeiros 5.000 anos. Trad. Rogerio Bettoni, São Paulo, Três Estrelas, 2016].

GREIF, Avner. *Institutions and the Path to the Modern Economy*. Cambridge, Cambridge University Press, 2006.

_____; LAITIN, David A. A Theory of Endogenous Institutional Change. *American Political Science Review*, n. 98, 2004. p. 633-52.

GRÖZINGER, Herbert. Griechenland. Von den Amerikas lernen, heißt siegen lernen. *Blätter für deutsche und internationale Politik*, 2012. p. 35-9.

GUICHARD, Stephanie et al. *What Affects Fiscal Consolidation?* Some Evidence from OECD Countries. IX Banca d'Italia Workshop on Public Finances, Roma, 2007. p. 223-45.

HABERMAS, Jürgen. *Technik und Wissenschaft als Ideologie*. Frankfurt, Suhrkamp, 1969 [ed. bras.: *Técnica e ciência como "ideologia"*. Trad. Felipe Gonçalves Silva, São Paulo, Editora Unesp, 2014].

_____. *Legitimationsprobleme im Spätkapitalismus*. Frankfurt, Suhrkamp, 1973 [ed. bras.: *A crise de legitimação no capitalismo tardio*. Trad. Vamireh Chacon, Rio de Janeiro, Tempo Brasileiro, 2002].

_____. *Zur Rekonstruktion des Historischen Materialismus*. Frankfurt, Suhrkamp, 1975 [ed. bras.: *Para a reconstrução do materialismo histórico*. Trad. Rúrion Melo, São Paulo, Editora Unesp, 2016].

BIBLIOGRAFIA 227

HACKER, Jacob; PIERSON, Paul. Winner-Take-All Politics. Public Policy, Political Organization, and the Precipitous Rise of Top Incomes in the United States. *Politics and Society*, n. 38, 2010. p. 152-204.

_____; _____. *Winner-Take-All Politics*. How Washington Made the Rich Richer – and Turned Its Back on the Middle Class. Nova York, Simon & Schuster, 2011.

HALL, Peter A.; SOSKICE, David. An Introduction to Varieties of Capitalism. In: HALL, Peter A. et al. (orgs.). *Varieties of Capitalism*. The Institutional Foundations of Comparative Advantage. Oxford, Oxford University Press, 2001. p. 1-68.

HARDIN, Garrett. The Tragedy of the Commons. *Science*, n. 162, 1968, p. 1.243-8.

HASSEL, Anke. The Erosion of the German System of Industrial Relations. *British Journal of Industrial Relations*, n. 37, 1999, p. 483-505.

HAYEK, Friedrich A. Full Employment, Planning and Inflation. *Studies in Philosophy, Politics, and Economics*. Chicago, University of Chicago Press, 1967 (1950). p. 270-9.

_____. *Die Verfassung der Freiheit*. Tübingen, Mohr Siebeck, 1971 [ed. bras.: *Os fundamentos da liberdade*. Trad. Anna Maria Capovilla e José Ítalo Stelle, Brasília/São Paulo, UnB/Visão, 1983].

_____. Die Anmaßung von Wissen. *Ordo*, n. 26, 1975. p. 12-21.

_____. *Recht, Gesetzgebung und Freiheit*, v. 1. Landsberg am Lech, Verlag Moderne Industrie, 1980 [ed. bras.: *Direito, legislação e liberdade*. Trad. Henry Maksoud, São Paulo, Visão, 1985].

_____. The Economic Conditions of Interstate Federalism. In: _____ (org.). *Individualism and Economic Order*. Chicago, University of Chicago Press, 1980 (1939). p. 255-72.

_____. *Recht, Gesetzgebung und Freiheit*, v. 2. Landsberg am Lech, Verlag Moderne Industrie, 1981.

HENRIKSSON, Jens. *Ten Lessons about Budget Consolidation*. Bruegel Essay and Lecture Series. Bruxelas, 2007.

HESSEL, Stéphane. *Indignez-vous!* Paris, Indigène, 2010 [ed. bras.: *Indignai-vos!* Trad. Marly Peres, São Paulo, Leya, 2011].

HIEN, Josef. *The Black International Catholics or the Spirit of Capitalism*. The Evolution of the Political Economies of Italy and Germany and Their Religious Foundations. Florença, 2012.

HIRSCH, Fred; GOLDTHORPE, John (orgs.). *The Political Economy of Inflation*. Cambridge (MA), Harvard University Press, 1978.

HIRSCHMAN, Albert O. Rival Interpretations of Market Society. Civilizing, Destructive, or Feeble? *Journal of Economic Literature*, n. 20, 1982. p. 1.463-84.

HÖPNER, Martin. *Wer beherrscht die Unternehmen?* Shareholder Value, Managerherrschaft und Mitbestimmung in Deutschland. Frankfurt/Nova York, Campus, 2003.

_____. Nationale Spielräume sollten verteidigt werden. *Die Mitbestimmung*, n. 58, 2012. p. 46-9.

228 Tempo comprado

_____; RÖDL, Florian. Illegitim und rechtswidrig. Das neue makroökonomische Regime im Euroraum. *Wirtschaftsdienst – Zeitschrift für Wirtschaftspolitik*, n. 92, 2012. p. 219-22.

_____; SCHÄFER, Armin. A New Phase of European Integration. Organized Capitalism in Post-Ricardian Europe. *West European Politics*, n. 33, 2010. p. 344-68.

_____; _____. *Integration among Unequals*. How the Heterogeneity of European Varieties of Capitalism Shapes the Social and Democratic Potential of the EU. Colônia, 2012.

_____; _____; ZIMMERMANN, Hubert. Erweiterung, Vertiefung und Demokratie. Trilemma der europäischen Integration. *Frankfurter Allgemeine Zeitung*, 27 abr. 2012, p. 12.

ILLMER, Martin. Equity. In: BASEDOW, Jürgen et al. (orgs.). *Handbuch des Europäischen Privatrechts*, v. 1. Tübingen, Beck, 2009. p. 400-4.

INGHAM, Geoffrey. *The Nature of Money*. Cambridge, Polity, 2004.

JUDT, Tony. *Postwar*. A History of Europe Since 1945. Londres, Penguin, 2005 [ed. port.: *Pós-guerra*. História da Europa desde 1945. Trad. José Roberto O'Shea, Lisboa, Edições 70, 2006].

KALECKI, Michal. Political Aspects of Full Employment. *Political Quarterly*, n. 14, 1943. p. 322-31.

KATZ, Harry C.; DARBISHIRE, Owen. *Converging Divergences*. Worldwide Changes in Employment Systems. Ithaca (NY), Cornell University Press, 2000.

KAUTTO, Mikko. The Nordic Countries. In: CASTLES, Francis G. et al. (orgs.). *The Oxford Handbook of the Welfare State*. Oxford, Oxford University Press, 2010. p. 586-600.

KERR, Clark et al. *Industrialism and Industrial Man*. The Problems of Labor and Management in Economic Growth. Cambridge (MA), Harvard University Press, 1960 [ed. bras.: *Industrialismo e sociedade industrial*. Rio de Janeiro, Fundo de Cultura, 1963].

KEYNES, John Maynard. *The General Theory of Employment, Interest and Money*. Londres, Macmillan, 1967 (1936) [ed. port.: *Teoria geral do emprego, do juro e da moeda*. Trad. Manuel Resende, Lisboa, Relógio d'Água, 2010].

KOCHAN, Thomas A. A Jobs Compact for America's Future. *Harvard Business Review*, mar. 2012. p. 64-73.

_____. *Resolving the Human Capital Paradox*. A Proposal for a Jobs Compact. Policy Paper. Kalamazoo, 2012.

KONRAD, Kai A.; ZSCHÄPITZ, Holger. *Schulden ohne Sühne?* Warum der Absturz der Staatsfinanzen uns alle trifft. Munique, C. H. Beck, 2010.

KORPI, Walter. *The Democratic Class Struggle*. Londres, Routledge Kegan & Paul, 1983.

KRIPPNER, Greta R. *Capitalizing on Crisis*. The Political Origins of the Rise of Finance. Cambridge (MA), Harvard University Press, 2011.

KRISTAL, Tali. Good Times, Bad Times. Postwar Labor's Share. *American Sociological Review*, n. 75, 2010. p. 729-63.

BIBLIOGRAFIA   229

KUTTNER, Robert. *Revolt of the Haves.* Tax Rebellions and Hard Times. Nova York, Simon & Schuster, 1980.

LIPSET, Seymour Martin. *Political Man.* The Social Bases of Politics. Garden City, The Johns Hopkins University Press, 1963 (1960) [ed. bras.: *O homem político.* Trad. Álvaro Cabral, Rio de Janeiro, Zahar, 1967].

LOCKWOOD, David. Social Integration and System Integration. In: ZOLLSCHAN, George K. et al. (orgs.). *Explorations in Social Change.* Londres, Houghton Mifflin, 1964. p. 244-57.

LUTZ, Burkart. *Der kurze Traum immerwährender Prosperität.* Eine Neuinterpretation der industriell-kapitalistischen Entwicklung im Europa des 20. Jahrhunderts. Frankfurt, Campus, 1984.

LUXEMBURGO, Rosa. *Die Akkumulation des Kapitals.* Ein Beitrag zur *ökonomischen* Erklärung des Imperialismus. Berlim, Buchhandlung Vorwärts Paul Singer, 1913.

MAIER, Charles S. Europe Needs a German Marshall Plan. *The New York Times,* 9 jun. 2012.

MARCUSE, Herbert. *Der eindimensionale Mensch.* Studien zur Ideologie der fortgeschrittenen Industriegesellschaft. Neuwied, Luchterhand, 1967 [ed. port.: *O homem unidimensional.* Sobre a ideologia da sociedade industrial avançada. Trad. Miguel Serras Pereira, Lisboa, Letra Livre, 2012].

MARKANTONATU, Maria. *The Uneasy Course of Democratic Capitalism in Greece.* Regulation Modes and Crises from the Post-War Period to the Memoranda. MPIfG Discussion Paper. Colônia, 2012.

MARTIN, Isaac William. *The Permanent Tax Revolt.* How the Property Tax Transformed American Politics. Stanford, Stanford University Press, 2008.

MARX, Karl. *Das Kapital.* Kritik der Politischen *Ökonomie,* v. 1. Berlim, Dietz, 1966 (1867) [ed. bras.: *O capital.* Crítica da economia política, Livro I: *O processo de produção do capital.* Trad. Rubens Enderle, São Paulo, Boitempo, 2011].

_____. *Das Kapital.* Kritik der Politischen *Ökonomie,* v. 3. Berlim, Dietz, 1966 (1894) [ed. bras.: *O capital.* Crítica da economia política, Livro III: *O processo global da produção capitalista.* Trad. Rubens Enderle, São Paulo, Boitempo, 2017].

MASLOW, Abraham. A Theory of Human Motivation. *Psychological Review,* n. 50, 1943. p. 370-96.

MATTHES, Jürgen; BUSCH, Berthold. *Governance-Reformen im Euroraum.* Eine Regelunion gegen Politikversagen. IW-Positionen. Beiträge zur Ordnungspolitik aus dem Institut der deutschen Wirtschaft. Colônia, 2012.

MAYNTZ, Renate (orgs.). *Crisis and Control.* Institutional Change in Financial Market Regulation. Frankfurt, Campus, 2012.

McMURTRY, John. *The Cancer Stage of Capitalism.* Londres, Pluto, 1999.

MEHRTENS, Philip. *Staatsentschuldung und Staatstätigkeit.* Zur Transformation der schwedischen politischen *Ökonomie.* Universität Köln und Max-Planck-Institut für Gesellschaftsforschung. Colônia, 2013.

230 Tempo comprado

MERTENS, Daniel. *Erst sparen, dann kaufen? Privatverschuldung in Deutschland.* Frankfurt, Campus, 2015.

MIEGEL, Meinhard. *Exit.* Wohlstand ohne Wachstum. Berlim, Propyläen, 2010.

MILLS, C. Wright. *The Power Elite.* Oxford, Oxford University Press, 1956 [ed. bras.: *A elite do poder.* Trad. Waltensir Dutra, Rio de Janeiro, Zahar, 1956].

MILWARD, Alan. *The European Rescue of the Nation State.* Londres, Routledge, 1992.

MOLANDER, Per. Reforming Budgetary Institutions. Swedish Experiences. In: STRAUCH, Rolf R. et al. (orgs.). *Institutions, Politics and Fiscal Policy.* Boston, Springer, 2000. p. 191-212.

_____. Budgeting Procedures and Democratic Ideals. An Evaluation of Swedish Reforms. *Journal of Public Policy,* n. 21, 2001, p. 23-52.

MORAVCSIK, Andrew. Warum die Europäische Union die Exekutive stärkt. Innenpolitik und internationale Kooperation. In: WOLF, Klaus Dieter (org.). *Projekt Europa im Übergang?* Baden-Baden, Nomos, 1997. p. 211-70.

MUSGRAVE, Richard. *The Theory of Public Finance.* Nova York, McGraw-Hill, 1958 [ed. bras.: *Teoria das finanças públicas.* Trad. Auriphebo Berrance Simões, São Paulo, Atlas, 1973].

NORTH, Douglass C.; THOMAS, Robert Paul. *The Rise of the Western World.* A New Economic History. Cambridge, Cambridge University Press, 1973.

O'CONNOR, James. Inflation, Fiscal Crisis, and the American Working Class. *Socialist Revolution,* n. 2, 1972, p. 9-46.

_____. *The Fiscal Crisis of the State.* Nova York, St. Martin's, 1973 [ed. bras.: *USA:* a crise do Estado capitalista. Trad. João Maia, Rio de Janeiro, Paz e Terra, 1977].

OFFE, Claus. *Leistungsprinzip und industrielle Arbeit.* Mechanismen der Statusverteilung in Arbeitsorganisationen der industriellen "Leistungsgesellschaft". Frankfurt, Europäische Verlagsanstalt, 1970.

_____. Politische Herrschaft und Klassenstrukturen. In: KRESS, Gisela et al. (orgs.). *Politikwissenschaft.* Frankfurt, Fischer, 1972. p. 135-164.

_____. *Strukturprobleme des kapitalistischen Staates.* Aufsätze zur politischen Soziologie. Frankfurt, Campus, 1972 [ed. bras.: *Problemas estruturais do Estado capitalista.* Trad. Bárbara Freitag, Rio de Janeiro, Tempo Brasileiro, 1984].

_____. *Berufsbildungsreform.* Eine Fallstudie *über* Reformpolitik. Frankfurt, Suhrkamp, 1975.

_____. Erneute Lektüre. Die "Strukturprobleme" nach 33 Jahren. In: BORCHERT, Jens et al. (orgs.). *Strukturprobleme des kapitalistischen Staates.* Veränderte Neuausgabe. Frankfurt, Campus, 2006. p. 181-96.

_____. *Reflections on America.* Tocqueville, Weber & Adorno in the United States. Cambridge, Polity, 2006.

_____. Governance. "Empty Signifier" oder sozialwissenschaftliches Forschungsprogramm? In: SCHUPPERT, Gunnar Folke et al. (orgs.). *Governance in einer sich wandelnden Welt.* Wiesbaden, 2008. p. 61-76.

PALIER, Bruno. Continental Western Europe. In: CASTLES, Francis G. et al. (orgs.). *The Oxford Handbook of the Welfare State.* Oxford, Oxford University Press, 2010. p. 601-15.

_____; THELEN, Kathleen. Institutionalizing Dualism. Complementarities and Change in France and Germany. *Politics and Society*, n. 38, 2010, p. 119-48.

PIERSON, Paul. *Dismantling the Welfare State?* Reagan, Thatcher, and the Politics of Retrenchment. Cambridge, Cambridge University Press, 1994.

_____. The New Politics of the Welfare State. *World Politics*, n. 48, 1996, p. 143-79.

_____. Irresistible Forces, Immovable Objects. Post-Industrial Welfare States Confront Permanent Austerity. *Journal of European Public Policy*, n. 5, 1998, p. 539-60.

_____. Increasing Returns, Path Dependence, and the Study of Politics. *American Political Science Review*, n. 94, 2000, p. 251-68.

_____. From Expansion to Austerity. The New Politics of Taxing and Spending. In: LEVIN, Martin A. et al. (orgs.). *Seeking the Center.* Politics and Policymaking at the New Century. Washington, Georgetown University Press, 2001. p. 54-80.

_____. *Politics in Time.* History, Institutions, and Social Analysis. Princeton, Princeton University Press, 2004.

POLANYI, Karl. *The Great Transformation.* The Political and Economic Origins of Our Time. Boston, Beacon, 1957 (1944) [ed. port.: *A grande transformação*: as origens políticas e econômicas do nosso tempo. Trad. Miguel Serras Pereira, Lisboa, Edições 70, 2012].

POLLOCK, Friedrich. *Stadien des Kapitalismus.* Munique, C. H. Beck, 1975.

_____. Staatskapitalismus. In: DUBIEL, Helmut et al. (orgs.). *Wirtschaft, Recht und Staat im Nationalsozialismus.* Frankfurt, Europäische Verlagsanstalt, 1981 (1941). p. 81-109.

POTERBA, James M.; HAGEN, Jürgen von (orgs.). *Institutions, Politics and Fiscal Policy.* Chicago, Springer, 1999.

PUTNAM, Robert D. Diplomacy and Domestic Politics. The Logic of Two-Level Games. In: EVANS, Peter B. (org.). *Double-Edged Diplomacy.* Berkeley, University of California Press, 1993. p. 431-86.

RADEMACHER, Inga. *National Tax Policy in the EMU.* Some Empirical Evidence on the Effects of Common Monetary Policy on the Distribution of Tax Burdens. Dissertação, Fachbereich Gesellschaftswissenschaften, Frankfurt, 2012.

RAITHEL, Thomas et al. (orgs.). *Auf dem Weg in eine neue Moderne?* Die Bundesrepublik Deutschland in den siebziger und achtziger Jahren. Munique, Oldenbourg Wissenschaftsverlag, 2009.

RAPPAPORT, Alfred. *Creating Shareholder Value.* Nova York, Free Press, 1986 [ed. bras.: *Gerando valor para o acionista.* Trad. Alexandre L. G. Alcântara, São Paulo, Atlas, 2001].

232 TEMPO COMPRADO

REINHART, Carmen M.; ROGOFF, Kenneth S. *Growth in a Time of Debt*. NBER Working Paper n. 15.639, 2010.

_____; SBRANCIA, M. Belén. *The Liquidation of Government Debt*. *NBER Working Paper Series*. Cambridge, 2011.

ROSE, Richard. Inheritance before Choice in Public Policy. *Journal of Theoretical Politics*, n. 2, 1990, p. 263-91.

_____; DAVIES, Phillip L. *Inheritance in Public Policy*. Change without Choice in Britain. New Haven, Yale University Press, 1994.

ROSTOW, Walt W. *The Stages of Economic Growth*. A Non-Communist Manifesto. Cambridge, Cambridge University Press, 1990 (1960).

RUGGIE, John Gerard. International Regimes, Transactions and Change. Embedded Liberalism in the Postwar Economic Order. *International Organization*, n. 36, 1982, p. 379-99.

SACHVERSTÄNDIGENRAT ZUR BEGUTACHTUNG DER GESAMTWIRTSCHAFT-LICHEN ENTWICKLUNG, *Jahresgutachten 2011/[20]12*. Verantwortung für Europa wahrnehmen. Wiesbaden, 2011.

SARRAZIN, Thilo. *Europa braucht den Euro nicht*. Wie uns politisches Wunschdenken in die Krise geführt hat. Munique, Deutsche Verlags-Anstalt, 2012.

SCHÄFER, Armin. Krisentheorien der Demokratie. Unregierbarkeit, Spätkapitalismus und Postdemokratie. *Der moderne Staat*, n. 2, 2009, p. 159-83.

_____. Die Folgen sozialer Ungleichheit für die Demokratie in Westeuropa. *Zeitschrift für vergleichende Politikwissenschaft*, n. 4, 2010, p. 131-56.

_____. *Republican Liberty and Compulsory Voting*. MPIfG Discussion Paper 11/17. Colônia, 2011.

_____; STREECK, Wolfgang. Introduction. In: SCHÄFER, Armin et al. (orgs.). *Politics in the Age of Austerity*. Cambridge, Anchor, 2013.

SCHARPF, Fritz W. *Crisis and Choice in European Social Democracy*. Ithaca, Cornell University Press, 1991.

_____. Negative and Positive Integration in the Political Economy of European Welfare States. In: MARKS, Gary et al. (orgs.). *Governance in the European Union*. Londres, Sage, 1996. p. 15-39.

_____. Solidarität statt Nibelungentreue. *Berliner Republik*, n. 12, 2010, p. 90-2.

_____. Mit dem Euro geht die Rechnung nicht auf. *Max-PlanckForschung*, n. 11, 2011, p. 12-7.

_____. Monetary Union, Fiscal Crisis and the Pre-Emption of Democracy. *Zeitschrift für Staats- und Europawissenschaften*, n. 9, 2011, p. 163-98.

_____. Rettet Europa vor dem Euro. *Berliner Republik*, n. 14, 2012, p. 52-61.

_____; SCHMIDT, Vivien A. (orgs.). *Welfare and Work in the Open Economy*, v. 1: From Vulnerability to Competitiveness. Oxford, Oxford University Press, 2000.

BIBLIOGRAFIA 233

_____; _____. *Welfare and Work in the Open Economy*, v. 2: Diverse Responses to Common Challenges. Oxford, Oxford University Press, 2000.

SCHLIEBEN, Michael. Die wählen sowieso nicht. *Zeit On-line*, 13 maio 2012.

SCHMITTER, Philippe C.; LEHMBRUCH, Gerhard (orgs.). *Trends towards Corporatist Intermediation*. London, Sage, 1979.

_____; STREECK, Wolfgang. *The Organization of Business Interests*. Studying the Associative Action of Business in Advanced Industrial Societies. MPIfG Discussion Paper 99/1. Colônia, 1999.

SCHOR, Juliet. *The Overworked American*. The Unexpected Decline of Leisure. Nova York, Basic Books, 1992.

SCHULARICK, Moritz. *Public Debt and Financial Crises in the Twentieth Century*. Discussion Paper. Berlim, 2012.

SCHUMPETER, Joseph A. Die Krise des Steuerstaates. In: _____ (org.). *Aufsätze zur Soziologie*. Tübingen, Mohr Siebeck, 1953 (1918). p. 1-71.

_____. *Theorie der wirtschaftlichen Entwicklung*. Berlim, Duncker & Humblot, 2006 (1912) [ed. port.: *Teoria do desenvolvimento econômico*. Lisboa, Fundação Calouste Gulbenkian, 2012].

SEIKEL, Daniel. *Der Kampf um öffentlich-rechtliche Banken. Wie die Europäische Kommission Liberalisierung durchsetzt*. Dissertação, Wirtschafts- und Sozialwissenschaftliche Fakultät der Universität, Colônia, 2012.

SHEFRIN, Hersh. *Beyond Greed and Fear*. Understanding Behavioral Finance and the Psychology of Investing. Oxford, Oxford University Press, 2002.

SHONFIELD, Andrew. *Modern Capitalism*. The Changing Balance of Public and Private Power. Londres/Nova York, Oxford University Press, 1965 [ed. bras.: *Capitalismo moderno*. Rio de Janeiro, Zahar, 1968].

_____; SHONFIELD, Suzanna. *In Defense of the Mixed Economy*. Oxford, Oxford University Press, 1984.

SINN, Hans-Werner. Das unsichtbare Bail-Out der EZB. *Ökonomenstimme*, 11 jun. 2011.

SPIRO, David E. *The Hidden Hand of American Hegemony*. Petrodollar Recycling and International Markets. Ithaca, Cornell University Press, 1999.

STEINBRÜCK, Peer. Lobbyisten in die Produktion. *Frankfurter Allgemeine Zeitung*, 12 jan. 2006.

STEUERLE, C. Eugene. *The Tax Decade. How Taxes Came to Dominate the Public Agenda*. Washington, Urban Institute, 1992.

STIGLITZ, Joseph E. *The Roaring Nineties*. A New History of the World's Most Prosperous Decade. Nova York/Londres, W. W. Norton & Company, 2003 [ed. bras.: *Os exuberantes anos 90*. Trad. Sylvia Maria S. Cristóvão dos Santos et al., São Paulo, Companhia das Letras, 2003].

STRAUCH, Rolf R.; HAGEN, Jürgen von (orgs.). *Institutions, Politics and Fiscal Policy*. Boston, Springer, 2000.

STREECK, Wolfgang. Pay Restraint without Incomes Policy. Constitutionalized Monetarism and Industrial Unionism in Germany. In: BOYER, Robert et al. (orgs.). *The Return to Incomes Policy*. Londres, Pinter, 1994. p. 114-40.

_____. From Market-Making to State-Building? Reflections on the Political Economy of European Social Policy. In: LEIBFRIED, Stephan et al. (orgs.). *European Social Policy*. Between Fragmentation and Integration. Washington, Brookings Institute, 1995. p. 389-431.

_____. German Capitalism. Does it Exist? Can it Survive? *New Political Economy*, n. 2, 1997, p. 237-56.

_____. The Study of Interest Groups. Before "The Century" and After. In: CROUCH, Colin et al. (orgs.). *The Diversity of Democracy*. Corporatism, Social Order and Political Conflict. Londres, Edward Elgar, 2006. p. 3-45.

_____. Flexible Employment, Flexible Families, and the Socialization of Reproduction. In: COULMAS, Florian; LÜTZELER, Ralph (orgs.). *Imploding Populations in Japan and Germany*: A Comparison. Leiden, Brill, 2011. p. 63-95.

_____. *Re-Forming Capitalism. Institutional Change in the German Political Economy*. Oxford, Oxford University Press, 2009.

_____. Institutions in History. Bringing Capitalism Back in. In: CAMPBELL, John et al. (orgs.). *Handbook of Comparative Institutional Analysis*. Oxford, Oxford University Press, 2010. p. 659-86.

_____. A Crisis of Democratic Capitalism. *New Left Review*, n. 71, 2011. p. 1-25.

_____. E Pluribus Unum? Varieties and Commonalities of Capitalism. In: GRANOVET-TER, Mark et al. (orgs.). *The Sociology of Economic Life*. 3. ed. Boulder, Colorado, Westview, 2011. p. 419-55.

_____. Taking Capitalism Seriously. Towards an Institutional Approach to Contemporary Political Economy. *Socio-Economic Review*, n. 9, 2011. p. 137-67.

_____. The Politics of Consumption. *New Left Review*, n. 76, 2012. p. 27-47.

_____. Wissen als Macht, Macht als Wissen. Kapitalversteher im Krisenkapitalismus. *Merkur*, n. 66, 2012, p. 776-87.

_____; MERTENS, Daniel. *An Index of Fiscal Democracy*. MPIfG Working Paper 10/3. Colônia, 2010.

_____; _____. *Fiscal Austerity and Public Investment*. Is the Possible the Enemy of the Necessary? MPIfG Discussion Paper 11/12. Colônia, 2011.

_____; THELEN, Kathleen. Introduction. Institutional Change in Advanced Political Economies. In: _____; _____ (orgs.). *Beyond Continuity*. Institutional Change in Advanced Political Economies. Oxford, Oxford University Press, 2005. p. 1-39.

BIBLIOGRAFIA **235**

TAIBBI, Matt. The Great American Bubble Machine. *Rolling Stone*, 9 jul. 2009.

TARSCHYS, Daniel. The Scissors Crisis in Public Finance. *Policy Sciences*, n. 15, 1983. p. 205-24.

THIELEMANN, Ulrich. Das Ende der Demokratie. *Wirtschaftsdienst* – Zeitschrift für Wirtschaftspolitik, n. 91, 2011. p. 820-3.

TOMASKOVIC-DEVEY, Donald; LIN, Ken-hou. Income Dynamics, Economic Rents and the Financialization of the US Economy. *American Sociological Review*, n. 7, 2011. p. 538-59.

WAGNER, Adolph. *Grundlegung der politischen Oekonomie*. 3. ed. Leipzig, Wintersche Verlagsbuchhandlung, 1892.

_____. Staat in nationalökonomischer Hinsicht. In: ELSTER, Ludwig et al. (orgs.). *Handwörterbuch der Staatswissenschaften*. Jena, G. Fischer, 1911. p. 727-39.

WAGSCHAL, Uwe. *Staatsverschuldung*. Ursachen im internationalen Vergleich. Opladen, Verlag für Sozialwissenschaften, 1996.

_____. Staatsverschuldung. In: NOHLEN, Dieter et al. (orgs.). *Kleines Lexikon der Politik*. Munique, C. H. Beck, 2007. p. 547-52.

WEBER, Max. *Wirtschaft und Gesellschaft*, v. 1. Colônia, Kiepenheuer & Witsch, 1956 [ed. bras.: *Economia e sociedade*, v. 1. Trad. Regis Barbosa e Karen Alsabe Barbosa, Brasília, Editora UnB, 1994].

WEIZSÄCKER, Carl Christian von. Das Janusgesicht der Staatsschulden. *Frankfurter Allgemeine Zeitung*, 5 jun. 2010.

WERNER, Benjamin. *Die Stärke der judikativen Integration*. Wie Kommission und Europäischer Gerichtshof die Unternehmenskontrolle liberalisieren. Dissertação, Wirtschafts- und Sozialwissenschaftliche Fakultät der Universität, Colônia, 2012.

WESTERN, Bruce; ROSENFELD, Jake. Unions, Norms, and the Rise in U. S. Wage Inequality. *American Sociological Review*, n. 76, 2011. p. 513-37.

WILLIAMSON, O. E. et al. Understanding the Employment Relation. The Analysis of Idiosyncratic Exchange. *The Bell Journal of Economics*, n. 6, 1975. p. 250-78.

WRIGHT, Erik Olin. *Classes*. Londres, Verso, 1985.

SOBRE O AUTOR

Wolfgang Streeck é diretor emérito e professor do Instituto Max Planck para o Estudo das Sociedades (Max-Planck-Institut für Gesellschaftsforschung – MPIfG) em Colônia, na Alemanha. Nascido em 1946, ele estudou sociologia em Frankfurt e Columbia. Entre 1976 e 1988, trabalhou no Centro de Ciência de Berlim (Wissenschaftszentrum Berlin) e, entre 1988 e 1995, foi professor de sociologia e relações industriais na Universidade de Wisconsin-Madison. Em 1995, transferiu-se para o MPIfG. Entre suas principais publicações estão *How Will Capitalism End? Essays on a Failing System* (Londres/Nova York, Verso, 2014); *Politics in the Age of Austerity*, que organizou com Armin Schäfer (Cambridge, Polity, 2013); *Re-Forming Capitalism: Institutional Change in the German Political Economy* (Oxford, Oxford University Press, 2009); e *Beyond Continuity: Institutional Change in Advanced Political Economies*, que organizou com Kathleen Thelen (Oxford/Nova York, Oxford University Press, 2005). Atualmente, dedica-se a pesquisar crises e transformações institucionais na economia política do capitalismo contemporâneo.

Imagem feita a partir de fotografia de Elias Rovielo da intervenção urbana de Luis Bueno na esquina da rua da Consolação com a rua Amaral Gurgel, em São Paulo.

Enviado para a gráfica em 15 de agosto de 2018 – 154 dias após o assassinato da vereadora Marielle Franco e de seu motorista Anderson Pedro Gomes, crime político que permanece sem resposta oficial quanto à identidade dos assassinos e dos mandantes e quanto a suas motivações, este livro foi composto em Adobe Garamond Pro, corpo 10,5/13,5 e reimpresso em papel Avena 80 g/m², pela Rettec para a Boitempo, em julho de 2021, com tiragem de 1000 exemplares.